Mein lieber Fred.

Geburtstag 1984.

Meine Jugendzeit

zur bleibenden Erinnerung

von Deiner Mutter

Herbert Reinecker

Kinder, Mütter und ein General

Herbert Reinecker

Kinder, Mütter und ein General

Roman

Herbig

Das Umschlagphoto zeigt eine Szene aus dem Film »Kinder, Mütter und ein General« mit (von links nach rechts) Alice Treff, Marie Sinclair, Therese Giehse, Ursula Herking und Ewald Balser.

Umschlaggestaltung: Nick Hermanns, München. Photo: Deutsches Institut für Filmkunde, Wiesbaden
Gesamtherstellung: Jos. C. Huber, Dießen
Printed in Germany
ISBN: 3-7766-1192-8

DIE MÜTTER

Der Zug fuhr ganz langsam.

Manchmal blieb er sogar stehen. Man hörte, wie die Puffer aneinanderstießen und wie das eiserne Geklapper sich von Wagen zu Wagen fortsetzte. Die Lokomotive blies den Dampf weg, der vor den Wagenfenstern wie Nebel davontrieb.

»Das ist langweilig«, sagte der Mann, »das ist ganz und gar langweilig. Sie trauen sich nicht aus dem Walde heraus.«

Er saß nahe am Fenster.

Es war zugleich eine Tür, und alle dachten: Der hat es gut, daß er an der Tür sitzt.

Der Wald vor dem Fenster war dünn und licht. Harte, schlanke Kiefern. Der weiße Hauch trieb wie Nebel in den lichten Wald. Das Gras hatte noch vorjährige Farbe, es lag lang und gedrückt am Boden.

Alle hätten gern neben der Tür gesessen, wo der dicke braune Türknopf auf »Zu« stand.

Der Mann sagte: »Die bringen es fertig und lassen uns hier stehen.«

Er stand auf und stieß das Fenster herunter.

Er hatte ein dickes, rotes Gesicht und blickte hinaus.

»Man sieht nichts«, sagte er, »die bringen es fertig und gehen runter von der Lokomotive und gehen in den Wald.«

Niemand sagte etwas, doch alle waren nervös.

Der Mann lachte.

»Man hört gar keine Flugzeuge. Man hört rein nichts. Die gehen auch in den Wald, wenn sie nichts hören.«

»Hören Sie doch auf«, sagte ein jüngerer Mann, der einen Ledermantel trug. »Die schießen immer zuerst auf die Lokomotive. Das ist der Witz. Ich hab' mal einen gesehen, der so umgekommen ist. Der sah aus wie gekocht. Er lag da, aber er war gekocht.«

»Meinen Sie, ich wüßte nicht, wie die aussehen, wenn es sie erwischt hat«, sagte der Mann am Fenster. »Auf die Wagen schießen sie selten. Es kommt auch vor. Aber selten. Meistens wenn sie zurückfliegen. Dann haben sie noch was drin und schießen auf die Wagen. Aus Spaß.«

Der junge Mann schwieg. Er rauchte eine Zigarette und sah auf den dünnen Wald.

Es saß noch eine Frau im Abteil, die ein großes weißes Wäschebündel auf dem Schoß trug.

»Hört man wirklich nichts?« fragte sie.

»Nicht die Bohne«, sagte der Mann am Fenster. »Die trauen sich nicht aus dem Wald raus.«

Die Frau mit dem Wäschepaket saß mit großen, stillen Augen da. Sie hielt das Paket, als trage sie ein Kind. Sie hatte große, fleischige Hände, die sie ganz ruhig hielt.

In diesem Augenblick ruckte der Zug wieder an.

»Endlich«, sagte der Mann am Fenster, »sie sollten verdammt nochmal durchfahren. Einfach durchfahren. Das meiste passiert, wenn man stillsteht.«

Der Zug fuhr jetzt etwas schneller. Der Wald wich und ein Bahnwärterhäuschen schob sich heran.

Ein Mann stand draußen vor der kleinen Tür und sah in die Luft.

»Er sieht in die Luft«, sagte der Mann mit dem groben, roten Gesicht. »Er sieht nach oben. Es muß was da gewesen sein. Die verfluchten Hunde stinken vor Flugzeugen. Auf einmal stinken sie vor Flugzeugen.«

Man sah über welliges Gelände. Die Wolken hingen sehr tief, und es war so dunstig, daß man den Horizont nicht sah.

»Ob sie nach Stettin geflogen sind?« fragte die Frau mit dem Wäschepaket.

»Bestimmt nach Stettin«, sagte der Mann, »die stinken vor Flugzeugen und fliegen, wohin sie wollen. Die sind nach Stettin geflogen.«

»Ich wohne in Stettin«, murmelte die Frau. Sie wurde ganz plötzlich munterer und sagte: »Ich will etwas aufs Land bringen. Ich habe hier Wäsche, die ich wegbringe. Man kriegt es später nicht mehr. Gerade Wäsche nicht.«

Der junge Mann im Ledermantel zuckte etwas mit den Schultern und die Frau sagte: »Wenn es nur bald aufhört.«

»Das fängt erst an«, sagte ein anderer Mann im Abteil, »alles fängt erst an. Passen Sie mal auf.«

»Ob sie nach Stettin kommen?« fragte die Frau.

»Die kommen, wohin sie wollen«, murmelte der Mann.

Plötzlich hielt der Zug wieder.

Das Geklapper war schnell und laut, wie ein böser Husten, der durch den ganzen Zug läuft.

Der Mann am Fenster hatte den Türknopf gleich in der Hand und sah hinaus.

»Verdammt«, sagte er, »jetzt hört man etwas. Jetzt stehen wir da wie auf einem Präsentierteller. Die verfluchten Hunde.«

Alle waren still, und sie hörten nun das Geräusch von Flugzeugen. Es war ganz fern. Es war wie ein Summen in einer Überlandleitung, gleichmäßig und vermischt mit Wind.

Der Mann am Fenster stieg aus. Er sah sich um und grinste. »Wollen wir mal sehen, was los ist«, sagte er.

Überall kletterten die Menschen aus den Abteilen. Sie verbreiteten sich gleich über die Gleise und betrachteten die Wiesen. Irgendwo hob jemand sogar einen Kinderwagen aus einem Abteil.

»So 'n Quatsch«, sagte der Mann, »soll sie doch das Kind auf den Arm nehmen.«

Der junge Mann stieg aus.

Er machte einen weiten Satz und sah sich um.

Die Frau mit dem Wäschepaket stieg ebenfalls aus. Ganz langsam, denn sie wollte das Paket nicht loslassen.

»Verdammt nochmal«, schimpfte der Mann mit dem groben Gesicht, »lassen Sie doch das Paket drin. Das ist ja, als ob Sie eine Schießscheibe raushängen.«

Zuletzt kam eine Dame aus dem Abteil.

»Muß man wirklich aussteigen?« fragte sie.

Der Flugzeuglärm war lauter geworden, und alle blickten in die Luft.

Die Dame setzte den Fuß tief herab, und der junge Mann im Ledermantel sah, daß sie ein wohlgeformtes Bein zeigte mit so dünnen Strümpfen, wie man sie gar nicht mehr kannte.

Er sah ihr neugierig zu, doch regte er keine Hand, um ihr zu helfen. Sie ließ sich mit einer gewissen Anmut herab und stand schließlich neben dem jungen Mann.

Sie mochte fünfunddreißig Jahre sein. Ihr Gesicht war von strenger Schönheit. Alles an ihr war sehr gerade, die Nase, die Augenbrauen. Auch der Mund war weder voll noch dünn. Er war sanft geschwungen.

»Da hinten sind sie«, sagte der Mann etwas heiser.

Im bleichen Himmel erkannte man ein paar fliegende Striche. Schatten nur, die mit großer Schnelligkeit vorüberzogen.

»Wenn man sie so schnell fliegen sieht, sind sie sehr nah«, sagte der junge Mann.

Die Frau sagte nichts.

»Wenn sie uns angreifen, legen Sie sich unter den Zug«, sagte der junge Mann wieder. »Legen Sie sich unter den Zug, dann passiert nicht viel. Ich war Soldat, mir ist nie etwas passiert, wenn ich unter dem Zug lag.«

Er schien etwas zu frieren.

»Legen Sie sich ziemlich in die Mitte. Das ist ganz sicher. Nur nicht weglaufen. Allerdings«, – sagte er weiter – »dürfen sie nicht mit Bomben kommen. Wenn sie damit kommen, nützt es gar nichts.«

Er sah die Frau an.

Er stand da und sah die Frau einfach an, obwohl er sich vorgenommen hatte, in die Luft zu sehen und nichts verkehrt zu machen.

Aber er dachte auf einmal gar nicht mehr daran.

Die Frau stand sehr gerade. Sie regte sich nicht und schien auch nicht unruhig zu sein.

Der Mann mit dem roten Gesicht lief an der Böschung auf und ab als suche er etwas. Die Frau aus Stettin hatte ihr Bündel gepackt und folgte ihm.

»Bleiben Sie doch«, schrie der Mann, »gehen Sie doch mit Ihrem Paket weg. Verdammt nochmal, Sie mit Ihrem Paket.«

Jetzt kam der Lärm von der Seite. Er wuchs ganz plötzlich auf. Es war, als schrille eine Säge quer über den Zug.

Alle warfen sich zu Boden, und wie brüllende Schatten rasten drei Flugzeuge quer über die Bahn.

»Legen Sie sich unter den Zug«, sagte der junge Mann im Ledermantel.

Aber die Frau antwortete nicht. Sie sah, wie einige Leute sich quer über die Schienen legten.

Es war ein alter Mann dabei, der mit der Bewegung eines Hundes vornüberfiel und sich auf die Hände stützte. Er beugte sich ganz tief, bis sein Kopf zwischen den Gleisen lag. Er schien das Gesicht in den Schotter zu wühlen. Er lag da wie ein Selbstmörder.

Die Flugzeuge waren vorüber. Ihr Donnern verklang. Ihre Schatten schmolzen zu Punktgröße zusammen. Drei Punkte, auf dem Fluge ins Nichts. Bis nichts mehr war. Als seien sie auf einer Tafel weggewischt.

Die Frau starrte auf den alten Mann.

Alle erhoben sich wieder. Doch der alte Mann stand als letzter auf. Er hob den Kopf mit den schmutzigen weißen Haaren. Er drückte den Oberkörper und zog dann die Beine an.

Er stand zitternd, ein alter Mann, der nun seine Kleider abklopfte. Die Uhr baumelte aus seiner Weste, und er suchte seine Brille.

Er hob seine Brille auf und betrachtete sie. Er setzte sie sorgfältig wieder auf und klopfte sich nochmals ab.

Das sah die Frau, während der junge Mann neben ihr sagte: »Sie haben sich tapfer gehalten. Manche sind nicht so tapfer. Dieser Kerl, der da an der Tür sitzt, ist ein Feigling. Ich hab's gleich gewußt, als ich in Stettin einstieg, das ist ein Feigling. Die setzen sich gleich an die Tür. Die stehen schon zwei Stunden vor Abfahrt da, um sich an die Tür zu setzen. Da lassen sie niemanden mehr hin, keine Frau und kein Kind.«

Er sah die Frau an und sein Gesicht zuckte etwas.

»Als Sie einstiegen, wußte ich gleich, daß Ihnen das gleichgültig ist.«

»Ja, ja«, sagte die Frau.

Es wurde ganz still, und weil es ganz still war, hörte man plötzlich alle reden, alle, die in diesem Zug fuhren. Es war wie Zauberei, daß man plötzlich alle reden hörte. Als hätten sie vorher lautlos geredet.

Ein Beamter lief herum und sagte: »Einsteigen. Los, steigt ein, Leute.«

Alle stiegen wieder ein.

Der Mann mit dem dicken Gesicht nahm gleich wieder seinen Platz an der Tür ein. Der junge Mann im Ledermantel setzte sich neben die Frau, mit der er gesprochen hatte.

»Es hat mir gefallen, wie Sie so dastanden«, sagte er und suchte nach einer Zigarette.

Der Zug fuhr wieder an.

Er wurde eilig, und alles flog ziemlich schnell vorbei. Die Frau sah vor sich hin. Auf der gelben Holzwand ihr gegenüber prangte ein Sektplakat. Ein Mann hob ein Glas und lachte. Es war irgendein Dutzendmann, so wie man sie auf Reklamebildern bringt, breitschultrig, strahlend, mit weißer Hemdbrust.

Das starrte die Frau an, während sie dachte: so sieht das also aus, wenn Flugzeuge kommen. Ich hab's noch nie so gesehen.

Alle redeten jetzt durcheinander.

»Sie stinken vor Flugzeuge«, sagte der Mann wieder, »sonst würden sie uns nicht kaputtkriegen, sonst nicht. Sonst würden sie gar nichts erreichen. Wir würden ihnen den Hintern aufreißen, wenn sie die verdammten Flugzeuge nicht hätten.«

Der junge Mann rückte nahe an die Frau heran.

Er streckte die Beine von sich und sagte: »Ich war Soldat. Ich kann's beurteilen. Sie haben sich wacker gehalten.«

Er starrte die Frau an.

Er streute nervös die Asche auf den Boden und sah dann wieder die Frau an, während er seine Augenbrauen zusammenzog.

»Ich hab's noch nie so gesehen«, sagte die Frau, »noch nie so.« Und sie sah auf das Plakat. Auf diesen Mann mit dem Sektglas. Der Sekt perlte. Man sah's, daß er perlte. Es kam natürlich darauf an, daß er perlte, und die Perlen waren silberne kleine Kügelchen.

Es wurde etwas dunkler.

Der junge Mann fragte: »Wo fahren Sie denn hin?«

»Neuhof«, antwortete die Frau. Sie wachte plötzlich auf und sagte: »Ich fahre nach Neuhof.«

»Viel weiter fährt der Zug auch nicht. Es sind noch siebzig Kilometer bis zur Front, aber sie fahren einfach nicht weiter. Sie sagen, die Schienen sind kaputt. Irgend etwas sagen sie. Oder die Leitungen. Oder die Signale. Sie sagen, sie könnten die Sicherheitsvorschriften nicht mehr garantieren, irgendso einen Quatsch sagen sie, bloß um nicht weiter fahren zu müssen.« So redete der junge Mann und er schob seinen Arm an die Frau heran. Er fühlte ihren Mantel. Er hatte nervöse, unruhige Finger. Im Dunkeln sahen seine Augen düster aus, fragend. Und das Plakat mit dem Sekt wurde immer undeutlicher. Nur die Zähne und die Hemdbrust sah man noch und ein paar Kügelchen von Sektperlen. Es ging einfach alles weg in der Dunkelheit.

»Nach Neuhof fahre ich«, sagte die Frau noch einmal.

»Ist das nicht ein kleines Nest?«

»Ein ganz kleines.«

»Was wollen Sie denn in so einem kleinen Nest?«

Der junge Mann fühlte den glatten Stoff des Mantels, und er dachte an das seidene Bein, das er gesehen hatte.

»Ich habe meinen Jungen dort«, sagte die Frau. »Einen Jungen von vierzehn Jahren. Der ist dort mit seiner Schule. Den will ich holen.«

Der junge Mann schwieg. Er nahm plötzlich seine Hände an sich. Er starrte vor sich hin. Er legte seine Hände auf die Knie, und sie schaukelten im Takt. Er hielt sie ineinander gefaltet. Sie zitterten im Rhythmus des stoßenden und schüttelnden Wagens.

Das Schild »Neuhof« war schlecht beleuchtet. Ein längliches Schild, das etwas verbogen war. Die Lampen brannten blau und ganz schwach.

»Hier haben sie auch was hingesetzt«, sagte jemand.

Die Frau stieg aus.

Es waren nicht mehr viele Leute, die ausstiegen. Aber es kamen sogleich Leute, die fragten: »Wann fährt er zurück? Wissen Sie, wann er zurückfährt?«

Die Frau wußte es nicht. Sie stand auf dem Bahnsteig und sah in fragende Gesichter.

»Hat man Ihnen nicht gesagt, wann er zurückfährt? Der Schaffner oder irgendeiner?«

»Nein«, sagte sie, »ich weiß gar nichts. Steht es nicht auf dem Fahrplan?«

Ein Mann sah sie an und lachte. Es war ein gespenstisches Treiben auf dem Bahnsteig. Fast wie Jahrmarkt, nur daß alle Jahrmarktgeräusche fehlten. Es war nur die Unruhe, die dieses Geräusch verursachte.

»Die Fahrpläne gelten nicht mehr. Hier gilt überhaupt nichts mehr. Hier können Sie gar nichts erfahren. Aber –«, sagte der Mann zu der Frau und sah hoffnungsvoll drein, »es ist ein Zug gekommen, und irgendwann wird er auch wegfahren. Irgendwann. Viel früher als alle denken. Die von der Eisenbahn wollen auch über die Oder. Alle, die hier sind, wollen über die Oder.«

Die Frau bahnte sich einen Weg über den Bahnsteig.

Er war brechend voll. Sie hatte nicht gedacht, daß so viele Menschen in Neuhof sein könnten.

Viele lagen auf dem Bahnsteig, obwohl er dreckig war. Sie trugen gute Kleider und lagen doch auf dem Boden. Einige lagen auf Zeitungspapier, das sich durchfeuchtet hatte. Die meisten aber standen. Sie standen ganz nahe an der Bahnsteigkante, weil der Zug gekommen war, weil sie einsteigen wollten und doch nicht wußten, wohin er fahren würde.

Die Frau schritt über die Gleise.

Sie ging in das Häuschen, an dem das Schild: »Vorstand« angebracht war.

Die Tür war verschlossen, obwohl der Raum voll von Menschen war. Sie erkannte die rote Mütze des Beamten, und es sah sonderbar aus, alle reden zu sehen und doch nichts zu hören als ein allgemeines brausendes Geräusch.

Es kam jetzt ein Mann aus der Dunkelheit mit einer abgeblendeten Lampe. Die Frau wandte sich gleich an ihn.

»Ich weiß nichts«, sagte der Mann, ehe sie ein Wort sagen konnte, »ich hab' keine Ahnung, wann der Zug fährt.«

»Ich will's ja nicht wissen«, sagte die Frau, »ich bin gerade gekommen.«

»He?« fragte der Mann, »ich weiß nichts. Ich weiß überhaupt nichts.«

Jetzt kamen alle Leute aus dem Zimmer des Vorstehers heraus, und die Frau benutzte die Gelegenheit, hineinzugehen.

Der Vorsteher setzte sich an einen Tisch und legte die Mütze auf den Tisch.

»Die Schule«, sagte die Frau, »ich möchte wissen, wo die Schule ist.«

»Was für eine Schule?« fragte der Vorsteher müde.

»Hier ist eine Schule aus Stettin hingekommen«, sagte die Frau. Der Mann lachte.

»So was Verrücktes. Ja, ich weiß. Hier ist 'ne Schule hingekommen. Vor drei Wochen haben sie 'ne Schule hierhin gebracht. Lauter Jungens, nicht wahr?«

»Ja«, antwortete die Frau.

»Ich hab' sie gesehen. Lauter kleine Jungens. Ein ganzer Haufen Jungens. So was Verrücktes.«

»Kann man vielleicht telephonieren?«

»Ja, telephonieren können Sie. Ich habe selber eben noch telephoniert. Aber ob es jetzt noch geht, weiß ich nicht.«

»Ist denn die Front so nahe?«

»Ich weiß nicht. Das weiß kein Mensch. Ich habe heute noch nichts gehört. Telephonieren Sie, vielleicht geht es noch. Vielleicht aber auch sind die vom Fernsprechamt schon abgehauen. Die können das nämlich. Die stehen auf und verschwinden. Was meinen Sie, wieviel Leute hier schon verschwunden sind.«

Er steckte sich eine Zigarette an. Er sah müde aus, und seine Stirn zeigte einen roten Streifen von seiner Mütze.

»Nur wir«, sagte er, »wir können nicht abhauen. Wenn von uns einer abhaut, dann hängen sie ihn gleich auf.«

Er sah sie an: »Kommen Sie über die Oder?«

»Ja. Von Stettin.«

»Wenn man nur über die Oder wäre«, sagte der Vorsteher. »Hinter der Oder ist alles anders. Alle wollen über die Oder. Morgen gehe ich auch über die Oder. Es ist zu verrückt«, sagte er, »daß bei uns alles so organisiert ist. Wenn ich über die Oder gehe, meinen Sie, ich wüßte, wo ich mein Geld herkriege? Da haben sie ganz andere Kassen. Ich wette, ich kriege mein Geld nicht.«

Die Frau ging an den Apparat.

Der hing an der Wand und war etwas altmodisch.

Sie drehte die Kurbel.

Der Mann saß auf seinem Stuhl und sah zu.

Sie drehte mehrmals.

»Ich hab' Verwandte in Kiel«, sagte der Vorsteher, »aber ich wette, ich krieg' mein Geld dort nicht.«

Jetzt meldete sich jemand im Apparat.

»Bitte«, sagte die Frau, »verbinden Sie mich mit der Schule, die aus Stettin gekommen ist. Eine Knabenschule.«

»So was Verrücktes«, sagte der Vorsteher und setzte sich die rote Mütze wieder auf. Es sah aus, als ob sein Kopf brannte.

»Bitte Herrn Bracht. Herrn Lehrer Bracht«, sagte die Frau. Sie wandte sich um.

»Sie sind noch da. Ich dachte, sie sind schon weg. Die ganze Zeit habe ich gedacht, sie sind vielleicht schon weg.«

Sie lauschte.

»Hier ist Frau Doktor Asmussen«, sagte die Frau, »Frau Doktor Asmussen aus Stettin.« »Herr Bracht?«

Es blieb erst eine Weile still im Apparat.

»Hallo«, sagte die Frau, »hören Sie mich nicht?«

»Doch«, sagte die Stimme im Telephon.

»Herr Bracht, hören Sie –«

»Wer ist dort?«

»Frau Doktor Asmussen aus Stettin.«

»Mein Gott«, murmelte die Stimme. Sie war fast unverständlich, und es knackte und krachte.

»Er versteht mich nicht«, sagte die Frau, »Herr Bracht! Hören Sie doch. Ich bin gekommen, meinen Jungen abzuholen –«

»Mein Gott, Frau Asmussen«, klang es zurück.

»Er ist närrisch«, ärgerte sich die Frau, »er versteht einfach nicht. Hallo –« Die Leitung war plötzlich tot.

Sie hängte ein.

Der Vorsteher blickte sie an.

»Hat er nicht verstanden?«

»Nein.«

Sie stand unschlüssig. »Ich gehe hin. Ich gehe sofort hin.«

»Gehen Sie hin«, sagte der Vorsteher, »es ist nicht weit. Sie haben ein paar Bomben auf die Straße gesetzt, aber es ist nicht weit.«

Er sah sich unruhig um.

»Fünfundsechzig bin ich, und jetzt dieses Theater. In einem

halben Jahr wäre ich pensioniert. Und jetzt dies Theater. So ein verdammtes Theater.«

Die Tür öffnete sich wieder. Die Deckenlampe schaukelte in der Zugluft. Eine Frau kam herein, dick, schwarzgekleidet. Es war so kühl draußen, daß ihr Atem vom Munde wegwehte.

Sie hatte ein breites fleischiges Gesicht.

»Hallo«, sagte sie.

Der Vorsteher sah sie an. »Ich weiß nicht, wann er fährt.«

»Was habe ich Sie denn gefragt«, rief die Frau. Sie hatte eine laute, energische Stimme. »Wo die Schule ist, will ich wissen. Eine Schule, die aus Stettin hierhergekommen ist.«

Sie setzte sich gleich auf einen Stuhl. Ihr schwarzer, dünner Mantel straffte sich um ihre breiten Schenkel. Sie setzte eine gewaltige Handtasche auf ihren Schoß und rief: »Hier sind alle verrückt. Da kann man fragen, was man will. Hier sind alle verrückt.«

Frau Asmussen lächelte.

»Ich suche dieselbe Schule«, sagte sie. »Die Steinweg-Schule aus Stettin. Ich will meinen Jungen holen.«

Die Frau lachte.

»Ich auch. Ich hole meine beiden Jungens. Ich hab' zwei. Ich bin heute mittag abgefahren und sagte: Jetzt hole ich die Jungens. Wenn sie nicht von selber kommen, hole ich sie.«

Die Frau lachte breit und unbekümmert.

»Bergmann heiße ich. Frau Bergmann. Wir wohnen am Hafen. Mein Mann ist Schlosser auf der Werft. Jeden Tag habe ich auf die Jungens gewartet, aber heute bin ich losgegangen. Die sind wohl verrückt, daß sie die Jungens nicht zurückbringen.«

»Ja«, lächelte Frau Asmussen.

»Frau Bergmann heißen Sie? Ich bin Frau Asmussen.«

Der Vorsteher stand auf.

Er sah plötzlich mißmutig aus.

»Es ist ein Dienstraum«, sagte er, »das ist immer noch ein Dienstraum. Bis zum letzten Tag ist das ein Dienstraum.«

»Machen Sie sich nicht in die Hose mit Ihrem Dienstraum«, rief Frau Bergmann gemütlich.

Frau Asmussen lachte, obwohl sie etwas erschrocken war.

Sie gingen sogleich auf die Straße.

An der Sperre stand niemand mehr. Alle Leute gingen aus und ein und kümmerten sich um nichts.

Der Mann an der Sperre saß draußen auf der Treppe.

Frau Bergmann wollte ihm ihre Fahrkarte geben.

»Was soll ich mit der Fahrkarte?« sagte er und zog an seiner Zigarette.

»Hängen Sie sich die Fahrkarten um den Hals«, murmelte er, »oder hängen Sie sie an den Weihnachtsbaum.« Die Bergmann warf die Fahrkarte auf den Boden.

»Ich hab's mir nicht so schlimm vorgestellt«, sagte Frau Asmussen. »Daß so einer keine Fahrkarte mehr sehen will, zeigt, daß es ganz schlimm steht.«

Der Mann mochte etwas gehört haben.

»Hören Sie mal«, sagte er, »ich hab' an der Sperre gestanden. So einige Jahre habe ich da gestanden. Egalweg an der Sperre. Ich hab' auch gestern noch da gestanden, obwohl ein paar Flugzeuge gemeldet waren. Ich hab' Fahrkarten eingesammelt, obwohl alle rumrannten wie Ameisen und Löcher suchten. Nichts geht über Fahrkarten, hab' ich gedacht. Und dann warfen sie ein paar Bömbchen auf den Bahnhof. Ganz häßliche Dinger. Haben Sie mal gehört, wenn einer stirbt und seinen Atem hochzieht? So 'n Geräusch war das, als ob einer seinen Atem hochzieht aus so 'ner ganz kaputten Brust. Das Geräusch denken Sie sich man ganz groß, wissen Sie, als ob einer mit den Beinen in Stettin liegt und mit dem Kopf in meinem Bahnhof und als ob er seinen verdammten Atem gerade durch meine Sperre zieht – wissen Sie, seitdem sind mir Fahrkarten egal. Hängen Sie sie an den Weihnachtsbaum, wenn Sie wollen. Ich sitze hier und seh' in die Luft.«

Die Frauen sahen hinaus.

Es war ziemlich dunkel, und sie erkannten nur ein paar ganz dünne Lichter. Es roch unangenehm nach Erde und Staub, so als hänge die Luft voll davon.

Ganz hinten am Himmel glühten ein paar bunte Lichter. Sie kamen knapp über den Horizont und folgten einander, als würden sie irgendwo in der Luft aufgefädelt.

Frau Asmussen seufzte, doch Frau Bergmann sagte resolut: »Die ganzen Schwätzereien führen zu nichts. Das ist kinderleicht, so dahinzuschwätzen. Los, gehen wir.«

Sie nahm Frau Asmussen an den Arm.

»Ich bin eine schwere Maschine«, sagte sie, »haben Sie's gesehen? Ich hab was an den Füßen, aber jetzt holen wir unsere Jungens.«

Sie gingen vorsichtig über die Straße.

Die Straße war sonderbar gebogen. Bordsteine standen aufrecht, und manchmal sahen sie die flachen Trichter von Bomben. Dann roch die Luft jedesmal scharf.

Es waren nicht viele Leute auf der Straße, aber dennoch sah nichts friedlich aus. Auch die paar Lichter nicht, die aus irgendwelchen Ritzen fielen.

Frau Bergmann sagte: »Andauernd bin ich hingegangen und hab' gesagt: wann kommen endlich die Jungens wieder? Und immer haben sie gesagt: bald, morgen, vielleicht heute schon. Aber sie kamen nicht. Seit acht Tagen kamen sie nicht. Und jedesmal sagen sie: die kommen morgen.«

Frau Bergmann lachte verächtlich. »So ist das: die verspäten sich. Nur die Russen sind immer schneller als man denkt.«

Die ganze Zeit aber dachte Frau Asmussen: was war mit Bracht? Er hat doch gewußt, daß ich am Apparat bin. Warum sagte er nichts?

Sie fühlte sich etwas beunruhigt.

Sie trafen einen Mann auf der Straße.

»Hören Sie mal«, sagte Frau Bergmann, ohne den Arm ihrer Begleiterin loszulassen, »die Schule, die Stettiner Schule, wissen Sie, wo die ist?«

Er blieb so stehen, wie Wild in der Nacht stehenbleibt, erschrocken, und man weiß nicht, was es denkt.

»Die Schule. Das müssen Sie doch wissen, wo die Schule ist«, rief Frau Bergmann.

Der Mann machte eine Bewegung mit der Hand. Er sagte gar nichts, sondern bewegte nur die Hand.

»Hier sind sie alle verrückt. Ich hab's gesagt«, meinte Frau Bergmann. »Ich bin nur froh, daß ich hierhin gefahren bin. Zwei Jungens habe ich. Karl und Leo. Einer ist schon sechzehn, der andere vierzehn. Ich muß sie wegholen aus solchen Verrücktheiten. Ich hab 'nen Zettel geschrieben, und den hab' ich auf den Küchentisch gelegt. Ich hole die Jungens, hab' ich geschrieben, und daß er sich das Essen alleine holen soll. Mein Mann ist Schlosser, und sein Leben lang ist er gewohnt, daß er nach Hause kommt und fängt gleich an zu essen. Diesmal kann er nicht gleich anfangen zu essen. Dafür hole ich eben die Jungens.«

Frau Asmussen dachte: warum hat Herr Bracht nichts gesagt? Sie standen jetzt übrigens vor einem großen Gebäude. Das breite Tor war ausgehängt, und man erkannte die Spuren von Kraftfahrzeugen. Einige schienen massig und dunkel im Hof zu stehen.

»Das ist die Schule nicht«, sagte Frau Asmussen, aber die Bergmann rief: »Doch, das ist 'ne Schule. Ich wette, das ist die richtige Schule. Haben Sie nicht gewußt, daß die immer allen militärischen Quatsch in die Schulen legen? Da machen sie 'n Hauptquartier draus, da fahren sie Kanonen rein, da lassen sie alle Leute schlafen. Schulen eignen sich für so was, für Ernährungsämter und das ganze Zeug. Wo man steht und wartet, daß man was kriegt. Immer in Schulen. So sind sie und so ist das.« Die Schule besaß eine Freitreppe.

Sie gingen die Treppe hinauf und begegneten oben einem Posten.

»Hallo«, sagte Frau Bergmann, »das ist doch eine Schule hier?«

»Ja«, sagte der Posten.

»Eine Schule aus Stettin?«

»Weiß ich nicht«, antwortete der Posten.

»Kommen Sie«, sagte Frau Bergmann, »ich muß sehen, daß ich einen Stuhl erwische und einen Menschen, der nicht idiotisch ist.«

Sie traten in einen Flur ein. Er war sogar erleuchtet.

»Das kommt, weil Militär hier ist«, sagte Frau Bergmann. »Wo die sind, ist auch gleich Licht.«

Der Lehrer Bracht kam übrigens gerade die Treppe herunter. Er sah die beiden Frauen sogleich und blieb stehen.

Es war, als halte er sogar das Bein still, das er gerade bewegen wollte.

Er war wie eine Puppe, die an Draht hängt, und bei der sich alles plötzlich verheddert hat.

»Herr Bracht«, rief Frau Asmussen, »ich bin aus Stettin gekommen, ich habe mit Ihnen telephoniert.«

Der Lehrer tastete mit der Hand nach dem Geländer und kam schließlich doch herunter.

Man sah sogleich, daß er ungeheuer aufgeregt war. Er war von schmächtiger Figur. Es war etwas sehr Zartes an ihm, und er war ganz schlank. Seine Jacke flatterte offen und man sah seine Weste. Es sah alles sehr ordentlich an ihm aus. Sogar jetzt, als er sehr aufgeregt war.

Sein Gesicht war dünnporig, sehr glatt, als besäße er keinen Bartwuchs. Wenn man ihn sah, mochte man glauben, er benutze irgend etwas für sein Gesicht, daß es so zart aussah. Er kam mit ausgestreckter Hand auf Frau Asmussen zu.

»Ja, ja«, sagte er, »ich habe Sie gehört. Ich wußte, daß Sie gekommen sind, ja, ja«, sagte er mehrmals hintereinander, und die Frau erkannte, daß er ganz verzweifelt war in seiner sonderbaren Aufgescheuchtheit.

»Gute Reise gehabt?« rief er, »die Züge sollen schrecklich sein. Alle erzählen, daß es sehr unbequem ist, zu reisen.« Er hätte nicht aufgehört, in dieser aufgescheuchten Art zu reden, wenn nicht Frau Bergmann gerufen hätte: »He, die Reise war blöd. Alles war blöd an dieser verrückten Reise. Noch blöder ist, daß Sie mit den Jungens nicht kommen. Können Sie mir sagen, warum Sie nicht kommen?«

Der Lehrer wandte ihr sein Gesicht zu. Es war ein aufmerksames Gesicht, und er hielt den Mund halb offen.

»Kommen Sie«, sagte er, »kommen Sie in das Büro.«

Er stieß eine Tür auf, machte Licht und sagte: »Stolpern Sie nicht über die Gewehre. Hier haben sie Gewehre hingelegt. Ich glaube auch Munition. Sie wollten es im Gang lassen. Da hab' ich gesagt: nicht im Gang. Es sind schließlich Kinder im Haus.«

»Richtig«, sagte Frau Bergmann, während der Lehrer aufgeregt und mit flatternder Jacke hin- und herlief, um einen Stuhl zu besorgen.

Frau Asmussen tupfte mit dem Finger an den Arm des Lehrers. Er erschrak gleich, und sein Blick wurde leer.

»Was ist los?« fragte sie.

Er fingerte in seinen Jackentaschen. Er blieb plötzlich stehen und fingerte nur sinnlos in seinen Jackentaschen herum.

»Sie sind weg«, sagte er.

Frau Bergmann hatte sich schon auf einen Stuhl gesetzt. Sie hatte ihre Handtasche auf die Knie gestellt und sagte: »Wie? Wer ist weg?«

»Die Jungens.«

Die Bergmann starrte ihn an.

Frau Asmussen fühlte, daß sie die Farbe verlor. Es war ein hohles Gefühl, das sie von der Herzgrube aufwärts steigen fühlte. Ihre Lippen wurden plötzlich trocken.

»Nicht alle, ein paar sind weg.«

»Reden Sie mal vernünftig«, rief Frau Bergmann von ihrem Stuhl her.

»Sie sind auf und davon«, rief der Lehrer, »ich kann's nur so vernünftig sagen wie es ist. Sie sind weg. In der vorigen Nacht sind sie weg. Nicht alle, aber ein paar.«

Frau Asmussen atmete plötzlich tief auf. Ihr Blut kehrte wieder, und sie lächelte sogar.

»Nach Hause. Es ist klar. Sie haben einfach nicht länger gewartet. Sie sind nach Hause.«

Frau Bergmann lachte.

»Sind sie nach Hause?« fragte sie.

Ihre Stimme war plötzlich ganz dunkel geworden. Sie war so anders geworden, daß Frau Asmussen erschrak und der hohle Schmerz wiederkehrte.

Sie blickte die Bergmann an. Das breite, fleischige, gesunde Gesicht. Sie hielt das Gesicht ganz still, sie schlug nicht mal mit den Lidern.

»Nein«, murmelte der Lehrer. Seine Stimme zirpte, so nahe war sie daran, umzukippen. Es klang irgendwie, als spreche ein Vogel. Er flatterte plötzlich auch mit den Händen, so wie ein Vogel die Flügel schlägt.

»Nein«, sagte er noch einmal, »sie sind nicht nach Hause. Sie sind an die Front.«

Es blieb ganz still.

Frau Asmussen fühlte, wie ihr Herz schwankte, als wolle es sich umdrehen. Sie wunderte sich selbst über ihre Stimme, als sie sagte: »Unsinn! Wie kommen Sie darauf? Sie sind nach Hause. Sagen Sie doch, daß sie nach Hause sind.«

Der Lehrer murmelte mit versagender Stimme, die dennoch

etwas Halsstarriges bekam: »Sie sind an die Front. Ich weiß es. Sie haben es geschrieben. Sie haben einen Zettel hinterlassen und sind an die Front. Heute morgen habe ich es gesehen. Ich habe den Zettel gefunden, und es war niemand mehr da. Dreißig sind es. Dreißig Jungens. Gleich dreißig. Zwei Schlafsäle voll Jungens. In jedem lagen fünfzehn. Und sie sind alle gegangen.«

Frau Asmussen setzte sich.

»Harald«, flüsterte sie, »ist mein Sohn Harald dabei?«

»Ja, er ist dabei.«

Frau Bergmann regte sich.

»Daß meine beiden dabei sind, brauche ich wohl nicht zu fragen, wie?«

»Die sind auch dabei.«

Frau Asmussen seufzte: »Schrecklich. Das ist ja schrecklich.« Die Bergmann hielt beide Hände auf ihrer Tasche. Auf dem alten abgegriffenen Nickelbügel.

»Meine sind immer dabei. Es konnte gar nicht anders sein. Sie sind immer dabei. Wo was los ist, meine beiden sind dabei.« Sie schüttelte den Kopf. Sie nahm den alten, blauen Hut ab und schüttelte die Haare, borstige, graue Haare.

»Sie haben irgend 'ne Art, auf jede Dummheit reinzufallen. Sie riechen sie, wie Hunde irgend etwas riechen. Wo nur in der Ferne 'ne Dummheit passiert, da haben sie's in der Nase – genau wie Hunde.«

Sie hatte einen gewissen Klang in der Stimme, der Frau Asmussen ermutigte.

»Es ist nicht die erste Dummheit, die sie machen«, sagte Frau Bergmann, »ich hab's gelernt, mit ihren verdammten Dummheiten umzugehen. Nur so eine gefährliche war noch nicht dabei.«

Frau Asmussen geriet in eine Laune, zu reden: »An die Front? Ich glaub's nicht. Ich glaub's einfach nicht. Wie sollten sie auf so was kommen? Nein, nein, sie sind nach Hause.«

»Sie haben es auf einen Zettel geschrieben«, sagte der Lehrer starrsinnig.

»Was heißt das schon?« rief Frau Asmussen, »die schreiben leicht was auf einen Zettel. Sie sind einfach zu romantisch, die Wahrheit zu schreiben. Es hat heldenhafter ausgesehen, zu schreiben, sie gehen an die Front und dabei sind sie vielleicht schon in Stettin.«

»Wenn sie so romantisch sind, so etwas zu schreiben«, sagte der Lehrer mit sonderbarer Würde, »dann sind sie auch so romantisch, zu tun, was sie geschrieben haben.«

Frau Asmussen erstarrte.

Frau Bergmann sagte, ohne sich zu rühren: »Sie sind an die Front. Weil es so blödsinnig ist, deshalb sind sie an die Front. Wenn meine Jungens dabei sind, dann sind sie an die Front. Die können einfach keinem Blödsinn aus dem Wege gehen.«

»Was haben sie denn geschrieben?« fragte Frau Asmussen.

»Was die geschrieben haben?« rief die Bergmann fast apathisch. »Die haben sicher irgend etwas von Vaterland geschrieben.«

»Ja«, sagte der Lehrer, »es war was mit Vaterland.«

»Ich weiß doch, was meine Jungens schreiben.«

Sie stand plötzlich auf. Sie trug alte, schlechte Schuhe. Und an den dicken Füßen schwarze Wollstrümpfe, die sich an den Gelenken ringelten.

Sie stand auf, so wie ein Nilpferd aufsteht, ganz plump und doch geschmeidig. Fast lautlos.

»Wann sind sie weg?« fragte sie und war gar nicht mehr apathisch. »Sagen Sie mir, wie alles passiert ist. Was sie mitgenommen haben und was sie genau geschrieben haben. Ich hab' noch jede Dummheit wieder gutgemacht. Ich hab's gelernt, ihre verdammten Dummheiten gutzumachen. Jetzt will ich diese auch noch gutmachen.«

»Sagen Sie nur nichts in Stettin«, murmelte der Lehrer unglücklich, »wenn es die Schulbehörde erfährt, bin ich erledigt. Ich komme nie wieder in den Schuldienst, wenn man es erfährt. Ich bin einfach erledigt. Den ganzen Tag denke ich daran, daß sie kurzen Prozeß machen, obwohl ich nichts dazu kann. Aber niemand wird mir glauben, daß es dreißig Jungen möglich ist, unbemerkt durch ein Fenster zu klettern.«

»Durch ein Fenster?« fragte die Bergmann befriedigt. »Natürlich.«

»Wenn sie nicht durchs Fenster gegangen wären«, sagte Herr

Bracht, »dann hätte ich es gemerkt. Ich schlafe keine Nacht mehr, seitdem die Lage so ungewiß ist.«

Frau Bergmann bewegte sich auf den Lehrer zu. Er wich mit seiner nervösen, schlanken Gestalt zurück.

»Und wenn sie durch den Hausflur gegangen wären«, sagte die Bergmann, »hören Sie, und wenn sie durch den Hausflur gegangen wären, Sie hätten nichts bemerkt. Aber sie sind aus ganz anderen Gründen durch das Fenster gegangen. Zu solchem Blödsinn geht man nur durch die Fenster, verstehen Sie? Wenn sie durch den Flur hätten gehen müssen, wären sie gar nicht gegangen, verstehen Sie?«

»Nein«, schüttelte Bracht den Kopf.

Die Bergmann lachte.

Dieses Lachen machte ihn sehr nervös.

»Ich versichere, daß ich es nicht an der Aufsichtspflicht habe fehlen lassen. Wenn man es erfährt, wird man es aber annehmen. Ich komme nie wieder in den Schuldienst.«

»Kommen Sie«, sagte die Bergmann und ging an die Tür. Sie stieß tatsächlich an die Gewehre, die da standen. Es waren alte Gewehre, 98er, und sie standen da in einer Ecke, so wie man Regenschirme hinstellt. Die Bergmann stieß sie beiseite, daß sie scheppernd umfielen.

»Ich bitte Sie«, flüsterte der Lehrer, »machen Sie es nicht. Ich bekomme Ärger.«

Selbst Frau Asmussen lachte jetzt, obwohl ihr gar nicht nach Lachen zumute war.

Sie gingen auf den Flur hinaus.

Der Lehrer lief eilfertig voraus.

Er öffnete eine Tür und ließ die beiden Frauen eintreten. Es bot sich ihnen sogleich ein verwunderlicher Anblick. Die Wände waren vollgestellt mit eisernen Bettstellen, die zweistöckig übereinander angeordnet waren. In der Mitte gab es einen freien Raum, der fast zur Hälfte von zwei aneinandergeschobenen Tischen eingenommen war.

Um diesen Tisch saßen Frauen.

Die Frauen hatten alle ihre Gesichter der Tür zugewandt. Sie hielten sie so still, als ob sie ein lebendes Bild stellten. Eine Lampe mit einem Blechschirm hing über dem Tisch, und der Schatten unterstrich die Monumentalität des Bildes.

»Was ist das?« fragte die Bergmann.

»Mütter«, sagte der Lehrer, »das sind Mütter. Sie wollten alle ihre Söhne holen. Aber – aber es sind die, die weg sind.«

Das Bild der Mütter um den Tisch zerbrach jetzt. Es fiel auseinander in Bewegungen und Stimmen.

»Suchen Sie auch Ihre Kinder?« fragte eine blasse, blonde Frau, die wie ein Mädchen am Tisch saß. Sie trug einen Pullover, und ihre Schultern sahen ganz zart und schmal aus.

Ihre Stimme war hoch und in ständiger Erschrockenheit.

»Ich bin Frau Bonde«, sagte sie, »ich bin heute morgen aus Stettin gekommen und hörte, daß unsere Kinder fort sind.«

»Ist es nicht furchtbar?« fragte eine andere, die ein elegantes, blaues Tuchkleid trug und noch eine Spur schmächtiger schien als Frau Bonde.

Später erfuhr Frau Asmussen, daß es sich um eine Näherin handelte, Frau Seliger, die von außerordentlicher Bescheidenheit und Sanftheit war.

Eine dritte sagte zunächst gar nichts. Sie sah mit wasserhellen Augen jeden eindringlich an und wandte wie ein Automat ihre Blicke von einem zum anderen. Das war Frau Kordes, die ein Neues Testament in der Tasche trug, darin mit großem Ernst zu lesen pflegte und stets voller Trost und Hoffnung war.

Am gleichen Tisch saß eine alte ungepflegte Frau, über deren Gesicht ein stetes, nervöses Zucken lief. Sie redete rauh und bediente sich grober Worte. Sie wurde leicht zynisch, aber das machte vielleicht der Beruf, denn sie war eine Ärztin, Frau Doktor Behrens.

»Söhne zu haben ist eine Strafe Gottes«, sagte sie, »wenn ich meinen erwische, binde ich ihn an einen Stuhl und verprügle ihn mit einem alten Riemen. Ich habe Riemen für solche Fälle.«

»Reden Sie keinen Quatsch«, rief Frau Bergmann, »erst müssen wir sie kriegen. So wie ich uns kenne, werden wir ihnen Pfannkuchen backen.«

»Ha«, lachte die Ärztin.

Sie trug Stiefel wie ein Soldat und trat fest damit auf. Düster murmelte sie: »Ich binde ihn an die Tür. Ich nagle ihn an den

Boden. Wir sollten alle unsere Söhne an die Dielenbretter nageln.«

Frau Asmussen sah sich um.

Alle Betten waren leer.

Man sah die grauen Wolldecken zerknäult. Die Kopfkissen, strohgestopft, steckten in buntkarierten Überzügen. Die langen, schmalen Spinde – verdorbene, abgewaschene, schreckliche Dinger – standen zum Teil offen.

Frau Asmussen fror etwas.

Sie dachte an ihren Sohn Harald.

An den Knaben mit seinen langen, weichen Gliedern. Der so reine, blaue, träumerische Augen hatte. Den sie so gut erzogen hatte. Der stets anklopfte. Der »Gute Nacht, Mama« sagte und der anderen Damen die Hand küßte. Der stets saubere weiße, seidene Hemdkragen trug, aus denen sein Hals schlank und frei emporwuchs. Den sie kannte, so wie sie ihre Bücher kannte. Jede Seite, – und nun kannte sie ihn nicht?

Was war das für eine schreckliche Umgebung?

Was wußte sie von diesen Spinden? Was von diesen rauhen Wolldecken?

Sie stand auf und blickte sich um.

Die Decke war fast schwarz, rissig und fleckig.

Die Wände bemalt.

Sie erkannte große Buchstaben. Sprüche. »Du bist nichts, dein Volk ist alles.« Und: »Was mich nicht umbringt, macht mich härter.«

Es waren große Bilder gemalt. Stahlhelme mit Eichenlaub. Gewehre und Handgranaten, gekreuzt über einem Totenschädel. Man sah sofort, daß die Jungen es gemalt hatten.

Frau Asmussen setzte sich auf eins der Betten. Die Matratze knarrte in ihren rostigen Drahtfedern, und sie fühlte sich ganz schwach.

Hier hatte Harald gelebt. Diese Luft hatte er geatmet. Diese Sprüche hatte er geschrieben. Mit seinen langen schmalen Händen.

»Kommen Sie mal her!« sagte Frau Bergmann zu dem Lehrer.

Sie saß massig am Tisch. Ihre Unterarme waren wie dicke

Wülste. »Haben Sie eine Ahnung, wohin die Jungens gegangen sind?«

Der Lehrer fingerte nervös in seinen Taschen.

»Nein.«

»Was haben Sie denn unternommen?«

»Was sollte ich unternehmen?« fragte Bracht und seine Stimme bekam fast etwas Kreischendes.

»Was kann man da unternehmen? Sie waren weg. Sie waren schon Stunden unterwegs.«

»Haben Sie sich nicht erkundigt? Haben Sie den Bahnhof angerufen?«

»Nein.«

»Die Polizei?«

»Nein«, rief der Lehrer schrill. Er lachte etwas bösartig und rückte an seiner Brille.

»Polizei? Haben Sie eine Ahnung, was hier Polizei heißt! Wenn ich mit sowas gekommen wäre, hätten sie mich rausgeworfen. Die kommen nicht mal, wenn jemand umgebracht wird, nicht mehr. Seit gestern schon gar nicht. Seit gestern sind hier Bomben gefallen. Wenn ich sage, mir sind dreißig Jungens weggelaufen, dann lachen die mich aus.«

»Gut«, sagte Frau Bergmann, und der Lehrer wischte sich den Schweiß von der Stirn.

»Morgen fahren wir ab. Ich packe alle Kinder auf Lastwagen und sehe, daß ich nach Stettin komme. Ich mach's auf eigene Faust. Ich hab' keinen Auftrag. Aber ich fahre ab.«

»Gut«, sagte Frau Bergmann wieder.

Frau Doktor Behrens legte sich zurück.

»Lassen Sie den alten Schwätzer«, sagte sie, »der ist wie ein Kaninchen.«

Der Lehrer stand ganz stumm vor Empörung.

»Ich bitte Sie, meine Damen«, sagte er.

»Gehen Sie weg«, sagte die Ärztin, »fahren Sie den Kindersegen nach Stettin und packen Sie sich dazu.«

»Gut«, sagte Frau Bergmann wieder.

Sie sah die Frauen an.

»Sie haben einen ganzen Tag Vorsprung. Das ist viel. Aber vielleicht nicht genug.«

Die Ärztin beugte sich vor. Ihr Gesicht geriet ganz in den Lichtschein der Lampe. Sie hatte eine ungesunde Haut und auf der Oberlippe den Anflug eines Bartes. Sie war fast häßlich. Aber ihre Stirn sah gut aus. Eine aufrechte zarte, sehr weiße Stirn. Ihre Augen waren überschattet von geraden Augenbrauen, und ihre Blicke richteten sich fest, fast neugierig auf die Bergmann, auf diese klobige Frau mit dem fleischigen Gesicht.

»Was meinen Sie?« fragte die Ärztin rauh.

»Ich hole sie zurück«, sagte Frau Bergmann, »ich hab' meine Söhne schon öfter zurückgeholt.«

Frau Asmussen kam an den Tisch heran.

»Zurückholen?« fragte sie. Ihre Stimme schwang melodisch im Raum. Möglich, daß die derbe Stimme der Frau Bergmann nichts bot als die nackte Tatsache eines Gedankens, aber die Stimme der Frau Asmussen läutete wie eine Glocke. Sie war weich und bebte etwas. Und erst jetzt bewegten sich alle Frauen so, als fahre ein Wind unter sie.

Die Ärztin kaute mit den Zähnen.

»Ihnen nach? Großartig. So etwas Verrücktes ist mir nicht eingefallen. Aber es ist großartig. Wohin denn nach?«

Die Bergmann sah den Lehrer an.

»Wo werden sie hin sein?«

Bracht zuckte die Schultern. Es war widerlich, seinen halboffenen Mund zu sehen.

»Meine Damen«, sagte er schwach, »niemand wird Ihnen sagen können, wohin sie sind.«

»Wo ist die Front?« fragte die Bergmann.

»Ich weiß nicht«, murmelte der Lehrer und knöpfte an seiner Jacke herum.

»Bei Pyritz«, sagte die Ärztin, »ich fragte draußen einen Posten. Der sagte bei Pyritz. Es seien eine Menge Autos nach Pyritz gefahren. Er hätte bei seinem Hauptmann alle Augenblicke das Wort Pyritz gehört.«

»Pyritz«, sagte Frau Bergmann. »Wenn der das Wort Pyritz gehört hat, dann haben es die Jungens auch gehört. Ich gehe nach Pyritz. Ich fahre ihnen nach. Ich hole meine Jungens da weg. Sie haben da nichts zu tun, und ich hole sie weg.«

Die Ärztin lachte.

Sie beugte sich vor und starrte die Bergmann an.

»Wollen Sie sie vom Schlachtfeld holen?«

»Ja.«

»Einfach weg?«

»Ja.«

»Großartig.«

»Vielleicht sind sie noch gar nicht so weit. Vielleicht sitzen sie irgendwo. Vielleicht schickt sie auch jemand zurück«, sagte Frau Asmussen.

»Nein.«

»Wieso nein?« fragte Frau Asmussen, »das sieht doch jeder, daß es Kinder sind.«

»Nein«, sagte jetzt auch Frau Bergmann. »Meine beiden sind vierzehn und sechzehn. Sie sind größer als ich, und ich glaube, auch stärker. Sie können laufen, und ich glaube, auch schießen. Sie können es, weil es ihnen Spaß macht. Sie konnten immer, was ihnen Spaß macht.«

»Und wenn –« fragte die Ärztin, »wenn sie schon an der Front sind?«

»Dann hole ich sie auch zurück.«

Die Ärztin lachte. Sie trat mit ihren derben Stiefeln auf und lachte. Sie konnte sich fast gar nicht beruhigen.

»Ich mache mit«, sagte sie noch unter Lachen.

»Sie meinen«, sagte Frau Asmussen, »daß wir sie vielleicht noch einholen werden?«

»Ich weiß es nicht.«

»Wir werden sie nicht einholen«, sagte die Ärztin, »es sind Jungens zwischen vierzehn und sechzehn. Die holen wir nicht ein. Die sind viel geschickter als wir, um vom Fleck zu kommen. Ich kenne Leute, die an die Front wollten und partout nicht hinkamen. Immer war was kaputt. Eine Brücke, eine Straße, irgend etwas, daß sie nicht vorwärtskamen. Aber unsere Jungens kommen hin, und wenn die Brücken kaputt sind und die Straßen.«

»Ja«, sagte auch die Bergmann. »Und sie wollen ja hin. Es gibt Leute, die nicht hinwollen. Aber sie wollen hin. Das ist es. Sie haben es sich anscheinend in den Kopf gesetzt.«

»Wir müssen sie vom Schlachtfeld holen«, sagte die Ärztin und betrachtete alle. Sie hatte einen offenen Mund vor Spannung, und man sah ihre schlechten Zähne. »Wollen wir das tun?«

»Ja«, sagte die zarte Frau Bonde, die die Frau eines Pastors war. Sie hauchte das Wort nur, aber es klang ziemlich endgültig.

»Hm«, murrte die Ärztin und sah sich weiter um.

»Ja«, sagte auch die Näherin, Frau Seliger, und rieb ihre Finger, die sie abwesend betrachtete.

»Ja«, sagte Frau Kordes, und sie kam gar nicht darauf, das Neue Testament zu befragen.

Sie erschrak selbst, weil sie so schnell »Ja« sagte. Es fuhr ihr einfach heraus. So als hätte das »Ja« schon gewartet und käme, ehe der Verstand es wollte.

»Ja«, sagte auch Inge Maltzahn, die die Jüngste war, ein Mädchen von zwanzig Jahren, die ihren kleinen Bruder holen wollte.

Die ganze Zeit stand der Lehrer Bracht am Tisch. Er räusperte sich und sagte: »Es ist unsinnig, was Sie tun wollen. Sie werden sie nicht finden. Ich stelle Ihnen Plätze auf dem Lastwagen zur Verfügung –«

Aber niemand hörte auf ihn.

Er zitterte und rief schrill: »Bitte, meine Damen, hören Sie doch auf mich. Ich fürchte, es wird großen Ärger geben, wenn nun auch die Mütter verschwunden sind. Man wird mich fragen. Alle werden zu mir kommen und fragen. Was soll ich antworten?«

»Gehen Sie doch«, sagte die Ärztin grob.

Der Lehrer schluckte.

»Es wird an mir hängen bleiben. Ich werde alles ausbaden müssen. Mit welchem Recht hängen Sie mir das alles an?«

»Gehen Sie doch«, sagte nun auch Frau Bergmann.

Der Lehrer setzte sich auf einen Stuhl. Er schüttelte den Kopf und wurde plötzlich ganz traurig.

»Es ist zwölf Uhr«, sagte die Ärztin und sah auf ihr Handgelenk. »Ob noch jemand auf ist bei den Soldaten?«

»Ja«, murmelte der Lehrer.

»Sie sind immer auf. Mindestens machen sie die ganze Nacht durch Krach. Sie müssen wohl auf sein.«

Die Bergmann stand auf.

»Ich gehe rüber. Wenn sie Wagen nach Pyritz schicken, dann können sie uns mitnehmen.«

Auch die Ärztin stand auf.

»Ich gehe mit. Ich muß sehen, was die für Gesichter machen.«

Frau Asmussen stand still da.

»Kommen Sie«, sagte die Ärztin zu ihr, »Sie müssen auch mit. Sie haben das richtige Gesicht für solche Leute. Uns schmeißen sie raus. Uns lassen sie einfach stehen, aber Sie mit Ihrem Gesicht lassen sie nicht stehen.«

»Ja«, murmelte Frau Asmussen.

Sie gingen über den Flur.

»Ich weiß Bescheid«, sagte die Ärztin und ging wie ein Mann den Gang hinunter, »da unten ist es, die letzte Tür.«

Sie pochte kräftig an.

Es war kalt, und Frau Asmussen dachte daran, daß Harald sicher nicht an seinen Pullover gedacht hatte. Sie mochte ihn immer nur in seidenen Hemden sehen. Er sah gut aus, wenn er sie trug. Aber es wäre besser, dachte sie, wenn ich ihn an Pullover gewöhnt hätte.

Die Ärztin klopfte noch einmal an die Tür, und eine Stimme rief jetzt barsch: »Rein, zum Teufel, was soll das Geklopfe?«

Die Ärztin verzog ihr Gesicht zu einer Grimasse.

Sie stieß die Tür weit auf.

Das Zimmer war ziemlich kahl. Es stand ein großer Tisch in der Mitte, und es roch nach Schweiß, Staub und Leder. Der Ärztin fiel es nicht auf. Nur Frau Asmussen war noch nie in Kasernen gewesen und kannte den Geruch nicht.

Ein Offizier saß am Tisch. Er hatte seine Mütze auf und sah aus, als hätte er gar nichts getan. Er zwinkerte etwas mit den Augen, als die Ärztin hereinkam.

Er hatte ein junges, festes Gesicht und stand jetzt auf.

Er stand auf, als er Frau Asmussen sah.

Sie stand groß und schlank in der Tür. Sie hatte die Kappe drüben gelassen, und ihr Haar leuchtete gelb und hell.

»Verzeihung«, sagte der Offizier zu Frau Asmussen, »ich dachte, es wären meine Leute. Ich wußte nicht, daß Sie zu mir wollen. Wollen Sie zu mir, oder ist es ein Irrtum?«

»Kein Irrtum«, sagte die Ärztin. »Sie wissen doch, was los ist?«

»Ich hab's gehört«, antwortete der Offizier und machte eine

Handbewegung. Er starrte Frau Asmussen an und schob Stühle näher. »Bitte«, sagte er und nahm jetzt auch seine Mütze ab.

»Ich hab's gehört. Es geht um die Jungens, die weggelaufen sind. Wir haben's alle gehört. Wir haben schrecklich gelacht.«

»Hm«, nickte die Ärztin.

»Dieser Lehrer ist ein Trottel«, sagte der Offizier, »wenn ich ihn sehe, denke ich: was für ein Trottel. Ich kann's verstehen, daß sie ihm weglaufen.«

»Wegen des Lehrers kommen wir nicht«, sagte die Bergmann und lehnte sich an den Tisch. Sie stand da und hielt ihre Handtasche in der Hand.

»Können Sie uns mitnehmen nach Pyritz?«

»Wie?« staunte der Offizier, »in Pyritz ist Krieg.«

»Ja, ja«, rief die Ärztin und strich sich die Haare aus der Stirn, um besser sehen zu können, »deswegen wollen wir ja nach Pyritz.«

Der Offizier stand auf. Er schüttelte den Kopf und lächelte.

»Ich verstehe nicht. Die Russen sind in Pyritz. Noch nicht ganz, aber bald sind sie auch ganz drin.«

»Es ist wegen der Kinder«, sagte Frau Asmussen.

Ihre Stimme schwang im Raum, ihre weiche, bebende Stimme. »Wir glauben, daß unsere Kinder nach Pyritz sind, und deswegen möchten wir nach Pyritz.«

Der Offizier sah Frau Asmussen an. Es tat ihm wohl, sie anzusehen, und die Ärztin lächelte grimmig, als sie es sah.

»Gnädige Frau«, verbeugte er sich leicht und federnd. Wie er in den Hüften federt, dachte die Ärztin, immer haben diese Kerle etwas an sich, weswegen man sie bewundern muß. Dieser federt in den Hüften, als sei er aus Draht.

»Gnädige Frau«, wiederholte der Offizier, »das ist unmöglich. Sie wollen doch nicht Ihre Jungen zurückholen?«

»Doch«, sagte Frau Asmussen leise und sah den Mann an.

»Ich verstehe«, murmelte er, »ich verstehe Ihren Wunsch, aber wie wollen Sie nach Pyritz kommen, abgesehen davon, daß dort geschossen wird?«

»Das wollten wir Sie fragen«, rief die Bergmann verdrossen. »Fahren Sie nicht andauernd nach Pyritz? Sie haben doch den ganzen Hof voll Autos. Man stolpert ja über diese verdammten Autos.«

»Wir fahren nicht nach Pyritz«, sagte der Offizier und sah sich um. »Seit heute mittag nicht mehr. Da wird überhaupt niemand mehr hinfahren. Sie kommen höchstens alle von Pyritz her.«

»So«, sagte die Ärztin.

Der Offizier stand ganz versunken und zuckte die Schultern. »Pyritz ist erledigt. Da kann ich Ihnen nicht helfen. Wenn Sie aber nach Stettin wollen –?«

»Stettin«, rief die Bergmann grollend, »was sollen wir in Stettin? Was soll ich in Stettin sagen, he? Soll ich meinem Mann sagen: die Jungens sind nicht da? Die sind ein bißchen an die Front gefahren, die wollen ein bißchen Soldat spielen, die lassen sich jetzt ein bißchen totschießen? Das kann ich nicht, Mann. Das kann keiner von uns.«

Der Offizier zuckte wieder die Schultern. Er hatte gar nichts mehr zu sagen. Er starrte Frau Asmussen an.

»Nein«, sagte auch Frau Asmussen, »nein. Ich will meinen Jungen haben. Das ist ein Kind. Er hat doch nichts mit dem Krieg zu tun –«

Der Offizier schwieg immer noch.

»Kommen Sie«, sagte die Ärztin. Sie wandte sich um und marschierte dröhnend hinaus auf den Gang.

Auch die Bergmann wandte sich um. Sie hängte die Tasche an ihren Arm, und sie schlenkerte sie gegen den Türpfosten.

Die Tür ging wieder zu, und der Offizier sagte noch immer nichts. Es kam wenig später ein Gefreiter herein.

Er stellte sein Gewehr hin, und der Offizier sagte: »Haben Sie die Frauen gesehen?«

»Ja, Herr Oberleutnant.«

»Da war eine dabei mit blonden Haaren –«

»Ja, Herr Oberleutnant. Ich hab' sie auf der Treppe gesehen.«

Der Offizier schwieg.

Er holte ein Päckchen Zigaretten aus der Tasche und sagte: »Was sagt der Schirrmeister? Können wir abfahren?«

»In drei Stunden, Herr Oberleutnant.«

Der Offizier setzte seine Mütze wieder auf.

»Eine todschicke Frau.«

»Ja, Herr Oberleutnant.«

Der Gefreite stand da und sah sich um.

»Um drei Uhr –«, sagte der Offizier, »um drei Uhr fahren wir. Das ist die beste Zeit. Daß es nicht hell wird, und wir sind unterwegs –.«

Er rauchte seine Zigarette weiter und streckte die Beine von sich.

Etwas später hörte er die Stimmen der Frauen auf dem Flur. Er unterschied das helle aufgeregte Organ des Lehrers. Und dann hörte er die Haustür gehen. Sie knarrte hin und her, und die Stimmen kamen nun von draußen.

Der Gefreite kam wieder herein und sagte: »Die gehen nach Pyritz, Herr Oberleutnant.«

»Verrückt.«

»Ich hab's gehört. Sie wollen irgendwie nach Pyritz.«

»Sowas Blödes.«

»Hab' ich auch gesagt. Die blonde Frau geht auch mit.«

»Sowas Blödes.«

»Wenn die mal in so'n richtigen Segen reinkommen –«

»Was dann?«

»Dann möchte ich die mal sehen.«

Der Offizier stand auf.

Er sah den Gefreiten an. Seine Augen waren ganz verschleiert, und die Asche seiner Zigarette fiel auf den Boden.

Er sagte: »Laß sie doch! Laß sie doch gehen. Das geht uns ja nichts an. Mein Gott, wenn uns das alles was angehen sollte! Mein Gott, gut, daß einen das alles nichts angeht, verdammt nochmal.«

Die Frauen tasteten sich über den dunklen Hof.

Die Nacht war etwas heller geworden, aber sie sahen nicht viel, weil sie an das helle Licht gewöhnt waren.

Am Tor blendete sie ein Posten an.

»Machen Sie doch das Licht aus«, rief die Bergmann.

Das Licht knipste aus.

Der Posten stand stumm wie ein Pfahl und ließ sie an sich vorbeigehen.

Frau Bergmann hängte sich wieder an den Arm der Frau Asmussen. An der anderen Seite ging die Ärztin.

Diese drei bildeten die Spitze.

Die Ärztin lachte.

»Ich hab' Stiefel an. Ich hab's richtig gemacht. Ich wußte heute morgen noch nicht, daß ich sowas Verrücktes tun würde. Aber mir hat immer Spaß gemacht, zu tun, worauf sonst kein Mensch kommt.«

Frau Bonde rief von hinten: »Wenn wir sie nur finden.«

»Ganz egal, ob ich sie finde, ich mach's mit.«

Sie gingen die Straße hinunter, die immer noch leblos und still war. Sie war ein Stück grauen Staubes, und rechts und links kamen die größeren Staubflecke heran, Häuser, Schuppen und dergleichen, und alles sah grau aus, staubig nur voll Schatten.

So erreichten sie den Bahnhof.

Er lag jetzt tot da. Man sah niemanden mehr, und Frau Asmussen sagte: »Hier waren doch so viele Menschen. Ist niemand mehr da?«

Es war wirklich niemand da.

Der Vorraum des Bahnhofs war von einer blaugestrichenen Birne ganz schwach erhellt. Es lag Papier herum, Abfall, aber man sah keinen Menschen.

Die Sperre war unverschlossen und der Bahnsteig leer. Aber auch er war bedeckt mit Zeitungspapier, mit zerbrochenem Holz und Pappresten, die ganz in Schlamm und Nässe getreten waren. Aus einem zerborstenen Becken floß ein dünner Strahl Wasser. Das war das einzige Geräusch weit und breit, diesen Strahl Wasser fallen zu hören.

Jetzt schlug eine Tür auf, als ob der Wind sie aufschlage. Der Vorsteher steckte den Oberkörper halb heraus. Man sah seine Mütze wie einen blutroten Punkt.

»Hallo«, rief er.

Die Frauen kamen näher. Sie überquerten die Gleise, und die Bergmann fragte: »Ist hier nichts mehr los?«

»Nein«, sagte der Vorsteher, »der Zug ist abgefahren. Er fuhr einfach ab, obwohl nichts angeordnet war.«

»Hören Sie«, sagte die Ärztin.

»Nichts weiß ich«, rief der Beamte, »ob ein nächster fährt,

weiß ich nicht. Warum haben Sie nicht gewartet? Alle, die gewartet haben, sind weggekommen.«

»Wann fährt einer in Richtung Pyritz?«

Der Beamte stand ganz still.

»Pyritz?«

»Ja, Pyritz. Alle tun, als läge es auf dem Mond.«

»Es liegt auf dem Mond. Seitdem die Russen drin sind, liegt es auf dem Mond. Was wollen Sie denn in Pyritz?«

Die Ärztin schnarrte: »Es ist, weil wir in Ferien fahren. Es gibt da einen hübschen See, nicht? Mit Segelbötchen und sowas. Da wollen wir hin –«

Der Beamte rief: »Was erzählen Sie denn da für Märchen?«

»Wir wollen nach Pyritz, verstehen Sie?« rief die Ärztin. »Was wir da wollen, geht Sie nichts an. Wir fragen, ob da irgendwas von der gesegneten Reichsbahn noch hinfährt?«

»Nichts. Da fährt nichts mehr hin. Den nächsten Fahrplan machen nämlich die Russen.«

Er lachte. Er lachte erst sehr wenig. Und dann lachte er mehr. So als ob ihm eingefallen wäre, daß es ihm Spaß machen würde, aus Leibeskräften zu lachen.

Er lachte schallend.

»Die Russen, meine Damen. Irgend so ’n Russe sagt jetzt, ob und wie Sie nach Pyritz kommen zu Ihren Segelbötchen –«

Er hörte auf zu lachen und setzte sich an seinen Tisch, über dem ruhig die Lampe mit dem Blechschirm hing.

Er hörte auf mit Lachen, und es blieb gar nichts zurück davon. Das Lachen hatte sein Gesicht völlig leer gemacht, daß er gar keinen Ausdruck mehr zusammenkriegte.

Er war ganz grau und müde unter seiner roten Mütze.

»Warum sind Sie nicht weg?« fragte die Ärztin, »das sieht ja jeder, daß Sie hier nichts mehr taugen mit dem Quatsch, den Sie erzählen.«

Der Mann murmelte: »Warum ich nicht weg bin? Ich darf nicht weg. Wenn Sie es verstehen – ich versteh’ es nicht, müssen Sie wissen. In meinen Kopf will’s nicht rein. Ich muß hierbleiben.«

»Also fährt doch noch was«, sagte die Bergmann.

»Natürlich fährt noch was«, rief der Vorsteher, »irgend etwas kommt noch durch. Ich weiß nicht woher. Wenn Sie das wissen wollen, gehen Sie mal zum Güterbahnhof. Da sitzt einer von der Wehrmacht. Die haben hier zu sagen. Ich hab' gar nichts zu sagen, ich hab' hier nur zu sitzen.«

Die Frauen sahen sich an.

Sie gingen wieder hinaus und besprachen sich draußen.

»Gehen wir zum Güterbahnhof«, rief Frau Asmussen mit schwebender Stimme. »Dieser Vorsteher ist zu aufgeregt. Er kann sicher nichts dafür. Er weiß vielleicht wirklich nicht, was er machen soll.«

»Oh«, sagte die Ärztin und nahm den Arm von Frau Asmussen und lächelte sie an.

»Sie sind herrlich, meine Liebe. Es würde mir gar keinen Spaß machen, wenn Sie nicht dabei wären.«

Frau Asmussen lachte auch. »Na«, sagte sie, »Spaß macht es sicher keinem.«

»Doch«, sagte die Ärztin ernsthaft, »es macht Spaß. Es ist kein Spaß für jedermann. Es ist ein Spaß, den man einmal im Leben hat. Das ist nun meiner. Sie haben Ihren vielleicht schon gehabt. Für mich ist es dieser Spaß, und es ist gut, daß Sie dabei sind.«

»Oh«, erwiderte Frau Asmussen lächelnd, »ich kann sicher nicht viel nützen. Ich bin nicht praktisch genug.«

»Das nicht, aber Sie sind schön.«

»Schön?«

»Ja, schön. Haben Sie gesehen, was der Offizier in der Schule für Augen machte?«

»Nein.«

»Nun«, sagte die Ärztin seufzend, »Sie sind es gewohnt. Es fällt Ihnen gar nicht mehr auf.«

»Mir ist wirklich nichts aufgefallen.«

»Sie sind schön«, sagte die Ärztin noch einmal, »aber ich meine gar nicht das Äußere. Ich freue mich, daß Sie da sind. Das wollte ich Ihnen sagen. Das wollte ich Ihnen übrigens so schnell wie möglich sagen.«

Sie überschritten jetzt die Gleise.

Sie bewegten sich auf den Ortsausgang zu, wo das Gewirr der Schienen sich vergrößerte und die schwachen Signallichter fast eine Kette bildeten.

»Da sind die Häuser«, rief die Bergmann.

»Hallo! Wer ist da?« rief eine Stimme.

Ein Gewehrschloß knackte metallisch.

Die Frauen blieben erschrocken stehen.

»Die schießen uns noch über den Haufen«, sagte die Ärztin. »Tun Sie das Gewehr weg oder was Sie da haben«, rief sie laut, »hier sind ein paar Frauen, sonst nichts.«

Eine Lampe blendete auf, und die Frauen standen ganz im Licht. Zuerst Frau Bergmann, breit und schwarz mit ihrer hängenden Tasche, und dann die anderen. Das Haar der Frau Asmussen leuchtete auf im Licht.

»Was wollen Sie denn hier?« murmelte der Posten.

Sie erkannten den Rand seines Stahlhelms.

»Ich muß schießen«, sagte er verdrießlich, »ich darf gar nicht erst fragen. Ich muß sofort schießen. Haben Sie die Schilder nicht gelesen?«

»Nein, wenn Sie die Schilder nicht beleuchten, kann man sie auch nicht lesen.«

»Wie Sie das machen, ist mir egal. Sie stehen jedenfalls da, und sie stehen so da, daß jeder sie lesen kann.«

»Mann«, sagte die Bergmann, »es ist finster.«

»Ist egal«, sagte der Posten wieder, »ich muß auf alles schießen. Ich will ja hier nicht in die Luft fliegen.«

»Verständlich«, antwortete die Ärztin.

»Hier liegt lauter Munition rum, und ich muß auf jeden schießen.«

»So«, rief die Bergmann, »nun seien Sie man still mit Ihrer Munition. Ihre Munition ist mir ganz piepe. Wo ist denn der Mann, der hier zu sagen hat?«

»Drin«, murmelte der Posten. »Was wollen Sie denn?«

»Guten Abend sagen«, rief die Ärztin, »weiter nichts.«

»Gehen Sie rein«, sagte der Posten immer noch verdrossen. »Ich hab' bestimmt Ärger, daß ich Sie gehen lasse. Ich muß nämlich sofort schießen.«

»Ich glaube«, murmelte die Ärztin Frau Asmussen zu, »dem tut es leid, daß er uns nicht umgebracht hat.«

Sie gingen gleich auf das Haus zu. Es war ein Stellwerk und sah riesig lang und hoch aus.

Die Tür war aus Eisen und die Treppe, die hinaufführte, auch. Sie gingen alle die eiserne Treppe hinauf, und es dröhnte metallisch.

Das Stellwerk oben war abgedunkelt. Es waren mehrere Männer im Raum, und einer saß an einem Tisch, auf dem Karten lagen und viele Papiere.

Er sah die Frauen ganz verwundert an.

Sie füllten den engen Raum völlig.

»He«, sagte der Mann, der nur eine Uniformhose trug und keine Jacke, sondern eine graue Wollweste. »He? Was wollen Sie denn hier?«

»Hören Sie mal –«, sagte die Bergmann und schob sich flachfüßig nach vorn.

»Hören Sie mal –«, sagte sie noch einmal und stellte ihre Handtasche auf den Tisch. »Wir wollen nach Pyritz oder dahin, wo die Front ist. Wissen Sie, wo die Front am nächsten ist?«

Der Mann starrte sie an, als höre er schlecht.

Die Männer im Hintergrund rührten sich gar nicht.

»Was denn? Wollen Sie an die Front?«

»Genau das wollen wir«, sagte die Ärztin.

»Es ist so«, schob sich nun die Pastorin in den Vordergrund. »Wir sind die Mütter von Kindern, von Knaben, die mit ihrer Schule hier waren und an die Front gelaufen sind.«

Frau Bonde hatte ein geradezu engelhaft sanftes Gesicht. Ihre Haut war ganz blaß und rein.

»Ich verstehe«, sagte der Mann, »es reicht. Ich hab's verstanden.«

Er stand auf und überlegte.

»Es fahren nur noch Materialzüge. Wenig, aber einer geht in einer halben Stunde. Lok mit drei Wagen. Sind aber nur Güterwagen. Kann Ihnen nicht mal Stroh reinlegen.«

Er wandte sich um.

Sein Haar fiel in die Stirn, aber es kümmerte ihn gar nicht. Er schien sich überhaupt um nichts zu kümmern, was ihn selbst betraf. Er hatte kurze, energische Bewegungen.

»He, Lohse«, fragte er, »haben wir noch Stroh da? Waren doch noch drei Ballen vom letzten Pferdetransport.«

»Nichts mehr«, sagte ein Mann im Hintergrund, »was da ist, ist verschissen.«

»Schade«, sagte der Mann mit der Weste.

»Es kommt nicht auf Stroh an«, rief die Bergmann.

»Gut, in einer halben Stunde fährt ein Zug. Sie können hier warten, der Lokführer kriegt 'ne Maschinenpistole mit. Die muß er hier holen.«

Er setzte sich wieder.

Die Ärztin machte ganz runde, graue Augen.

»Das ist ein Mann, der furchtbar viel zu tun hat«, sagte sie der Frau Asmussen, »es gibt solche Männer, die darin großartig sind. Die müssen nur was zu tun haben, und sie sind großartig. Haben Sie bemerkt, daß er gar keine Frage stellte?«

Der Mann gab Anordnungen. Sie waren präzise. Er sprach stets gleichmäßig laut.

»Was –«, flüsterte Frau Doktor Behrens, »was würde er tun, wenn er nichts mehr tun könnte?«

Der Mann musterte die Frauen.

»Passen Sie auf Flugzeuge auf. Gehen Sie in den letzten Waggon und lassen Sie die Tür auf.«

Wieder war dies eine Anordnung. Er fand überall ein paar Anordnungen.

»Haben Sie 'ne Ahnung, wie der Krieg steht?« fragte die Ärztin.

Der Mann erschrak weder, noch schien er aufgeregt. Er zuckte die Schultern und sah sie kühl und grau an.

»Weiß ich nicht. Ich hab' hier 'n Bahnhof und keinen Generalstab. Ich laß hier 'n paar Züge laufen. Das ist alles. Damit hab' ich genug Ärger. Mehr lade ich mir nicht auf. Auch den nicht, den Sie haben.«

»Gut«, sagte die Ärztin fast bewundernd.

Der Mann steckte sich eine Pfeife an. Es war ein Hauptmann, wie man an seiner Jacke sah, die er über seinen Stuhl gehängt hatte. Er setzte sich auf den Tisch und sagte: »Ich laß meine Züge laufen wie es eben geht. Das ist meine Arbeit. Morgen früh sitzt hier sowieso 'ne Ladung Bomben. Das rieche ich und das ist 'ne Sache, die mich was angeht. Mehr nicht. Und deshalb laß ich noch ein paar Züge fahren. Ich rieche was morgen ist, und ich paß auf, daß so wenig wie möglich passiert. Daß wir hier so gut wie möglich abschneiden. Alles andere kann von mir aus der liebe Gott machen.«

Er rauchte seine Pfeife und saß quer auf seinem Tisch. Seine Leute hielten immer noch den Mund, aber die Ärztin fühlte, daß sie diesen Mann mochten.

Jetzt kam übrigens der Lokführer.

Er kam schweigsam herein. Er roch nach Öl und sein Gesicht war rußverschmiert.

Der Hauptmann in der Wollweste saß immer noch auf seinem Tisch. »Hier sind die Papiere«, sagte er, »fahr so weit wie möglich ran. Du sollst Elektromaschinen laden. Die Russen sollen sie nicht haben, und ihr sollt sie aufladen und nach Stettin bringen.«

»Ja«, sagte der Lokführer.

»Und 'ne Maschinenpistole sollst du mitnehmen! Es ist 'ne Verfügung, daß Lokführer und Heizer Waffen kriegen. Lohse! Gib mal so 'n Ding.«

Der Mann im Hintergrund hängte eine Maschinenpistole ab und reichte sie dem Mann in der Weste.

Der betrachtete sie und gab sie dem Lokführer.

Der nahm sie schweigend an. Er betrachtete sie auch und konnte nichts damit anfangen.

»Oder willst du lieber ein Gewehr?«

»Nee«, sagte der Lokführer.

»Du kannst auch ein Gewehr kriegen. Oder Handgranaten. Is' ganz egal. Du kannst alles haben, nur keine Kanone, die haben wir hier nicht.«

Die Leute lachten dünn.

»Nee«, sagte der Lokführer noch einmal und sah immer noch mißtrauisch auf die Maschinenpistole.

»Und dann«, fuhr der Mann in der Weste fort, »nimm diese Frauen hier mit. Sie wollen nach vorn. So weit nach vorn wie möglich.«

Der Lokführer sah die Frauen der Reihe nach an.

»Tu sie in den letzten Waggon, da stören sie nicht. Geht alles auf eigene Gefahr.«

Als die Frauen schließlich durch die Dunkelheit, die immer

grauer und nebliger wurde, über die Gleise stolperten, fragte der Lokführer: »Was wollt ihr denn da vorne?«

Die Bergmann sagte: »Gehen Sie doch nicht so schnell. Ich verlier' Schuh und Beine auf diesem Pflaster. Unsere Söhne sind durchgebrannt. Die sind nach vorne gelaufen. Die wollen da rumschießen und rumkämpfen. Und die wollen wir wieder haben, verstehen Sie?«

Der Lokführer hielt vor seinem Zug.

Groß, düster und rotbepunktet stand die Lokomotive da.

»Franz«, rief er.

Über das Schutzschild beugte sich ein Mann. Man sah nur seinen Schatten.

»Wir müssen los«, sagte der Lokführer, der immer noch die Maschinenpistole in der Hand hielt.

Er wandte sich zu den Frauen. »Ich habe meine beiden Söhne zu Hause. Sie sind noch klein. Sechs Jahre. Einer acht.«

»Na«, flüsterte die Ärztin, »weit wird der nicht fahren. Deshalb nicht, meine Liebe, aus demselben Grunde, aus dem es uns nach vorne zieht, zieht es den nach rückwärts.«

Der Lokführer stieg die Treppe hinauf.

»Nimm mal das Ding ab«, rief er nach oben und reichte die Maschinenpistole hoch.

Die Frauen gingen auf dem Schotter entlang und bestiegen einen Waggon.

Die kleine Inge, die Zwanzigjährige, war zuerst oben und dann die Ärztin. Alle halfen sich gegenseitig hoch, und als letzte bestieg die Bergmann den Waggon. Sie keuchte dabei und schimpfte.

»Man sieht wie ein Schwein aus, glaube ich. Man riecht, daß es hier nicht sauber ist.«

Sie tasteten sich nach hinten in eine der dunklen Ecken. Die Pastorin breitete Papier aus und andere drehten ihre Mäntel um. Sie setzten sich und rückten eng aneinander.

»Kommen Sie«, sagte die Bergmann und nahm Frau Asmussen an den Arm.

»Ich bin ganz warm«, sagte sie, »im Winter sind sie alle zu mir ins Bett gekrochen, weil ich so warm bin. Mein Mann sagt immer, du bist warm wie gekochtes Fleisch.«

Sie lachte, und Frau Asmussen hörte ihre Stimme wie die anderen auch, und niemand fand etwas dabei. So eine gute, so eine warme Stimme hatte die Bergmann.

»Nur die Schuhe muß ich ausziehen«, rief die Bergmann und schlüpfte ächzend aus den alten Dingern.

Sie blieben dann ziemlich still. Sie waren alle müde, und sie saßen in der Dunkelheit eng aneinander und merkten, wie sehr sie müde waren.

Die Nacht draußen war kalt und wolkig.

Der Lokführer sah auf die Uhr und betrachtete die Signale.

»Los, Franz«, sagte er.

Er blickte den Heizer an und fragte: »Wo hast du denn das Ding gelassen?«

»Die Maschinenpistole?«

»Ja, die.«

»Ich hab' sie gleich auf der anderen Seite wieder runtergeworfen.«

»Mach keinen Quatsch, Franz«, nörgelte der Lokführer, »ich hab' 'ne Quittung dafür unterschrieben.«

»Wir sind Eisenbahner und keine Soldaten.«

»Aber ich hab' unterschrieben.«

»Lieber so was gar nicht erst anfangen.«

»Aber du weißt, wie sie mit ihren Quittungen sind.«

Der Heizer sagte nichts mehr, und langsam, fauchend und zischend setzte der Zug sich in Bewegung.

Die wenigen Lichter versanken in der Dunkelheit.

Die Bewegung des Zuges und die Müdigkeit versetzten Frau Asmussen in einen Halbschlaf, der sich mit Bildern füllte.

Das Rattern und Stampfen des Zuges wurde weicher und ging über in das Rauschen der See.

Sie sah das Meer plötzlich vor sich. Es hatte einen ganz blauen Schimmer. Wie hellblaue Tinte sah es aus und leuchtete. Sie wußte sogleich, daß es der Strand von Bansin war an einem Punkte, der westlich des Ortes lag und ziemlich schmal war, dort, wo steinerne Blöcke ins Meer gestreut waren und die Küste steil und buschbewachsen anstieg.

Diesen schmalen Streifen Sand sah sie vor sich, zwischen See und steilem Hang, den Sand, der nicht feucht und nicht trocken war, so wie er morgens daliegt, ganz fleckenlos, fast betäubend vor Reinheit und wenn nichts Lebendes die Stille stört, kein Ruf eines Menschen, kein Vogel, kein Boot –

Und sie sah sich selbst in ihrem weißen Badeanzug, »mitsamt den fehlenden Stücken der Venus von Milo«, wie ihr Mann zu sagen pflegte.

Ihr ein paar Schritte voraus lief ihr Sohn Harald. Er war so groß wie ihre Erinnerung es liebte, so acht Jahre alt.

Sie sah seine knabenhafte, geschmeidige Gestalt, den weichen Umriß seiner Figur, die langen, schmalen, zarten Beine, die jenen sommerlichen braunen Hautton hatten, der an Samt erinnerte oder an die Weichheit von Vogelgefieder. Sie sah seinen prachtvollen Rücken, den Hals, seinen schmalen Kopf, über dem das Haar windzerzaust wie eine Flamme stand.

Sie seufzte.

Dieses Bild sah sie sehr oft vor sich und jedesmal überflutete Zärtlichkeit ihr Herz.

Und ihren Mann sah sie vor sich.

»Du hast diesen Jungen lieber als mich«, sagte Andreas und die Szenerie wechselte. Sie sah sich jetzt im Garten des Hotels Atlantic sitzen, ganz vorn, wo die aufgestellten Scheiben den Seewind abhielten.

Die Hecke bewegte sich leise, der Wind war warm, und auf dem Tisch standen die Kelche mit Eis samt jenen mürben Gebäckstangen, deren Geschmack ihr sogar wiederkam.

Andreas saß ihr gegenüber, das weiße Hemd offen, das Gesicht braun, dunkeläugig, eindringlich.

»Du hast ihn lieber als mich.«

»Nein, ich habe ihn nicht lieber.«

»Doch, du weißt es nur nicht, daß du ihn lieber hast.«

»Was ist das überhaupt für ein Gespräch, ob ich ihn lieber habe als dich.«

»Natürlich ist es ein sonderbares Gespräch. Ich finde es auch sonderbar. Weil ich sehe, wie du ihn gern hast, denke ich darüber nach, daß es dir möglich ist, jemanden gern zu haben.«

»Was sollen wir darüber sprechen«, sagte sie unbehaglich.

Er lachte.

»Du weißt gar nicht, was Liebe ist. Du bist sehr nett zu mir, aber du weißt nicht, was Liebe ist.«

»Du willst doch nicht sagen, daß du glaubst, ich liebe dich nicht?«

»Doch. Eigentlich genau das.«

»Das ist Unsinn.«

»Ein schöner Unsinn«, lachte er dunkel. »Das Schlimme ist, daß du es nicht weißt. Du bist sehr nett, aber eigentlich weißt du nicht, was Liebe ist. Du weißt es einfach nicht. Du hast nicht die geringste Vorstellung.«

»Du kannst dich doch nicht beklagen.«

»Nein. Ich komme zu dir ins Bett. Du bist ganz freundlich. Du hast wunderbare Arme und legst sie mir um den Hals. Du hast prachtvolle Schultern, die ich gerne habe. Ich habe alles an dir gerne. Alles. Ich küsse den Fleck zwischen Brust und Schulter. Dieser Fleck gefällt mir besonders. Merkst du, daß ich ihn jedesmal besonders küsse?«

»Hör doch auf mit diesen Reden.«

»Warum? Es hört niemand zu.«

»Ich finde es nicht schön, darüber zu reden.«

»Ich möchte aber. Jetzt möchte ich darüber reden. Wenn sich dein Kleid etwas verschiebt, sehe ich diesen Fleck, den ich gern habe.«

»Du sollst aufhören.«

»Ich will aber nicht. Lächle, Liebling. Du bist sehr freundlich, aber du hast deinen Sohn lieber als deinen Mann. Lächle, denn selbst wenn du wolltest, könntest du darüber nicht weinen. Du weißt gar nicht, was ich meine.«

»Nein, ich weiß es wirklich nicht.«

Andreas lachte.

»Ich habe dich geheiratet, weil ich dachte, du würdest mich lieben. Du sahst so aus, als könntest du es. Immer sind dir die Männer nachgelaufen. Sie drehen die Köpfe und sind ganz hin vor Bewunderung, so sehr siehst du aus, als ob du lieben könntest.«

»Ich glaube, du hast getrunken.«

Er lachte wieder.

»Habe ich, Liebling. Heute morgen schon. Und nach dem Essen wieder.«

»Dann redest du das alles, weil du betrunken bist.«

»Nein. Aber es ist reine Höflichkeit, schon soviel getrunken zu haben, obwohl es erst Mittag ist. Es ist Höflichkeit, Liebling, denn nun kannst du alles, was ich gesagt habe, mit der Hand wegschieben: Mein Mann ist betrunken, er redet dummes Zeug.«

Er lachte wieder.

Und der Traum drehte sich weiter, bis sie das Zimmer in Stettin sah.

Sie sah sich selbst, Helene Asmussen, wie sie ihren Sohn hinausschickte: »Harald.«

»Ja, Mutter.«

»Geh doch mal hinaus.«

»Warum soll ich hinausgehen?«

»Ich möchte etwas mit deinem Vater besprechen.«

»Dauert es lange?«

Harald ging hinaus. Sie sah ihm nach. Er war zwölf Jahre, höflich, gut erzogen, mit blauen leuchtenden Augen.

»Wieso?« fragte Andreas aus seiner Ecke heraus, »wieso glaubst du, daß es nicht lange dauert?«

Helene sah ihn blaß an.

»Es dauert nicht lange.«

Andreas steckte sich eine Zigarette an und murmelte:

»Nur zu mit der Sache, die nicht lange dauert.«

»Ich weiß, daß du mich betrügst.«

»So«, sagte Andreas. Er sah ganz schlaff aus. Seine Hand zitterte nicht. Nur seine Augen waren beschattet.

»So«, sagte er noch einmal.

»Ich weiß es genau. Du kannst dir keine Ausreden überlegen.«

»Wer sagt dir, daß ich mir Ausreden überlegen will? Hier und da habe ich dich betrogen. Ich geb's zu. Mit ganz ordinären Weibern, die mir gar keinen Spaß machten.«

»Andreas –«

»Was denn? Ich sage, wie es ist. Ich hab' dich betrogen. Mit Frauen, die keinen Schuß Pulver wert sind. Ganz gemeinen Weibsbildern. Ich habe mit ihnen Schnaps gesoffen und ab und zu ist es soweit gekommen, wie du annimmst.«

»Das ist alles, was du dazu sagst?«

»Liebling«, sagte er, »ich kann eine ganze Menge dazu sagen, aber du begreifst es nicht. Es hat gar keinen Zweck, erst damit anzufangen.«

»Versuch's«, flüsterte sie, »ich möchte es verstehen. Ich möchte es unseres Jungen wegen verstehen.«

»Wieder der Junge«, sagte er lächelnd.

»An ihn hast du nicht gedacht?«

»Nein«, schüttelte er den Kopf, »ich habe an mich gedacht.«

»Und hast dich mit gewöhnlichen Frauen eingelassen.«

»Ja, ganz gewöhnlichen. Ich habe ihnen Schnaps bezahlt und sie haben juchhei gemacht. Sie haben geflucht, gesoffen, geschimpft, geweint und gelacht, das hat mir Spaß gemacht.«

»Andreas –«

»Oh, Liebling, ich wußte, daß du es nicht verstehst. Sie waren sentimental und gierig, ab und zu schamlos. Das alles hat mir Spaß gemacht.«

»Und du hast sie geliebt?«

»Was soll das?«

»Ich frage es.«

»Nein. Geliebt habe ich keine einzige. Obwohl ich es gerne getan hätte. Ich hätte gern an irgend jemanden mein Herz verloren. Aber es machte sich nicht.«

»Aber warum, Andreas –«

»Warum?« Er stand auf. Er stand mit einem Ruck auf. Seine Stimme klang rauh.

»Warum? Weil ich das Pech habe, dich zu lieben. Ich liebe dich, und ich werd's nicht los.«

»Ich verstehe kein Wort«, sagte Frau Helene leise.

»Ich weiß es. Ich hab's dir gleich gesagt.«

»Was soll nun werden?«

Andreas zuckte die Schultern.

»Fällt dir nichts ein?« fragte er, »mir fällt schon lange nichts mehr ein.«

»Es kann doch so nicht weitergehen.«

Er zuckte wieder die Schultern.

»Was meinst du, wie lange es so schon weitergeht.«

Er lachte und sah sie eindringlich und blaß an.

»Ich könnte mich bei dir entschuldigen«, sagte er langsam. »Ich könnte sagen: Liebling, ich mach's nicht wieder. Ich hab' gar keinen Spaß dran. Ich versuchte es, ob ich vielleicht welchen dabei habe. Aber ich hatte keinen. Ich mach's nun nicht wieder. Ich weiß jetzt, daß es keinen Spaß macht –«

»Sprich doch nicht so –«, sagte Frau Helene unwillig.

»Warum nicht«, lachte er, »ich könnte sagen: Liebling, ich liebe dich, so wie du bist. Du bist wie aus Porzellan, so kühl, so fest, so vorsichtig zu behandeln. Du hast etwas von der Frische eines Windes, wenn er von der See kommt und wenn man den Tang noch riecht, die Kälte, das Salz und die Weite. Du bist wie der Wind, den auch noch niemand in der Hand gehalten hat. Du bist so sauber, so gerade, so moralisch, so sittenfest, du bist freundlich wie nur jemand freundlich sein kann, du bist vornehm, du hast Geschmack, du hast einen offenen Blick, und nichts könntest du weniger als unehrlich sein. Aber du bist auch fest verschlossen, so wie Kapseln, die an Bäumen sitzen, bevor der Wind sie herunterweht. Auf den Wind warte ich, der dich herunterweht, daß du dich öffnest –«

»Andreas, ich habe dich noch nie so verrücktes Zeug reden hören. Wenn du mich liebst, wie kannst du so schreckliche Dinge tun?«

Er lachte wieder.

»Was meinst du, wie schön ab und zu ein gemeines Wort ist. Wenn es nur vollendet ehrlich gemeint ist. Wenn man durch so ein Wort einem bis in die Seele sehen kann, selbst wenn sie wie eine Kohlenhandlung aussieht. Das ist es –«

»Hör mal«, sagte sie energisch und hob entschlossen den Kopf. »Ich möchte mich nicht scheiden lassen –«

»Danke, Helene«, sagte er schlaff. »Ich danke dir. Das ist so ein Wort, wo man bis in deine Seele sehen kann. Einen kleinen Jungen sehe ich mit blonden Haaren –«

»Ich möchte mich nicht scheiden lassen, aber du darfst es nie wieder tun. Ich finde es abstoßend, denn ich – ich liebe dich schließlich auch –«

Andreas kam auf sie zu.

»Ja«, sagte er ausdruckslos.

»Ich liebe dich auch –«, murmelte sie.

Er umarmte sie. Sie sah seine Augen plötzlich ganz wild werden.

Und dann kam Harald.

Er stand in der offenen Tür.

»Ihr macht ja doch so lange«, sagte er.

»Geh raus«, rief Andreas.

»Laß ihn. Es ist kalt auf dem Flur. Laß ihn hier.«

Er hielt sie immer noch fest, doch sie hatte den Kopf gewandt und lächelte.

»Laß, Andreas. Er sieht uns ja an.«

Da ließ er sie los, fuhr seinem Jungen über den Kopf und rief: »Mein teurer Strohkopf.«

Und weiter ging der Traum. Es kam ein Tag, da sie ihren Mann in der Marineuniform sah.

Er sah sehr männlich aus, so wie Marineoffiziere aussehen. Hochgewachsen, gerade, mit kühnem Blick.

Es war ein Tag im September, und er sagte: »Ich muß jetzt gehen, Helene.«

»Ist es schon soweit?«

»Ja, es ist soweit.«

Er sah sich im Zimmer um.

»Besten Dank, wollte ich noch sagen.«

»Wofür, Andreas?«

»Nur so, besten Dank. Ganz im allgemeinen besten Dank.«

Er sah sie an und war weder traurig noch fröhlich. Er sprach wie gewöhnlich, vielleicht eine Spur leiser.

»Man sollte nie versäumen, besten Dank zu sagen. Die meisten Leute kommen nicht mehr dazu, ›besten Dank‹ zu sagen, und es tut ihnen nachher leid.«

»Hast du Befürchtungen?« fragte Helene beklommen.

»Nein. Ich halte nichts von Befürchtungen. Ich hab' keine besonderen. Ich mein's auch gar nicht tragisch.«

»Ist es ein gefährliches Kommando?«

»Nicht besonders.«

»Mach dir keine Gedanken, Andreas. Ich hab' gehört, wenn man zuviel an solche – an solche Möglichkeiten denkt –«

»Was dann, Liebling?«

»Dann wird man unsicher, habe ich gehört, und dann kann einem viel leichter etwas passieren.«

»Möchtest du es nicht?«

»Wie kannst du so reden? Natürlich nicht.«

»Hm«, lachte er dunkel, »das wäre so ein Windchen, um Kapseln herunterzuwehen. Es ist nicht besonders gefährlich, aber es könnte natürlich sein –«

»Denk nicht dran.«

»Woran soll ich denken?«

»Daß ich dich gerne habe –«

»Schön. Mach' ich. Mach' ich mit großem Vergnügen. Außerdem ist das gar nichts Neues. Das mach' ich sowieso schon. Das mach' ich seit Jahren andauernd –«

Er stand immer noch da und sah Helene an.

Sie beugte sich vor und küßte ihn. Sie nahm seinen Kopf in beide Hände.

Er lachte plötzlich fröhlich. »Weißt du«, sagte er, »daß ich dich beim Küssen immer sehr vornehm finde? Du bist es natürlich immer, Liebling, aber wenn du mich küßt, bist du es besonders.«

Sie lachte auch.

»Ich hab' noch nie was Vornehmes dabei gefunden.«

Er lachte herzlich.

Er gab ihr die Hand und sagte noch einmal: »Besten Dank.«

»Komm bald wieder«, flüsterte sie.

»Ich bemüh' mich«, sagte er lächelnd, »dieser Krieg ist eine harte Zeit für mich. Ich bin irgendwie davon überzeugt, daß ich ein Mensch mit Pech bin. Wo nur so 'n bißchen Pech in der Welt ist, da fährt's auf mich zu, als sei ich ein Magnet für unglückliche Dinge.«

Dann wandte er sich ab.

»He, Strohkopf«, sagte er zu Harald, »du darfst mit. Ich bringe dich durch die Sperre und du stehst dann ganz nahe am Hafen, ja? An der Kaimauer. Setz keine Mütze auf, hörst du, daß ich dein strohgelbes Blinkfeuer noch 'ne Weile sehe.«

»Ja, Vater«, sagte Harald begeistert.

Und sie gingen beide die Treppe hinunter, und Helene stand am Fenster und winkte. Sie winkte, bis sie nicht mehr zu sehen waren, der Vater nicht und nicht der Sohn.

»Ich dachte«, sagte Helene vor sich hin, »er mochte seinen Jungen nicht. Ich hab' immer geglaubt, er mochte ihn nicht.«

Helene erwachte, weil es eisig von der offenen Waggontür herzog. Sie regte sich und sah, daß sie mit dem Kopf an der Schulter der Ärztin lag.

»Ich habe geschlafen und etwas geträumt«, sagte sie.

»Ja«, sagte die Ärztin, »es schlafen noch einige, und ich glaube, sie träumen auch alle. Ich hab' immer viel Nachtdienst gehabt, und wenn ich schlafe, ist es so, als läge ich in einem Sarg. Es ist ganz finster, und ich träume von gar nichts.«

»Doch, ich habe geträumt«, sagte Helene.

»Von Ihrem Sohn?«

»Ja, und von meinem Mann.«

Die Ärztin machte eine Kopfbewegung zu den anderen Frauen hin. Es war milchiger, grauer Morgen, und fast alle Frauen schliefen.

Frau Bergmann lag breit da. Man sah einen breiten, weißen, derben Streifen ihres Unterrocks, und ihre schwarzen Wollstrümpfe ringelten sich. Ihre grauen Haare wehten im Zugwind.

»Die träumen alle«, sagte die Ärztin, »so wie sie da liegen, träumen sie alle von ihren Söhnen. Sie liegen alle da, als hätte man sie auf das Herz gehauen.«

Helene richtete sich etwas auf und strich über ihre Haare. »Ich glaube, man wird sehr unsauber in diesen Zügen«, sagte sie.

»Ist Ihr Mann in Stettin?« fragte die Ärztin.

Helene schwieg.

Sie sah hinaus, wo im milchigen Morgenlicht Felder und Wiesen und Waldstücke vorüberzogen.

»Nein«, sagte sie, »er ist gefallen.«

»So«, murmelte die Ärztin.

»Er war bei der Marine. Er ist gefallen. Vor zwei Jahren schon.«

Die Ärztin sah sie unbestimmt an.

»Ich hänge um so mehr an meinem Sohn«, sagte Frau Asmussen halblaut, und während sie es sagte, wußte sie, wie sehr das der Fall war. So als habe sie es vorher nicht deutlich genug gewußt.

Große Unruhe erfüllte sie plötzlich, und sie zitterte. Die Ärztin legte einen Arm um sie.

»Ich weiß, wie es Ihnen geht.«

Der Zug fuhr ratternd und schaukelnd, nicht sehr schnell, aber auch nicht langsam. Der Dampf der Lokomotive preßte sich in Schwaden herein und kreiste in Wirbeln über den schlafenden Frauen.

»Ich weiß, wie es Ihnen geht«, sagte die Ärztin noch einmal mit rauher Stimme. »Ich habe immer gewußt, wie es in anderen Menschen aussieht. Das ist eine schreckliche Sache, und ich habe es manchmal sehr bereut, dies immer und stets zu wissen.«

»Sie sind sicher sehr klug«, sagte Frau Asmussen schwach.

»Ach was«, sagte die Ärztin, »da kaufe ich mir schon was für! Wenn ich eine Sehnsucht habe, dann die, einmal ganz dumm zu sein. Ich weiß, daß ich diese Sehnsucht habe, ganz blöd' zu sein, einfach so in jeden Tag zu stolpern und in jeden Menschen. Aber ich weiß immer Bescheid.«

»Ich glaube«, atmete Frau Asmussen, »daß ich nie Bescheid gewußt habe.«

»Ich bin zu häßlich, um dumm zu sein. Schon als Kind war ich mißtrauisch, weil ich häßlich war.«

»Ich finde Sie nicht häßlich.«

»Nicht? Ich weiß genau, daß ich es bin. Ich bin fünfzig, und wenn man fünfzig ist, weiß man sowas.«

»Sie haben eine sehr schöne Stirn«, sagte Frau Asmussen leise.

»So –«, murmelte die Ärztin, »schöne Stirn? Ja, das ist wahr. Das haben mir schon Leute gesagt, daß ich eine glatte Stirn habe.« Sie zögerte einen Augenblick.

»Das ist schon mal aufgefallen. Ich kannte jemanden, der es mir sagte, und ich war sehr glücklich darüber.«

Sie lachte. »Aber – auf die Dauer ist es nichts. Es ist für eine Frau einfach zu wenig. Es ist die falsche Stelle, um schön zu sein.«

Sie schwiegen etwas und der Tag wurde immer grauer.

»Haben Sie auch plötzlich solche Angst – um Ihren Sohn?« flüsterte Helene.

»Ja«, sagte die Ärztin, »natürlich. Und noch vor etwas ganz anderem.«

»Wovor?«

Aber die Ärztin sagte es nicht.

Und noch einmal sagte Helene: »Alle haben Briefe und Postkarten abgegeben, erinnern Sie sich? Dem Lehrer. Für Stettin. Ich hatte nichts zu schreiben und ich sah, daß Sie auch nichts schrieben. Ist Ihr Mann auch –«

»Nein«, antwortete die Ärztin. »Ich habe gar keinen.«

In diesem Augenblick fuhr der Zug immer langsamer und hielt schließlich.

Die Frauen wurden wach.

Frau Bergmann setzte sich aufrecht, sah sich kurz um und zog sogleich ihre Schuhe an.

»Wo sind wir?« fragte sie.

Die kleine Inge wühlte ihr Gesicht hoch und sah sich wirr um.

Frau Bonde erwachte völlig geräuschlos und stand auf.

Frau Kordes blickte im Liegen stumpf wie ein Tier gegen die Tür.

Die Näherin rieb sich verfroren die Finger.

Der Zug hielt, und es war nichts zu hören.

Die Ärztin sprang auf die Schienen hinunter und sagte: »Es sieht aus, als halten wir länger. Es sieht überhaupt so aus, als fahren wir keinen Meter weiter.«

Sie sah angestrengt nach Osten.

Einzeln stiegen die Frauen herunter, und die Bergmann setzte sich auf den Boden des Waggons und schob sich sitzend herunter, bis sie unten stand.

Alle blickten nach vorn.

Die Gegend war sehr lieblich, Busch und Wald wechselten miteinander und Talsenken durchschnitten das Gelände. Alles war noch ohne Farben. Im Osten lagerte ein langer roter Streifen knapp über dem Horizont.

Aber das war es nicht, was sie sahen.

Sie sahen vor sich in einer Entfernung, die sie nicht bestimmen konnten und die ebenso ziemlich groß wie ziemlich nah sein mochte, einen rauchigen Wald, der sich bewegte.

Sie erkannten es zuerst nicht und betrachteten das Schauspiel verwundert.

Ein hoher, rauchiger Wald schien aus dem Boden zu wachsen. Er wehte etwas wie ein düsterer Vorhang und wechselte die Farben. Dem Boden zu war er rotbepunktet und streifig wie von Feuer. Er wuchs in völligem Schweigen auf und verbreiterte sich jetzt an den Seiten.

»Das sind Bomben«, sagte die Ärztin.

»Aber man hört doch nichts«, rief die Bergmann, »ich höre gar nichts.«

Jetzt erst drang ein tiefes Rollen herüber.

»Als ob ein Schrank über einen Flur geschoben wird«, sagte die Näherin.

Das Rollen wuchs, und es wurde so laut, als stürzten die Geräusche von allen Seiten über die Frauen zusammen. Es war wie eine Flut von Lärm, in der sie plötzlich ertranken.

Alle standen ganz still und erstarrt.

Sie sahen, wie die beiden Männer von der Lokomotive stiegen. Als das Rollen etwas verging, durchdrang hellerer Lärm die Luft.

Fernes Motorengeräusch, wie in Bündeln zusammengefaßt.

Aber man sah nichts in der Luft, die morgendlich diesig war. Der Wald aus Feuer und Rauch wurde durchsichtiger, aber er stand immer noch in der Luft.

Die Frauen gingen nach vorn, wo neben der Lokomotive die beiden Männer standen.

Sie rauchten und sahen nach vorn.

»Fahren wir weiter?« fragte die Ärztin.

Der Lokführer wandte sich um und wies mit dem Pfeifenstiel nach vorn.

»Sehen Sie? Bomben.«

»Ich seh's«, rief die Ärztin, »ich hab's mir gedacht, daß es Bomben sind. Fahren Sie weiter?«

»Wo kann das sein?« fragte der Heizer stirnrunzelnd.

»Liegt genau auf der Strecke«, murmelte der Lokführer. »Es kann Pyritz sein.«

»Pyritz liegt weiter links«, meinte der Heizer. »Vielleicht ist es Wartenburg. Irgend etwas ist es jedenfalls.«

»Pyritz«, sagte der Lokführer und klopfte die Pfeife aus.

»Also fahren Sie nicht weiter?« fragte die Ärztin.

Der Lokführer starrte sie an.

»Was haben Sie immer mit Ihrem verdammten Fahren?« rief er, »können Sie mir sagen, auf was die schmeißen, wenn nicht auf die Eisenbahn?«

»Kann ja auch was anderes sein.«

»Auf die Bahn schmeißen sie. Die brauchen gar nichts anderes zu tun, als auf die Bahn zu schmeißen. Das reicht völlig. Sonst gibt's nämlich nichts, um es kaputtzuschmeißen. Mehr ist nämlich nicht mehr da. Das müssen Sie nämlich wissen, daß sonst nichts mehr da ist.«

»Also fahren Sie nicht?« rief die Bergmann. »Man kann ja fragen, nicht wahr? Da brauchen Sie nicht gleich Dampf zu spukken.«

»Das könnte in Richtung Wartenburg sein«, grübelte der Heizer.

»Ist mir ganz egal, wo das ist«, rief der Lokführer. »Ich fahr' nicht. Ich fahr' einfach nicht.«

»Bißchen näher könnten wir ja«, sagte der Heizer.

»Bißchen näher ran?« höhnte der Lokführer, »ich will dir mal was sagen mit deinem dämlichen ›Bißchen-näher-ran‹. Ich hab' keine Lust ein bißchen näher ran. Vor einer Woche hätte ich noch Lust gehabt, jetzt nicht mehr. Ich hab' sozusagen Schluß gemacht mit dem verdammten Krieg. Ich, verstehst du, ich persönlich habe Schluß gemacht. Das da vorne reicht mir gerade noch. Ich hab' keine Lust mehr, wie ein Kaninchen durch die Felder zu springen.«

Er zog seine Hose hoch und spuckte aus. Er sah der Reihe nach und reichlich unglücklich die Frauen an.

»Elektromaschinen? Die kriegen wir sowieso nicht mehr. Die haben sie nämlich schon. Die ganzen Elektromaschinen können mich mal kreuzweise –.«

Er sah immer noch die Frauen an. Er war so aufgebracht, daß er seine Pfeife auf den Boden warf.

»Los, Kinder«, sagte die Bergmann, »mit 'nem gestochenen Affen kann man nicht spielen.«

Sie spazierte gleich die Böschung hinunter, hielt sich mühsam mit den Händen im Gleichgewicht und rief: »Gehen wir da auf die Häuser los. Wir werden schon was finden, um weiterzukommen.«

»Diese Frau ist unbezahlbar«, sagte die Ärztin und lachte. »Sie hat etwas von einem Karrengaul an sich.«

Sie kamen auf einen kleinen Feldweg und gingen hintereinander, denn er war schmal und das Gras feucht vom Tau.

Sie gerieten in ein kleines Dorf, das still und friedlich dalag.

Aber etwas fehlte an dem Bilde: sie sahen keinen Menschen. Sie schritten die Dorfstraße hinauf und sahen rechts und links nichts Lebendiges.

Die Gardinen wehten aus den Fenstern, die Gartentore schwangen hin und her, das Beil stak noch im Hackklotz, der Eimer stand auf dem Brunnenrand, aber es war keine lebende Seele zu sehen.

Die Ärztin wandte sich um und rief: »Das Dorf ist leer. Wir müssen ziemlich an der Front sein. Die sind hier schon abgehauen.«

Man erkannte tiefe Wagenspuren und jene Fetzen Papier, Tuche und Holzwolle, die untrüglich darauf hinwiesen, daß das Dorf geschlossen abgerückt war.

Sie kamen auf eine Kirche zu.

Die Sonne war über den Horizont geklettert, und die graue Mauer des Turmes lag ganz blank im Licht.

Die Uhr schlug.

»Die haben sie nicht abgestellt«, sagte die Ärztin.

Während sie noch in kleinem Rudel auf der Dorfstraße standen, hörten sie das Geräusch eines Motorrades.

Ein Mann kam von vorn gefahren.

Es war ein Polizist.

Er stoppte sogleich und rief: »Was machen Sie denn hier?«

Die Bergmann sagte: »Stellen Sie erst mal Ihr Ding da ab.«

Der Polizist stellte den Motor ab. Es war ein älterer Mann. Er hatte ein rotes Gesicht vom Wind und saß prall in seiner Uniform.

Vor seiner Brust baumelte eine Maschinenpistole.

»Was machen Sie denn hier?« fragte er noch einmal.

»Nu mal langsam«, sagte die Bergmann, die ihre Handtasche am Arme hielt und den Mann fixierte.

»Wir gehen hier 'n bißchen spazieren in diesem komischen Dorf.«

»Plündern?« fragte der Mann, »hier ist kein Mensch mehr, und diese Dörfer sind hier alle gesperrt.«

»Plündern«, rief die Bergmann, »die Klamotten interessieren uns gar nicht. Wir wollen was ganz anderes wissen. Wir wollen wissen, wo unsere Söhne sind. Deswegen latschen wir hier durch die Gegend. Wo unsere Söhne sind, Mann!«

»Was für Söhne?« fragte der Polizist dumm.

»Hören Sie mal«, erklärte die Bergmann, »wir sind alle aus Stettin, und unsere Jungens sind mit ihrer Schule evakuiert worden. Das verstehen Sie doch, nicht? Und unsere Jungens sind durchgebrannt, verstehen Sie, vierzehn- und fünfzehnjährige Jungens sind einfach durchgebrannt. Nachts aus dem Fenster und ab die Post. An die Front sind sie, verstehen Sie? Und wir laufen hinter unseren Jungens her, um sie da wegzuholen!«

»Ach«, sagte der Mann, der sehr staubig aussah. Auch seine Augen waren staubig umrändert.

»Haben Sie –«, fragte die Bergmann, »vielleicht unsere Jungens gesehen? Haben Sie irgendwas gehört?«

»Nein«, murmelte der Mann und schüttelte den Kopf, »davon hab' ich nichts gehört. Ihre Jungens sind Ihnen weggelaufen?«

»Ja«, mischte sich jetzt die Ärztin ein, »das haben Sie doch gehört.«

»Und sind an die Front?«

»Ja.«

»Sind sie eingezogen?«

»Nein. Wieso eingezogen?«

Die Pastorin rief: »Es sind ja Kinder.«

»Ich verstehe nicht«, sagte der Polizist und hielt immer noch sein Rad fest, auf dem er rittlings saß.

»Es sind keine Soldaten?«

Er schien ganz schwer von Begriff zu sein. Er sprach, als sei sein Gehirn müde.

»Wieso Soldaten«, rief jetzt die kleine Seliger, die Näherin, »es sind Kinder.«

»Ja, zum Teufel«, rief der Mann, »weshalb sind sie denn an die Front?«

Die Ärztin lachte, und der Polizist sah sie verdrießlich an.

Frau Asmussen sagte: »Aus Begeisterung. Sie wollen helfen, das Land zu verteidigen.«

»Ach so«, sagte der Mann und sein Gesicht erhellte sich. »Jetzt verstehe ich. Aus Idealismus.«

»Ja«, antwortete Frau Asmussen.

Der Mann lachte.

Seine staubigen Lippen klafften plötzlich auseinander, und er lachte.

»Jetzt habe ich es verstanden. Sie tragen keine Uniformen?«

»Nein«, grollte die Bergmann, »wieso auch Uniform?«

»Wieso«, lachte der Polizist noch immer. »Wann sind sie denn weg?«

»Gestern.«

»Wenn sie gestern weg sind, dann haben sie heute schon Uniform an.«

Die Bergmann starrte ihn an.

»Die haben keine Uniform an«, sagte sie halblaut.

Der Polizist zuckte mit den Schultern.

»Sie haben sie an. Ich wette«, rief der Polizist. »Sie ziehen jedem Uniform an, der nach vorne kommt oder der sich irgendwie erwischen läßt.«

»Aber doch keinen Kindern«, rief Frau Bonde mit erschrockener, schriller Stimme.

»Wieso Kindern?« sagte der Polizist. »Wenn sie vierzehn sind oder fünfzehn, sind es keine Kinder mehr. Das war mal«, sagte er, »jetzt ist das nicht mehr. Jetzt ist nur noch ein Kind, was noch nicht laufen kann.«

Die Ärztin sah plötzlich ganz schlaff aus. Ihre weiße Stirn bedeckte sich mit Schweiß, und sie sagte: »Hören Sie auf, Mann. Hören Sie um Gottes willen auf.«

»Es ist genau so, wie ich sage«, rief er beleidigt.

»Möglich«, erwiderte die Ärztin, »möglich, daß alles so ist, wie Sie sagen, aber ich will's nicht hören. Wir hier wollen das alle nicht hören.«

»Und«, rief der Mann störrisch weiter, »die können Sie nicht wegholen. Das ist ein ganz verrückter Gedanke.«

Alle Frauen schwankten plötzlich.

»Die können Sie doch nicht wegholen«, rief der Mann noch einmal, »von der Front hat man noch keinen weggeholt. Das ist was ganz Verrücktes, was Sie sich da ausgedacht haben.«

Die Ärztin lachte wieder.

»Was Verrücktes, ja. Es muß wohl so sein. Ich hab' direkt darauf gewartet, daß einer sowas sagt.«

»Kehren Sie um«, sagte der Polizist und wurde lebhafter, »machen Sie, daß Sie hier wegkommen. Hier ist schon kein Mensch mehr, sonst stehen Sie plötzlich da und kommen nicht mehr weg.«

Die Frauen schwiegen alle.

Dieses Schweigen schien den Mann zu erbittern. »Los«, sagte er, »kehren Sie um, sage ich. Machen Sie sich auf die Strümpfe. Das ist hier Operationsgebiet. Da haben Sie nichts zu suchen.«

»Unsere Kinder. Nur unsere Kinder«, antwortete Frau Bonde leise, aber sehr fest.

Und sie trat näher an den Polizisten heran und fragte: »Sie haben nichts gehört? Es müssen fast dreißig Jungens gewesen sein. Dreißig Jungens müssen doch auffallen.«

»Nichts gehört –«

»Dreißig Jungens, die muß man doch bemerken.«

»Hier bemerken Sie gar nichts mehr. Dreißig Schweine nicht, dreißig Kühe nicht und nicht mal dreißig Tote, die irgendwo liegen. Sowas fällt nicht mehr auf. Hier fällt überhaupt gar nichts mehr auf.«

Er starrte auf die Frauen und setzte hinzu: »Nur Sie fallen mir auf. So 'n paar Frauen wie Sie fallen mir auf. Aber das ist auch das Allerverrückteste, was ich je gehört habe.« Und mit diesen Worten trat er sein Motorrad an. Es heulte auf, und man verstand gar nichts mehr, obwohl er noch etwas sagte. Man sah nur, wie sein Mund auf- und zuklappte, wie er verdrossen seine Maschinenpistole zurechtschob und dann davonfuhr. Die Frauen sahen ihm nach.

Sie sahen alle sehr betreten aus, bis Frau Bergmann anfing zu lachen.

»Kinders«, sagte sie, »hört doch nicht auf den Spinner. Die von der Polizei glauben immer, daß sie schlauer sind als unsereiner.«

Sie lachte immer lauter, und weil sie lachte, fühlten sich alle langsam wieder wohler.

»Den möchte ich sehen –«, sagte sie schließlich drohend, »der meinen beiden Jungens Uniform anzieht. Meine Jungens ziehe ich immer noch selber an.«

»Gut«, sagte die Ärztin, »ich schlage vor, wir frühstücken erst.«

Alle sahen sich um und bemerkten, daß ihnen gegenüber ein Gasthof lag. Gasthof zum »Goldenen Hahn«.

Das Schild war verblichen, so wie Schilder an Dorfgasthäusern immer aussehen.

»Es ist ja niemand da«, meinte Frau Asmussen. »Können wir da rein gehen, wenn niemand da ist?«

Aber Frau Bergmann lief schon watschelnd hinüber.

Sie stieg ächzend die Treppe hinauf und rüttelte an der Tür: »Sie ist offen«, rief sie. »Wär ja auch Quatsch, hier noch irgendwas abzuschließen.«

Alle Frauen gingen in den Gasthof hinein.

Innen war es trübe und kalt.

Alles sah sehr unfreundlich aus. Die Tischdecken waren abgenommen und die Schranktüren offen.

Aber immerhin standen noch einige alte Plüschsofas an der Wand, und Frau Bergmann setzte sich seufzend.

»Es sind sogar Sofas hier«, sagte sie, »alles was recht ist, es ist ein guter Gasthof.«

»Vielleicht«, überlegte Frau Asmussen, »ist sogar Wasser hier. Ich fühle mich nicht wohl, wenn ich nicht gewaschen bin.«

Die Ärztin setzte sich zu Frau Bergmann, während die übrigen in die Küche gingen.

»Es ist wirklich Wasser da«, sagte Frau Asmussen.

Sie zog ihren Mantel aus.

Man sah nun, wie gut sie gewachsen war. Ihr Kleid war sehr elegant, und als sie es auszog, sah man ihre prachtvollen Schultern.

»Stört es?« fragte sie.

»Ach was«, murmelte die Ärztin, »waschen Sie sich, soviel Sie wollen.«

Alle Frauen wuschen sich, und Inge Maltzahn, die Zwanzigjährige, machte Feuer an. »Wir können uns auf diese Weise Kaffee kochen.«

So hantierten sie in diesem völlig fremden Haus, das ganz verlassen war.

»Es müssen auch Kinder hier gewesen sein«, kam die Näherin. »Ich habe eine Puppe gefunden.«

Sie setzte die Puppe mitten auf den Tisch und sagte: »Nur das

Kleidchen ist zerrissen. Wenn ich wüßte, daß das Kind, dem diese Puppe gehört, sie wiederbekommen würde, dann würde ich das Kleidchen nähen –.«

Die kleine Seliger saß mit gerunzelten Brauen und nachdenklich da. »Aber man weiß es ja nicht.«

»Man weiß gar nichts«, sagte die Ärztin. »Wir haben nicht viel Aussichten.«

»Ach was«, rief die Bergmann, »da höre ich gar nicht drauf, was so ein Mensch sagt. Ich laufe noch 'ne ganze Weile, und ich laufe so lange, bis ich sie gefunden habe.«

Sie wandte sich um.

»Ist eine Schüssel da? Ich würde mir gern meine Füße waschen. Ich muß sie immer waschen, sonst halte ich es nicht aus.«

Frau Asmussen rief: »Ja, es ist alles da. Sogar ein Handtuch habe ich gefunden und diesen Spiegel.«

Sie setzte sich an den Tisch und stellte den Spiegel hin. Sie betrachtete sich im Spiegel und kämmte ihre Haare.

Schweigend sah die Ärztin zu.

Diese Frau Asmussen hat ein unerhörtes Gesicht, dachte sie. Sie grübelte, worin der Reiz lag, und sie wußte es nicht. Es gab keine Disharmonie in ihrem Gesicht. Alles war einfach vollendet. Man konnte es ansehen wie ein Kunstwerk aus zarter Haut, zartgebogenen Schläfen, zartbeflügelter Nase –

»Meine Liebe«, murmelte die Ärztin, »ich möchte, dies alles wäre Ihnen erspart geblieben.«

Frau Asmussen lächelte.

»Nein, nein, es kommt mir nicht darauf an, gewaschen und gekämmt zu sein. Wirklich nicht. Es ist mir im Grunde nicht wichtig, aber wenn alles gerade so günstig zusammentrifft, dann möchte ich es immer tun.«

Die Ärztin lächelte abwesend, und Frau Bergmann bewegte sich geräuschvoll in die Küche. Sie machte einen fröhlichen Lärm, und die Ärztin sagte: »Diese da ist die stärkste von uns allen. Das hat mit ihren Beinen gar nichts zu tun.«

Sie aßen alle.

Sie packten Butterbrote aus und verteilten sie. Sie tranken Kaffee und stellten schließlich alles wieder sorgsam weg.

»Also«, rief die Ärztin plötzlich, »gehen wir weiter?«

»Ja«, sagten alle.

Sie schlossen die Tür hinter sich und gingen auf die Dorfstraße.

Die Kirchenuhr schlug wieder hallend, hell und schnell über das Dorf hinweg, in dem sich niemand befand als sieben Frauen, die nun den Weg nach Osten einschlugen.

Die Landstraße war verlassen. Nur ab und zu fuhr in schneller Fahrt ein Militärauto vorbei. Obwohl die Frauen winkten, kümmerte sich niemand um sie.

Es waren Limousinen dabei. Viele Mercedes-Wagen mit herabgelassenen Scheiben. Einmal war es auch eine Reihe Lastwagen. Die Fahrer hielten nicht, und die Soldaten, die hinten draufsaßen, winkten schließlich zurück. Sie hoben schläfrig die Hand. Aber es war kein Schwung in ihrem Winken. »Die halten uns für Osterspaziergänger«, rief die Bergmann. Als die nächste Kolonne hinter ihnen auftauchte, stellte sich die Bergmann mitten auf die Straße.

»Bleibt alle stehen«, rief sie, »ich werde die doch zum Stehen bringen.«

Sie stand mitten auf der Chaussee. Der Tag war sehr schön geworden.

Zu beiden Seiten befanden sich Birken, deren seidiges Geäst sich sanft bewegte. Die Bergmann hob die Hand und bewegte sie kreisförmig. Sie wich nicht von der Stelle, und der erste der grauen Lastwagen hielt ziemlich nahe vor ihr.

Ein Soldat beugte sein Gesicht aus dem Fenster.

»Was ist los, Mutti«, sagte er laut, ohne den Motor abzustellen.

»Mach mal den Motor aus«, sagte die Bergmann und bewegte sich schwerfällig an die Seitentür. Sie starrte nach oben, und ihre grauen Haare wehten im Wind.

»Hör mal, Herr General oder was du bist«, sagte sie, »nimm uns ein Stückchen mit.«

»Scheiß auf den General, Mutti«, sagte der Soldat fröhlich, »ich bin kein Kremser.«

»Nee, aber Platz haste auf deinem Schlitten«, rief die Bergmann, »wir sind sieben Frauen. Die kannste doch unterbringen.«

»Ja«, sagte der Soldat, »wenn ihr sieben Schnapskisten wärt.«

»Rede keinen Quatsch«, sagte die Bergmann, »ein Stückchen kannste uns mitnehmen.«

Inzwischen waren die hinteren Wagen aufgefahren und hupten.

»Wo wollt ihr denn hin?« sagte der Fahrer gemütlich.

»Nach vorn.«

»Ihr seid ja besoffen«, sagte der Soldat in schöner Offenheit, und sein Gesicht leuchtete vor Spaß und Gemütlichkeit.

»Los, verteilt euch«, rief die Bergmann und setzte ächzend einen Fuß auf das hohe Trittbrett.

»Komm, Junge«, sagte die Bergmann, »mach dein Türchen auf und laß es weitergehen.«

Er lachte schallend und stieß die Tür auf.

»Na, rein, Mutti.«

Frau Asmussen kam auf den nächsten Wagen zu. Ein Mann sah schweigend aus dem Seitenfenster.

Sie kam gemächlich und mit schwebenden Schritten. Es war keine Hast in ihr.

Der Mann öffnete die Tür und stieg sogar aus.

»Bitte«, begann Frau Asmussen.

Aber der Fahrer machte fast eine kleine Verbeugung. »Steigen Sie ein.«

Überall lud man die Frauen auf die Vordersitze, und dann ging die Fahrt weiter.

»Sag mal, Mutti«, sagte der Fahrer zu der Bergmann, die breitbeinig vorne saß und die Landstraße musterte, »was macht ihr denn hier?«

Die Bergmann erzählte die ganze Geschichte, und der Soldat fischte eine Zigarette aus seiner Jacke. Er steckte sie in den Mund und blieb dann ziemlich schweigsam.

»Was ist los?« fragte die Bergmann, »jetzt sagen Sie man auch noch, daß wir verrückt sind.«

»Sag' ich ja gar nicht«, meinte knapp der Soldat, »hab' ich ja kein Wort von gesagt.«

Er blieb eine Weile fast mürrisch, dann zog er eine Flasche aus der Tasche und sagte: »Mach mal den Korken auf, Mutti.«

»Mach' ich«, sagte sie, »ist es Schnaps?«

»Ja.«

»Starker?«

Er grinste. »Es ist 'ne ganz schöne Marke. Willste einen Schluck haben, Mutti?«

»Nee. Trink dein Zeug man alleine.«

Er nahm einen großen Zug aus der Flasche und wischte sich dann über den Mund.

»Da wirste noch hinterkommen, Mutti«, sagte er, »daß so 'n Zeug gut ist. Da wirste noch hinterkommen und noch hinter ganz andere Sachen. Ohne Schnaps mußte wissen, Mutti, wär' so 'n Scheißkrieg nämlich gar nicht auszuhalten.«

Er starrte durch die Scheibe. Alles war ziemlich dreckig an dem Wagen. Er ratterte und schüttelte, und alles klapperte und klirrte. Die Straße war glatt, und es war ein Tag, dem man nichts ansah.

»Denkt ihr, daß ihr sie findet?« fragte der Soldat, nachdem er eine ganze Weile schweigsam gewesen war.

»Warum nicht?«

»Ich meine nur. Es ist 'ne ziemlich schwere Sache, einen einzelnen Menschen zu finden.«

»Dreißig sind es. Dreißig Jungens.«

»Das ist dasselbe«, knurrte er verdrossen, »ob einer oder dreißig, das spielt keine Rolle.«

»Ich finde sie. Ich habe meine Jungens noch immer gefunden.«

»So«, sagte der Soldat. Er fuhr mit der Hand in die Tasche und zog die Flasche noch einmal raus.

»Mach mir doch bitte den Korken nochmals raus.«

»Trinkst du immer soviel?«

»Wenn ich Appetit habe«, grinste er. »Jetzt habe ich. Jetzt habe ich sogar 'ne ganze Menge.«

Er nahm wieder einen gluckernden Schluck und wischte sich über den Mund.

»Steck's mir in die Tasche.«

Er fuhr wieder und sagte nichts.

Sie überholten jetzt eine Infanterieabteilung. Es waren meistens junge Männer, sie marschierten nicht, sondern sie gingen verteilt über die ganze Straße. Die meisten trugen ihre Zeltbahnen offen und waren sehr behängt mit Waffen, Tornistern und allen möglichen Geräten. Sie sahen ziemlich dreckig aus. Ihre

Haare waren verfilzt. Sie hatten ausnahmslos buschige Köpfe, und es war fast nichts Farbiges an ihnen.

»Hör mal«, sagte der Soldat wieder, »da interessiert mich noch was. Was sagt denn dein Mann dazu?«

»Mein Mann?«

»Ja.«

»Der sagt gar nichts. Der hat gar keine Zeit gehabt, was dazu zu sagen.«

Er lachte. »Oh, Mutti, dann biste wohl auch durchgebrannt?« Die Bergmann lachte mit.

»Ja. Ich hab's noch gar nicht überlegt. Stimmt! Ich bin ihm durchgebrannt.«

Sie lachten nun beide, und der Soldat mußte sich erst beruhigen, als er fortfuhr: »Das müssen ja schöne Rüben sein, deine Jungens.«

»Sind sie, sind sie wahrhaftig.«

»Erzähl mal was.«

»Von meinen Jungens?«

»Ja.«

»Warum denn? Es sind einfach ein paar Lausejungens. Warum soll ich was erzählen?«

»Ich möcht's gern hören. Was meinst du, ob ihnen die Sache Spaß macht?«

»Denen macht alles Spaß, wenn es nur aufregend ist.«

»So'n Krieg ist aufregend. Ich hab's immer ziemlich aufregend gefunden«, grinste der Soldat. »Aber so jungen Kerlen macht das nichts aus. Übrigens –«, setzte er hinzu, »hat's mir 'ne ganze Weile auch nichts ausgemacht, Mutti. Als es noch vorwärts ging. So vor Moskau oder in Südfrankreich. Aber jetzt macht's mir plötzlich was aus. Komisch, nicht?« Er lachte wieder und zog seine Schnapsflasche heraus.

»Tu den Korken raus, Mutti.«

»Du säufst aber ziemlich viel«, rief die Bergmann, »mein Gott, du mußt ja völlig blau sein.«

»Nee«, sagte er und wischte sich den Mund, »nee, es ist nur, daß ich Angst habe, ganz und gar nüchtern zu sein.«

Er lachte über das ganze Gesicht.

»Es hat mir nie was ausgemacht. Genau so wie deinen Jungs,

aber jetzt finde ich es doch mächtig aufregend. Mir ist immer so wie kurz vorm Kotzen. Genau so.«

Er fuhr munter drauf zu.

»Was meinst du, wieviel Leute was drum geben würden, wenn ihre Muttis kämen, so rein in den Schützengraben, ans Schlafittchen gefaßt und rausgeholt. Da würden 'ne ganze Menge Leute was drum geben, wenn ihre Muttis kämen. Die ließen sich sogar den Hintern vollhauen, wenn sie man nur kämen. Wenn sie man nur kämen und holten sie raus. Erwachsene Männer, Mutti, die du wie Kinder rausholen und denen du den Hintern verhauen könntest.«

Er warf seine Zigarette in hohem Bogen durch das Wagenfenster. Er lachte schallend: »Ich auch, verdammt nochmal, ich auch.«

Frau Asmussen indessen befand sich im nächsten Wagen. Es war eng, und sie war vorsichtig mit ihren seidenbestrumpften Beinen. Der Fahrer sah es.

»Man weiß nicht, wo man die Beine lassen soll, nicht wahr?« sagte er.

Der Fahrer lächelte sie an. Er sah aus, als erblasse er ständig.

Er hatte eine hohe Stirn und strich ab und zu über seine schwarzen Haare.

Helene erzählte ihm, weswegen sie unterwegs war.

Er sah sie grübelnd an.

»Sicher«, sagte er, »sicher werden Sie Erfolg haben. Sie müssen nur an die richtige Stelle gehen. Sie müssen mit dem General sprechen.«

»Ach«, sagte Helene, »das ist wahr. Wissen Sie, wo ein General zu finden ist?«

»Nein«, sagte er höflich, »das weiß ich nicht. Wir wissen das natürlich nicht. Der ist mal hier, mal da. Ich weiß gar nicht, wie das hier in der Gegend mit den Generälen aussieht. Aber so einen zu sprechen, das wäre das Beste.«

Helene fühlte sich sehr ermuntert.

Der junge Mann sprach mit halblauter und guterzogener Stimme. Vielleicht war alles gar nicht so abenteuerlich, und man müßte nur einen hohen Offizier sprechen.

Sie lächelte abwesend.

Der Fahrer achtete sehr auf ihr Gesicht und weniger auf die

Straße. Er sah sehr bescheiden aus, und nun färbte eine geringe Röte sein Gesicht.

Er strich wieder über die Haare und sagte: »So ein General wird sicher Verständnis haben. Ich bin sicher, daß es klappt.«

»Ich fürchtete schon«, sagte sie, »es wäre ein großes Durcheinander hier.«

»Nein«, sagte der junge Soldat, »nicht, daß ich wüßte. In gewissem Sinne ist es zwar schon ein Durcheinander, aber im großen und ganzen nicht. Sie müssen einen General sprechen.«

»Ich danke Ihnen, daß Sie mich auf diesen Gedanken gebracht haben.«

»Bitte, bitte. Das wäre das Beste. Die haben überall hin Telephonleitungen, und der braucht nur nachfragen zu lassen.«

»So ist das?« freute sich Helene. »Daran hab' ich gar nicht gedacht, besten Dank.«

»Bitte, bitte«, sagte der junge Mann verwirrt. Er sah auf das Stück ihres hellen Beins, das zu sehen war.

»Bitte, bitte«, wiederholte er noch einmal mechanisch. »Es gibt doch eine gewisse Ordnung an der Front. Wenn es irgend noch Ordnung gibt, dann dort. Ich meine, wenigstens im großen«, fügte er verwirrt hinzu.

Er sah sie an, und sie fand ihn sehr jung. Sein Anblick machte sie plötzlich sehr nachdenklich.

Er sieht eigentlich wie ein Schuljunge aus, dachte sie, er streicht andauernd über seine Haare und wird rot wie ein Schuljunge.

Aber dann fand sie plötzlich, daß er zugleich sehr unglücklich aussah, wie ein Mensch, der ununterbrochen seinen Atem anhält.

Die Kolonne war übrigens bald am Ziel.

Die Wagen fuhren in einen Wald hinein, der schütter und wenig dicht war. Der Boden war zerwühlt von Spuren, und der milde Sonnenschein, der darauf lag, nahm dem Walde nichts von einer Art von Unsauberkeit.

Der Fahrer half der Bergmann hinunter.

»So, Mutti«, sagte er, »jetzt hol' deine Weibsleut zusammen.« Sein Atem stank sehr nach Alkohol, aber sonst merkte man ihm nichts an.

Alle Frauen stiegen aus, und die Ärztin kam nach vorn: »Was ist los? Wo sind wir hier?«

Der Soldat machte eine Handbewegung: »Hört mal zu. Dies hier ist ein Verpflegungslager. Da sind eure Jungens bestimmt nicht. Es gibt zwar 'ne Menge Leute, deren Traum so 'n Verpflegungslager ist, aber eure Jungens träumen Dinger mit 'nem Knall. Hier knallt's nicht. Wenigstens nicht im allgemeinen.«

»Reden Sie nicht so viel«, sagte die Ärztin.

»Hört doch zu. Hier gibt's 'ne Menge Fahrer. Die kommen von überall her, wo Gott einen deutschen Soldaten in die Scheiße gesetzt hat. Da könnt ihr fragen. Das ist der beste Platz zum Fragen.«

Die Frauen waren umstanden von Männern, die neugierig zusahen.

Der junge Fahrer stand immer noch neben Helene und strich über seine Haare. Er sah sie hungrig an und meinte: »Das ist vielleicht sogar noch besser. Sonst würde ich sagen: fragen Sie 'nen General.«

Die Frauen zerstreuten sich über das Gelände.

Überall sah man Wagen stehen, Posten und große Kisten, Säcke und dergleichen.

Der Mann, der die Schnapsflasche in der Tasche hatte, ging mit ihnen rum. Er fragte ein paar Leute, die schweigsam neben ihren Fahrzeugen standen, aber alle schüttelten den Kopf. Sie durchstrichen den ganzen Wald, der nicht sehr ausgedehnt war, und fanden am Ende, wo eine Wiese sich sanft abfallend erstreckte und freien Ausblick bot, einen Offizier stehen. Der Fahrer ging zu ihm hin. Sie sprachen miteinander, und der Offizier antwortete. Doch sah er sich nicht um. Er stand am Rande des Waldes und betrachtete die Landschaft, den Himmel oder irgend was.

»Geht zu ihm hin«, sagte der Fahrer und grinste. »Ich hab' ihm erzählt, was ihr wollt, geht hin. Der steht da immer. Ich sag's, damit ihr es nicht komisch findet.«

Die Bergmann machte den Anfang.

»Guten Tag«, sagte sie und stand neben dem Offizier.

Er wandte den Kopf zur Seite und blickte sie an. Er blickte dann alle Frauen an.

»Ich kann keine Zivilisten hier gebrauchen«, sagte er gleich, »das ist hier fast Frontgebiet.«

Dabei starrte er wieder über die Landschaft. Er hatte ein Fernglas vor der Brust hängen.

»Sieht man was?« fragte die Bergmann.

»Nein. Noch nicht.«

Er lachte etwas.

»Wenn wir hier was sehen würden, könnten wir uns alle gute Nacht sagen. Aber man hört was. Seien Sie mal still. Wenn alles still ist, kann man was hören.«

Alle blieben still.

Man hörte in der Tat ganz fern und schwach irgendwelchen Lärm. »Das sind Geschütze«, sagte der Offizier etwas verloren. Er setzte hinzu: »Russische. Deutsche gibt's hier nicht. Nur ein paar. Aber die schießen nicht.«

»Warum nicht?« fragte die Bergmann.

Der Offizier sah sie verwundert an. Er fingerte an seinem Fernrohr und sagte leise: »Keine Munition. Die haben ja nur 'n paar Schuß.«

Er blickte wieder gegen den Horizont. Seine Stimme klang ganz leise. »Wo wollen Sie denn hin?«

»Nach Pyritz.«

»Nach Pyritz können Sie nicht«, sagte er.

»Warum nicht?«

»Pyritz gibt's nicht mehr.«

»Was heißt das?«

»Pyritz ist perdue. Die Russen haben das seit gestern.«

Die Frauen standen betreten da.

»Es muß ja nicht Pyritz sein«, sagte schließlich die Bergmann. »Das haben wir doch nur angenommen. Unsere Jungens können ja ganz woanders sein.«

Der Offizier wandte sich um.

»Woanders«, sagte er leise, »woanders gibt's bald nicht mehr. Woanders war mal ganz Europa. Woanders ist immer kleiner geworden. Woanders ist 'n Meter unter der Erde oder Sibirien.«

»Hören Sie mal –«, rief die Bergmann barsch.

»Was denn?« wandte sich der Offizier um und sah sie ausdruckslos an. Er hatte eine leise, schlaffe Stimme: »Wir sind verloren. Wir alle. Sie auch. Wir sind einfach verloren. Alles ist verloren.«

Er hatte eine unerhört gleichgültige Stimme.

»Bereiten Sie sich drauf vor. Wir sind alle verloren. Wir haben noch 'n paar Tage, aber dann ist es aus.«

»Nee –«, rief störrisch die Bergmann.

»Schöne Tage«, sagte der Offizier. »Wissen Sie, warum ich hier stehe?«

»Vielleicht hören Sie's Gras wachsen«, rief die Bergmann kriegerisch.

Er lachte etwas. Er lachte, indem er seinen Mund auseinanderzog.

Aber seine Augen blieben so schlaff wie seine Stimme. »Hören nicht. Nein, aber ich seh's wachsen. Das sind ein paar wunderbare Tage. Es ist warm. Jeden Tag kommt die Sonne ein bißchen höher. Man kann's gut von hier sehen, wie sie immer ein bißchen höher kommt und wie es mittags wärmer wird. Es ist eine Luft wie fast im Sommer.«

Die Bergmann schüttelte den Kopf.

»Kommen Sie«, sagte er, »gehen wir essen.«

Während sie durch den Wald gingen, sagte der Offizier: »Ich hab' gehört, weshalb Sie hier sind. Sie können ruhig überall hingehen und fragen.«

»Was meinen Sie –«, fragte Helene, »ob wir es erfahren können?«

»Unter Umständen. Genau kann man es natürlich nicht sagen. Sie haben jede Chance bis auf hundert Kilometer. Sehen Sie mal, wie staubig der Boden schon ist. Es ist genau Mittag, das ist es. Ich habe gestern schon Vögel gehört.«

Sie kamen an ein Zelt. Das Zelt war wie ein Dach über ein paar hohe Pfähle gespannt und darunter in der Mitte stand ein Klapptisch.

»Sie sind meine Gäste«, sagte der Offizier und rief einen Mann herbei.

»Besorg ein paar Teller«, sagte er, »daß es gut aussieht.« Er rieb seine Ohrläppchen.

»Es soll die paar Tage wenigstens noch gut aussehen. Ich hab's gern, so unter Bäumen zu sitzen, und es scheint etwas Sonne, und man hört womöglich ein paar Vögel. Ich hab' den ganzen Winter über schon gedacht, wenn es nur noch soweit ins Frühjahr geht, daß man gemütlich unter Bäumen sitzen kann.«

Er hatte sein Fernrohr immer noch vor sich auf der Brust, und obwohl es ihn beim Essen störte, nahm er es nicht ab.

»Meinen Sie denn –«, fragte Frau Asmussen, »daß es sinnlos ist, unsere Söhne zu suchen?«

Der Offizier hob seine Stimme nicht.

»Alles ist ziemlich sinnlos. Es liegt in dem, was Sie tun, nicht mehr Sinn, als überall drinliegt. Alles, was wir tun, ist sinnlos geworden. Ich weiß nicht, wie das kommt. Wenn man einmal so im Großen in Sinnlosigkeit hineingerät, dann kommt man einfach nicht mehr heraus. So 'ne Sinnlosigkeit war irgendwo verborgen und man sah's nicht. Und die ist nun da und die wird immer größer. Und sie ist so groß geworden, daß man nirgendwo mehr etwas Sinnvolles tun kann. Es ist alles, verstehen Sie, einfach alles sinnlos geworden.«

Die Ärztin lachte. Sie lachte plötzlich ruckhaft und es klang fast so, als huste sie.

»Das haben Sie großartig gesagt. Ich hab's Ihnen nicht zugetraut. Ich bin ganz überrascht.«

»So ist das«, sagte er blaß, »aber über so 'n Tag freue ich mich.«

Er sah sie an und spielte mit seinem Fernglas.

»Vielleicht sind sie nach Süden zu in Richtung Bahn. Bahn ist ein kleiner Ort und liegt zwischen Seen und Sumpfstrecken. Das ist ein Ort, wo man die Russen sicher versuchen wird aufzuhalten.«

Die Frauen gingen nach dem Essen etwas spazieren.

Sie fragten, sooft es ging, die Fahrer der ankommenden Fahrzeuge nach ihren Söhnen, aber niemand hatte sie gesehen. Sie saßen schließlich im Grase, das wirklich schon sehr trocken und fast heiß war.

Gegen fünf Uhr nachmittags kam der Fahrer mit der Schnapsflasche grinsend auf sie zu.

»He, Muttis«, sagte er, »wenn ihr eure Söhne erwischen wollt, müßt ihr euch beeilen.«

Die Frauen standen sofort auf. »Was denn? Wo? Was ist geschehen?« fragten sie durcheinander.

»Das ist ein Teufelskerl«, strahlte die Bergmann, »los, Junge, raus mit der Sprache!«

»Da hinten steht ein Wagen. Kommt ziemlich von Bahn rauf oder so. Ich geh' hin und frag' ihn und er sagt's gleich. Er hat sie selber gefahren. Gestern. Stücker dreißig Jungens.«

Die Frauen hasteten durch das Gesträuch. Die Bergmann humpelte so gut es ging und schwang ihre Tasche über das Gestrüpp hinweg.

Der Wagen war umringt von Fahrern.

»Wo ist der Goldjunge?« rief die Bergmann.

Der Kreis öffnete sich, und ein Fahrer stand dicht neben seinem Wagen. Er sah mißtrauisch auf die Frauen.

»Er hat unsere Jungens gefahren?«

»Er sagt es.«

»Hast du gestern dreißig Jungens gefahren?«

»Ja«, antwortete der Fahrer ziemlich mundfaul.

»Erzähl doch, Mensch, es sind unsere Jungens.«

»Na ja. Da standen dreißig Jungens auf der Straße wie 'ne Schulklasse, die 'n Ausflug macht.«

»Nur ohne Lehrer«, rief die Bergmann, »weiter –«

»Sie wollten mitgenommen werden. Und ich hab' sie mitgenommen.«

»Was haben sie denn gesagt?«

»Sie wollten an die Front.«

»Und Sie haben sie mitgenommen?«

»Ja.«

»Wie konnten Sie sie mitnehmen«, rief Frau Asmussen.

»Warum sollte ich sie nicht mitnehmen?« sagte der Fahrer mürrisch.

»Ich hab' schon alles mögliche gefahren. Ich hab' Munition gefahren, ich hab' Fressen gefahren, ich hab' Schnaps gefahren, ich hab' prima Sessel gefahren. Klaviere und Kühe. Und da hab' ich gestern 'n paar Jungens gefahren.«

»Ja, ja«, sagte die Bergmann, »fahr man, was du willst, Junge. Aber wohin hast du sie gefahren?«

»Zum Divisionsstab.«

»Ach.«

»Ja, direkt zum Stab. Einfach vor die Tür.«

Der junge Fahrer drängte sich zu Helene Asmussen durch. Er strich über seine Haare. »Das ist der General. Ich hab's ja gesagt. Mit 'nem General müssen Sie sprechen.«

»Ist dort ein General?« fragte Helene.

»Ja«, sagte der Fahrer, »wenn's nicht ein General ist, dann ist's ein anderer. Haben die 'n General?« fragte er die Umstehenden.

»Ja«, sagten einige.

Die Ärztin trat nahe heran.

»Sie nehmen uns mit. Genau dahin, wohin Sie unsre Jungens gefahren haben.«

Der Fahrer zuckte die Schultern. Er hatte das verdrießliche graue Gesicht einer Maus. Seine Augen flitzten mißtrauisch hin und her.

»Wenn Sie wollen –«

»Auf demselben Wagen haben die Kinder gesessen?« fragte Frau Seliger.

»Ja.«

»Mein Gott«, flüsterte die Seliger, »ich hab's schon nicht mehr geglaubt.«

»Es muß aber schnell gehen«, rief der Fahrer, »ich hab' keine Zeit. Ich fahr ziemlich schnell.«

»Dann fährste eben langsamer«, sagte der Schnapsflaschenmann.

»Nee, ich fahr schnell.«

Die Frauen stiegen eifrig auf den Wagen. Er war mit Kisten und Säcken beladen, und sie machten es sich etwas bequem.

»He, Mutti«, rief der Schnapsflaschenmann der Bergmann zu, »komm' mal her.«

Die Bergmann beugte sich runter.

»Hier geb' ich dir 'n Püllchen«, sagte der Soldat, »paß mal auf, wie fein du dich daran gewöhnst. Das ist so 'ne Art Geheimwaffe des kleinen Mannes.«

Er lachte über das ganze Gesicht.

Der Fahrer ließ den Motor an.

Er beugte sich noch einmal zur Seite und fragte mißtrauisch: »Was ist denn eigentlich mit den Jungens?«

»Fahr man zu«, rief der Mann unten und winkte ab.

Der Wagen fuhr holpernd aus dem Walde hinaus und auf der Straße davon.

Die Frauen waren sehr aufgeregt. Sie achteten nicht auf die Erschütterungen. Sie standen beieinander, und ihre Köpfe ragten über die Seitenwand im Wind. Sie standen wie Schlachtvieh. Die Bergmann triumphierte.

»Es kam nur darauf an, zu wissen, wo sie sind. Das haben wir, Kinders. Das wissen wir nun. Wir haben das Ende vom Faden in der Hand, und ich wickl' es auf und am anderen Ende hängen meine Jungens.«

»Es ist wie ein Wunder«, sagte die Ärztin und ihre Haare wehten ihr ins Gesicht. »Ich hab' an solche Wunder gar nicht mehr geglaubt. Ich dachte, der Satan hat alle Wunder kassiert. Mir kommt's direkt unheimlich vor. Dieses Wunder wird 'n Pferdeschwanz haben.«

»Gott hat geholfen«, sagte Frau Kordes leise.

Die anderen verstanden sie nicht.

»Was ist?«

»Gott hat geholfen«, schrie die Kordes. Die Pastorin lächelte ihr mit wundervoll erglühtem Gesicht ermutigend zu.

Dann sahen sie über das Land.

Einmal sahen sie von fern einen Treck von Flüchtlingen. Die Straße lief über einen Höhenrücken und war dicht von Bäumen bestanden. Der Horizont säumte sich mit den Silhouetten von Pferden, Wagen, Kühen und Menschen. Gegen den hellen Himmel sah es aus wie eine lange Raupe mit unendlich vielen zarten Gliedmaßen.

Die Schlange kroch ganz langsam dahin. Die Abendsonne war wie ein Anprall von Feuer. Die langsam sich drehenden Wagenräder quirlten das Feuer, und alle Umrisse waren umloht und tiefschwarz.

Die Ärztin sah hinüber. »Arme Leute«, sagte sie, »ganz arme Leute. Es geht zu langsam mit ihnen.«

Als sie selbst auf die Treckstraße einbogen, sahen sie vielerlei Gerümpel in den Straßengraben. Die ganze Landschaft sah plötzlich zigeunerhaft aus, und es war doch die gepflegteste, schönste, fruchtbarste Landschaft Deutschlands gewesen.

Im Dämmer krochen die ersten Autos mit spärlichen Lichtern heran.

Die Luft wurde kälter, sobald die Sonne verschwand.

Der Wagen hielt ziemlich unvermittelt und ruckhaft.

Der Fahrer stieg aus und machte die Klappe herunter.

»Wir sind da«, sagte er.

Die Frauen stiegen herunter. Der Fahrer stand drei Meter daneben, sah teilnahmslos zu und ging in den Graben, um sich mit sich selbst zu beschäftigen.

»Was ist?« fragte die Bergmann. »Wo sind wir denn hier?«

Der Fahrer stieg aus dem Graben und knöpfte sich die Hose zu.

»Da drüben«, sagte er mundfaul, »da drüben liegt das Haus.«

»Haben Sie die Jungens bis hierhin gefahren?«

»Ja.«

»Genau bis hierhin?«

»Ja.«

»Wo sind sie dann hingegangen?«

»In das Haus da. Das sehen Sie doch. Da steht doch der Stander davor.«

»Was wissen wir, was 'n Stander ist«, brummte die Bergmann und sah den mundfaulen Fahrer schief an.

Sie kramte in ihrer Tasche und gab dem Fahrer ein paar Zigaretten.

Er wurde etwas höflicher.

»Das ist der Divisionsstab. Da sind sie reingegangen. Gehen Sie man über die Straße, da werden Sie alles erfahren.«

Er bestieg sein Fahrzeug wieder und fuhr knatternd und schweigsam davon.

Sie sahen ihm nach.

»Komischer Heini«, sagte die Bergmann, »aber ich hab' ihm die Zigaretten gegeben, weil er es ja schließlich war, der uns gesagt hat, wo die Jungens stecken.«

Sie sah auf das Haus.

Es lag ziemlich abseits. In der Ferne mochten noch weitere Häuser sein, aber man sah sie bis jetzt in der Dunkelheit nicht. Es standen ein paar Fahrzeuge unter Bäumen, und man erkannte ein paar Leute.

Die Bergmann ging gleich auf das Haus los und die anderen Frauen folgten.

Ein ziemlich schläfriger Posten sah sie tieferstaunt an, und sie gingen an ihm vorbei.

Die Bergmann machte die Haustür auf, und es war plötzlich viel Licht. Die Türen zu den Zimmern waren ausgehoben, und sie sahen eine Art Mannschaftsstube, wo einige Soldaten herumsaßen. Alle blickten auf, als die Frauen hereinkamen.

Ein Feldwebel kam gleich und sagte: »Dies Haus ist belegt. Es ist beschlagnahmt.«

»Mein Gott, bin ich froh«, sagte die Bergmann und setzte sich sogleich.

»Was denn –«, rief der Feldwebel, »hier liegt 'n Stab drin. Hier können Sie nicht bleiben.«

Die Bergmann lächelte.

»Sie habe ich gesucht«, sagte sie, »genau Sie und Ihren verdammten Stab oder was das ist. Ihretwegen bin ich von Stettin hierher gefahren und auch die anderen hier.«

Der Feldwebel blickte verdutzt von einem zum anderen. Die Soldaten legten die Kartenspiele auf einen Haufen und sahen ebenso verwundert zu.

»Wie?« rief der Feldwebel verwirrt, »mich haben Sie gesucht?«

Die Bergmann lächelte.

»Kinders, erklärt's ihm«, sagte sie, »ich bin fertig. Ich konnte gerade noch bis hier hin.«

Frau Asmussen sagte: »Wir möchten gern den Herrn General sprechen.«

»Den General?« fragte der Feldwebel mit hoher Stimme. Er sah aus wie ein Kaninchen. Er hatte ein ganz blondes Gesicht, hell, fast rosig. Ein Gesicht mit einem Schimmer von tiefster Wichtigkeit.

»Was wollen Sie denn vom General?«

Frau Asmussen lächelte.

Sie lächelte, und ihr Anblick verfehlte auch hier seinen Eindruck nicht. Der blonde Feldwebel fuhr mit seinen Händen tastend ans Kinn und blickte immer noch in hoher Verwunderung.

»Was wollen Sie denn vom General?« wiederholte er.

»Sagen Sie mir nur, wo er ist.«

»Ich kann Sie doch nicht einfach zum General bringen –«, stotterte der Feldwebel.

»Machen Sie nicht so Froschaugen«, sagte die Ärztin barsch.

»Wenn's hier einen Offizier gibt, dann sagen Sie's, aber sagen Sie es schnell.«

Der Feldwebel hüpfte fast vor Empörung. Seine Augen sprangen ihm heraus.

In diesem Augenblick öffnete sich die Tür zum Nebenzimmer, und ein Hauptmann trat ein.

»Was gibt's?« fragte er klar.

Der Feldwebel japste immer noch. »Diese – diese Frauen hier wollen zum General«, sagte er beleidigt und stand stramm. Der Blick des Offiziers fuhr gleich auf Frau Asmussen. Er öffnete die Tür noch eine Spanne mehr und sagte: »Bitte, gnädige Frau.«

Frau Asmussen ging wortlos und sicher an ihm vorbei in das nächste Zimmer, und die anderen Frauen gingen ihr nach.

Der Feldwebel stand immer noch wie vom Schlag gerührt, als sich die Tür schon wieder geschlossen hatte.

»Bitte«, sagte der Hauptmann, »womit kann ich Ihnen behilflich sein?«

Er war groß, schlank, seine Uniform saß wie angegossen und war tadellos. Sein Gesicht wies Wind- und Wetter-Bräune auf. Er sah sehr markant aus und war in seinen Worten und Gesten knapp und beherrscht. Er sah forschend auf die Frauen.

Frau Asmussen erklärte ihm, um was es ging.

Der Hauptmann rührte sich die ganze Zeit nicht. Die Ärztin sah ihn an, und ihre grauen Augen flammten.

»Wir sind sehr froh, Herr Hauptmann«, sagte Helene, »daß wir endlich an der richtigen Stelle sind. Wissen Sie etwas über unsere Kinder?«

»Ja«, sagte der Hauptmann sogleich.

Frau Bergmann lächelte. Das Lächeln brach einfach aus ihr heraus, und es kamen ein paar gacksende Töne mit, deren sie sich auf eine rührende Weise schämte.

»Verdammich«, sagte sie barsch, »das haben Sie kurz gesagt, aber es macht mich ganz fertig.«

»Ja«, sagte der Hauptmann noch einmal beherrscht und ohne

Ausdruck. »Etwa dreißig Jungens. Ich habe gesehen, wie sie ankamen. Sie haben hier im selben Raum gestanden.«

»Gott sei Dank«, atmete Frau Asmussen, »nun wissen wir doch, wo sie sind.«

»Ich habe sie gleich verpflegen lassen. Sie waren guter Dinge und hatten großen Appetit.«

»Den haben sie immer«, sagte die Bergmann, »wieviel haben sie gegessen?«

»Ich weiß nicht«, lächelte der Hauptmann.

»Jeder bestimmt zwei Kochgeschirre voll.«

»Ich weiß wirklich nicht.«

»Ich wette«, sagte die Bergmann und sah sich um, »meine haben zwei Kochgeschirre voll gegessen.«

Die Ärztin rührte sich nicht. »Wo sind sie denn jetzt?« fragte sie.

Die Pastorin lächelte: »Wir wollen sie gleich wieder mitnehmen.«

Der Hauptmann starrte sie an.

»Sind sie in der Nähe?« fragte die Bergmann, »sagen Sie's gleich, wenn sie in der Nähe sind. Ich bin ganz fertig. Ich hab's mir einfach nicht träumen lassen.«

»Haben Sie verstanden –«, lächelte die Ärztin bleich, »was wir wollen?«

»Nicht ganz«, schüttelte der Hauptmann den Kopf und sah sie interessiert an.

»Wir wollen sie mitnehmen. Wir sind gekommen, um unsere Jungens wieder mitzunehmen.«

Der Hauptmann starrte die Frauen immer noch an. Sein Blick fuhr über sie hinweg an die Wand, an der eine große Karte hing.

»Sagen Sie mal«, begann er halblaut, »wissen Sie, was Ihre Söhne hier wollten?«

»Ja«, sagte Helene Asmussen, »sie hatten sich in den Kopf gesetzt zu kämpfen –«

Sie schien bereit, nachsichtig zu lächeln, aber als sie den Hauptmann ansah, blieb ihr Lächeln weg.

»Ja«, sagte er, »sie wollten kämpfen.«

Die Ärztin hustete plötzlich, sie preßte die Hand auf die Brust und hustete. Ganz plötzlich breitete sich eine Pause aus, die etwas schrecklich Bedrohliches enthielt.

»Ja, ja«, wehrte sich die Bergmann mit ihrer derben Stimme gegen diese Pause, »das wissen wir ja alles. Meine Jungens kriegen dafür Prügel. Die werden sich wundern, was sie für Prügel kriegen.«

Der Hauptmann schwieg immer noch.

»Sagen Sie es«, bat die Ärztin plötzlich mit leiser Stimme.

Er blickte sie überrascht an, ging dann an die Nebentür und klopfte.

Er öffnete die Tür und sagte: »Darf ich Herrn General für einen Augenblick in Anspruch nehmen?«

Wie höflich diese Leute sind, dachte die Ärztin und ging ihm sofort nach. Sie drückte die Tür auf und betrat den Raum.

Der Hauptmann wandte sich etwas irritiert um.

Die Ärztin sah einen Offizier an einem Ausziehtisch. Es waren Karten und Meldezettel ausgebreitet. Der Offizier hob den Kopf.

Sie erkannte die breiten Schulterstücke.

Frau Asmussen war der Ärztin gefolgt, und ihr wiederum folgte, so behende sie konnte, die Bergmann. Alle Frauen quollen herein, und der General blickte verwundert auf ihre Ansammlung.

»Verzeihung, Herr General«, sagte der Hauptmann mit einer entschuldigenden Handbewegung.

Der General mochte an die fünfzig Jahre sein. Er hatte ein gepflegtes Gesicht. Seine grauen Haare gaben ihm etwas sehr Würdiges.

Er war ein Herr, ein Herr in einer Uniform, die ihm zustand.

Frau Asmussen trat heran.

»Herr General«, sagte sie mit halblauter, schwingender Stimme, »wir bitten um Entschuldigung, daß wir Sie stören.«

Der General machte nur eine Handbewegung.

»Es handelt sich um unsere Kinder. Wir sind alle aus Stettin gekommen, weil wir unsere Kinder suchen.«

»Was für Kinder?« fragte der General mit einer angenehmen Stimme.

Die Ärztin betrachtete ihn genau während des ganzen Gespräches, und sie erkannte sogleich jene besondere Melancholie an ihm, die sich, wie immer an sehr beherrschten Menschen, nur wie in einem Schatten niederschlug.

Der Hauptmann fiel ein: »Es handelt sich um die jungen Leute, Herr General, von denen ich Ihnen kurz berichtete.«

»Ich weiß nicht mehr –«, sah der General fragend den Hauptmann an.

»Ich erzählte es, als Sie gestern abend von der Front zurückkehrten –«

»Bitte ganz kurz noch einmal. Was für eine Sache ist das?«

»Gestern nachmittag erschienen hier etwa dreißig junge Leute –«

»Kinder –«, rief die Pastorin.

»Junge Leute«, wiederholte der Hauptmann, »alle zwischen fünfzehn und sechzehn Jahren –«

»Vierzehn«, rief die Pastorin, »meiner ist vierzehn.«

»Es ist gleich –«, sagte der General.

»Es ist nicht gleich«, sagte dünn und starrsinnig die Pastorin, »meiner ist vierzehn.«

»Gut, also vierzehn«, entschied der General.

»Ich sah, wie sie ankamen. Sie kamen mit einem Verpflegungsfahrzeug. Ich stand draußen und sah hinüber –«

»Ja«, sagte ungeduldig der General.

»Ich betone es«, sagte der Hauptmann ruhig, »weil sie singend angefahren kamen.«

»Sie sangen?« fragte der General.

»Ja, sie sangen.«

»Was sangen sie denn?« fragte der General und kam hinter seinem Tisch hervor.

»Sie sangen: »Siehst du im Osten das Morgenrot, ein Zeichen zur Freiheit, zur Sonne –«

»Ach«, murmelte der General und sein Gesicht belebte sich. »Sie irren sich nicht?«

»Nein.«

Die Bergmann sagte verdrießlich: »Es ist doch egal, daß sie sangen und was sie sangen. Es spielt doch gar keine Rolle –«

Sie sah den General zwinkernd vor Verständnislosigkeit an.

»Egal?« lächelte der General abwesend.

»Vollkommen gleichgültig«, betonte die Bergmann noch einmal.

»Weiter«, forderte der General den Hauptmann mit heller Stimme auf.

»Es waren etwa dreißig Jungens, und sie kamen gleich hier herein.«

»Ja.«

»Sie kamen von irgendwoher –«

»Von Neuhof«, sagte die Bergmann.

»Sie haben es nicht gesagt –«

»Kann ich mir denken«, sagte die Bergmann grob, »die werden Ihnen das auch nicht erzählt haben.«

»Sie kamen herein und sagten, sie wollten kämpfen.«

Der General starrte den Hauptmann an. »Kämpfen?«

»Sie wollten bewaffnet werden und gleich los auf die Russen.«

Der General lachte, und auch der Hauptmann lächelte.

»Großartig«, sagte der General leise und kopfschüttelnd.

Auch die Pastorin lächelte und sah die Männer forschend an.

Die Ärztin kniff die Lippen zusammen.

Der General belebte sich immer mehr.

»Das ist großartig«, wiederholte er noch einmal, »das ist eine gute Nachricht. Das ist sogar eine unglaubliche Nachricht –«

»Unglaublich, ja«, ächzte die Bergmann.

Der General lachte.

»Am heutigen Tage habe ich noch nichts Besseres gehört. Und ganz junge Leute?«

»Ja, alle fünfzehn und sechzehn Jahre.«

»Vierzehn«, rief die Pastorin, »vierzehn, meiner ist erst vor zwei Monaten vierzehn geworden.«

Der General dachte nach.

»Krieg zu führen ist eine schreckliche und undankbare Sache geworden. Aber dies zu hören ist wunderbar. Sollte das der Geist der Jugend sein?«

»Ja«, sagte der Hauptmann.

»Es sollte ihn noch geben?« sagte der General noch einmal. »Dieser fast verlorengegangene Geist von Vaterlandsliebe, Opfergeist und Begeisterung?«

Er sah die Frauen bewegt an: »Auf diese Söhne können Sie stolz sein.«

Die Ärztin lächelte verloren und strich die Haare aus der Stirn, die plötzlich marmorweiß, zart und zerbrechlich schien.

Die Bergmann rief: »Sie haben ihnen doch keine Flausen in den Kopf gesetzt?«

»Was haben Sie mit ihnen gemacht?« forderte der General den Hauptmann auf.

»Ich habe sie zunächst mal der Reihe nach aufgestellt. Dann habe ich sie gefragt: Wißt ihr, was ein Gewehr ist?«

»So 'n Quatsch«, rief die Bergmann grob, »natürlich wissen die, was ein Gewehr ist.«

»Sie lachten«, fuhr der Hauptmann fort, »ich habe sie gefragt, könnt ihr überhaupt schießen?«

»Da haben sie auch gelacht, was?« forschte die Bergmann.

»Ja«, sagte ungerührt der Hauptmann. »Da habe ich gesagt, jetzt werde ich euch mal ein paar Gewehre bringen, und dann werdet ihr mir zeigen, ob ihr schießen könnt.«

Die Pastorin wurde ganz bleich.

»Warum?« fragte Frau Asmussen, »warum haben Sie sie schießen lassen?«

»Gut«, sagte der General eifrig, »Sie haben ihnen Gewehre gegeben. Scharfe Munition?«

»Ja.«

»Verstanden sie damit umzugehen?«

»Großartig.«

»Haben Sie sie schießen lassen? Worauf?«

»Auf einen Wäschepfahl im Garten. Sie schossen auf fünfzig Meter Entfernung.«

»Getroffen?«

»Sie haben ihn zerfetzt.«

»Und dann?«

»Habe ich ihnen Handgranaten gegeben.«

»Scharfgemachte?«

»Zuerst nicht. Aber mit den blinden machte es ihnen keinen Spaß.«

Der General lachte.

»Sie haben geworfen?«

»Ja.«

»Wie stellten sie sich an?«

»Perfekt. Sie warfen und legten sich hin.«

»Von selbst?«

»Ja, von selbst. Sie wußten es, wie man sich benimmt.«

»Haben unsere Leute zugesehen?«

»Ja. Die haben mit den Ohren gewackelt.«

»Haben Sie ihnen ein Maschinengewehr gezeigt?«

»Auch das. Das hat ihnen am meisten Spaß gemacht.«

»Konnten sie damit umgehen?«

»Perfekt. Ich weiß nicht, woher sie es haben. Aber sie wußten alles. Die Jungen sind Gold wert.«

Der General lachte.

»Gold vielleicht nicht, aber unter Umständen eine ganze Kompanie.«

Er sah mit offenen Augen und fröhlich die Frauen an.

Die Bergmann war die erste, die aus einer Erstarrung erwachte.

»Was soll das?« fragte sie rauh.

»Wir wollen wissen, wo unsere Jungens sind. Daß sie das alles können, hätte ich Ihnen auch sagen können. Schließlich haben wir lange genug Krieg gehabt. Wir wollen sie mitnehmen, unsere Jungens. Mehr wollen wir nicht. Nur das. Aber das ganz bestimmt.«

Der General machte ein verdutztes Gesicht.

»Ach so«, sagte er nachdenklich und blickte auf den Hauptmann. Der zuckte die Schultern.

»Sie waren gesund«, meinte er, »sie sahen kräftig aus und ich hatte den allerbesten Eindruck von ihnen –«

Die Ärztin schwieg und starrte den Mann eindringlich an. Sie atmete etwas schwer, und ihre Lippen verzogen sich zu einem ganz leichten, bleichen, unschönen Lächeln.

»Ja, ja«, ermunterte der General den Hauptmann.

Der zuckte nochmal die Schultern.

»Ich hab' ihnen alles gegeben. Sie haben Verpflegung gefaßt, Uniformen und Waffen.«

Die Frauen seufzten.

Es war ein Seufzer, der zugleich ein Schreck ist. Ein Schreck, der mit dem Atem zugleich die Brust verläßt.

Es war ein schrecklicher, langgezogener Seufzer.

Die Frauen standen wie betäubt.

Der General furchte die Stirn: »Ja«, sagte er, »richtig. Eine richtige Entscheidung.«

Die Bergmann lachte. Wenn sie auf sich selbst geachtet hätte, würde sie bemerkt haben, daß sie noch nie im Leben auf diese Art gelacht hatte.

Sie setzte ihre Handtasche auf die Karte des Generals. »Unsinn«, sagte sie rauh und sah mit vogelscharfen Augen von einem zum andern, »das ist Unsinn. Das ist Blödsinn. Das dürfen Sie nicht machen. Das können Sie gar nicht.«

Der General sah sie an.

»Liebe Frau –«, begann er.

»Ich bin nicht Ihre liebe Frau. Ich heiße Bergmann. Elfriede Bergmann aus Stettin. Ich habe zwei Söhne, Karl und Leo. Schüler. Verstehen Sie, Schüler sind das und keine Soldaten. Sie sind nicht eingezogen. Nicht einmal gemustert. Die können Sie nicht einfach an die Front schicken.«

»Es kommt nicht mehr darauf an, was ich darf oder nicht darf. Ich trage jede Verantwortung –«

Die Ärztin lachte. Es war ein sonderbares, grelles Lachen. Nicht zu laut, aber sehr verächtlich. So verächtlich, daß der General rot im Gesicht wurde und ganz steif vor Widerwillen stand.

»Sie tragen überhaupt keine Verantwortung«, sagte die Ärztin.

»Ich trage diese Verantwortung«, sagte der General.

»Sie spüren sie gar nicht, diese Verantwortung«, sagte die Ärztin wieder sehr leise. »Sie sagen es nur. Vielleicht glauben Sie es wirklich, daß Sie Verantwortung tragen oder fühlen, aber Sie spüren sie gar nicht.«

Mit dieser Stimme der Ärztin begann ein ganz neuer Abschnitt der Unterhaltung.

Sie erhielt plötzlich einen anderen Charakter. Nur durch eine Stimme, eine ganz blasse, farblose Stimme, die scharf und deutlich und doch leise wie ein Hauch war.

»Von der Verantwortung ist nur das Wort übriggeblieben.«

»Ich muß Sie sehr bitten –«, sagte der General scharf.

»Bitten Sie nicht«, sagte die Ärztin schlaff und so wie vorher, »und nicht mit dieser Stimme. Ich weiß, daß es Ihre Generalsstimme ist –«

Der General stand steil aufgerichtet, und die Röte wich aus seinem Gesicht, daß es bleich wurde wie die Wand.

»Mit dieser Generalsstimme können Sie manches erklären. Mit solch einer Stimme wird vieles glaubhafter, aber ich sage Ihnen, daß Sie nicht mehr wissen, was Ihre Verantwortung ist. Es ist nur noch ein Wort. Sie ahnen es, und ich sehe, daß Sie Angst haben, daß es nur ein Wort sein könnte –«

Der Hauptmann sagte mit schneidender Stimme: »Unerhört.«

Aber der General, so bleich er war, hob die Hand und der Hauptmann klappte den Mund zu.

»Lassen Sie nur«, sagte er.

Die Ärztin aber war unaufhaltsam. Sie redete nicht lauter als vorher, aber auf eine schrecklich eintönige Weise.

»Beherrscht sind Sie. Das gebe ich Ihnen zu. Auf eine großartige Weise beherrscht. Aber das hat nur etwas mit Ihnen selbst zu tun. Das ist uns nicht wichtig. Ihre Beherrschung ist eine Privatangelegenheit. Ihre Verantwortung nicht, Ihre Verantwortung geht auch uns etwas an. Uns und unsere Söhne –«

»Herr General«, rief der Hauptmann, »soll ich –«

»Lassen Sie –«, winkte der General wieder ab.

»Ich begreife«, wandte er sich an die Ärztin, »daß Sie Mütter sind. Ich halte Ihnen alles zugute. Ich gebe zu, daß ich nicht daran gedacht habe, daß Sie Mütter sind. Wenigstens nicht in diesem ausschließlichen Sinne. Ich bin ein verantwortlicher Truppenführer. Ich habe es mir abgewöhnen müssen, an die Mütter zu denken –«

Die Bergmann machte eine wilde Bewegung, aber der General sprach gleich weiter.

»Ich bin dazu gezwungen. Kein Offizier kann an die Mütter denken. Es ist unmöglich, an die Mütter zu denken. Ich kann nicht Befehle erteilen und an die Mütter meiner Leute denken. Ich kann nicht angreifen lassen und an die Mütter denken. Kein General der Welt kann an die Mütter seiner Soldaten denken. Es gibt für ihn einfach keine Mütter –«

Die Bergmann riß mit einem Ruck ihre Tasche vom Tisch, aber jetzt hob die Ärztin die Hand.

»Sie sind sehr ehrlich«, flüsterte sie.

»Sie sehen, daß ich Ihren Vorwurf ernst genommen habe«, lächelte der General abwesend.

»Aber –«, setzte die Ärztin hinzu, »Sie sind noch nicht ehrlich genug. Sie haben Angst, ganz und gar ehrlich zu sein. Wie sehr Sie Angst haben, beweist die Tatsache, daß Sie sich überhaupt mit mir auf diese Weise unterhalten.«

Der General schwieg.

»Hören Sie doch zu«, rief er dann plötzlich heftig, »was tue ich denn? Was tun wir denn, wir Soldaten? Wir verteidigen unsere Heimat. Wir verteidigen sie mit unserem Leben. Und wie wir sie verteidigen. Wir verteidigen sie im Augenblick mit fast nichts in den Händen. Mit unseren Nägeln und Zähnen. Wissen Sie, was das heißt? Was das auch für einen General heißt?«

Er flammte die Frauen an.

»Ich will Ihnen mal etwas sagen. Es sieht so aus, als verlieren wir den Krieg. Wir werden nach Deutschland hineingeprügelt. Wir sind schwächer als Ohnmächtige. Wir werden an der Front einfach niedergewalzt. Überall werden wir geschlagen. – Und wie wir geschlagen werden! Und weil wir geschlagen werden, weil wir verlieren, weil wir nicht mehr imstande sind, den Krieg von euern Häusern wegzuhalten, weil wir ganz armselig sind, wir Soldaten, deshalb plötzlich solche Vorwürfe. Das ist es. Das ist es allein.«

Er schwieg.

Alle Frauen schwiegen.

Die Ärztin lächelte bleich und strich ihre Haare wieder zurück.

»Nein«, sagte sie einfach. »Das ist es nicht. Es spielt eine Rolle. So im großen und ganzen spielt das auch eine Rolle, aber in diesem Falle nicht. Ich würde so auch denken, wenn mein Sohn General wäre.«

Der General starrte sie an.

»Es ist etwas ganz anderes«, sagte die Ärztin leise. »Sie verstehen es nicht. Sie können es gar nicht verstehen. Nur Ihre Mutter würde es verstehen.«

Die Ärztin lächelte ihn an.

»Jetzt stehen Sie da wie ein Junge, obwohl Sie so eine große Uniform tragen. Ich will Ihnen etwas sagen«, flüsterte sie eilig, »werfen Sie uns hinaus. Das ist die einzig mögliche Reaktion. Sie müssen uns hinauswerfen, sonst taugen Sie als Soldat gar nichts. Sie müssen jetzt wieder Ihre Generalsstimme gebrauchen und uns mit Getöse hinauswerfen, am besten durch einen bewaffneten Posten, sonst wird dieses Gespräch Sie zugrunde richten.«

Der General antwortete bleich: »Sie haben recht. Ich werde Sie hinauswerfen.«

Die Bergmann hatte dem Gespräch mit offenem Munde zugehört.

»He, he«, sagte sie, »mich wirft niemand hinaus. Ich will wissen, wo meine Jungens sind. Sie können mich hier erschießen lassen, aber ich will wissen, wo meine Jungens sind.«

Der General ging an das Feldtelephon.

»Wohin?« fragte er kurz den Hauptmann.

»Zwote Kompanie.«

Der General drehte mit so heftiger Bewegung, daß der hohe, schmale Kasten sich bewegte.

»Zwote«, verlangte er kurz.

»Klinger«, rief er in den Apparat, »da müssen dreißig junge Leute gekommen sein. Ja. Wo sind sie?«

Die Bergmann lächelte. Alle Frauen, so aufgeregt sie waren, lächelten. Der General sah sie abwesend und kurzatmig an.

»Ja. So. Nein, es ist gut.«

Er hängte ein.

Der General preßte die Lippen aufeinander.

»Ihre Söhne befinden sich seit heute morgen im Einsatz.«

»Befehlen Sie sie zurück«, bat die Pastorin, »Sie sind ein General. Sie müssen es doch befehlen können.«

»Nein«, sagte er, »das kann ich nun nicht mehr. Auch als General nicht mehr.«

Die Bergmann flehte ihn an.

Sie schluchzte fast.

»Können Sie nicht?«

»Nein. Und jetzt muß ich Sie bitten, mich allein zu lassen. Wenn Sie wollen, lasse ich Sie mit Wagen zurückfahren.«

»Danke«, brach die Bergmann los, »gehen Sie zum Teufel mit Ihren Autos. Wenn Sie denken, Sie könnten mir mit Ihrem Lametta da oben imponieren, dann sind Sie aufm Holzweg. Da spuck' ich drauf. Daß Sie's wissen. Auf den ganzen General spucke ich. Auf den Krieg. Auf alles spucke ich, auf den Krieg und auf den General –«

»Raus«, sagte der Hauptmann. Er öffnete weit die Tür. Sie schlug krachend zurück und prallte gegen die Wand.

Die Bergmann lachte grell. Es war so etwas wie ein Trompetenstoß.

Sie ging hinaus, und alle Frauen gingen ihr nach.

Nur die Ärztin blickte den General an und sagte: »Vergessen Sie nicht, das Wort ›hysterisch‹ zu gebrauchen.«

»Sehr richtig«, schrie der Hauptmann, »sehr richtig.«

Er wandte sich an den General, der totenbleich dastand.

»Sollen wir etwas gegen sie unternehmen?«

»Nein –«

»Sie sind wirklich hysterisch. Das ist das richtige Wort. Hysterische Weiber –«

»Ja«, sagte der General, »durchgedreht, einfach 'n Knacks haben die weg. Ich hätte so etwas nie für möglich gehalten.«

»Bei Gott nicht, Herr General.«

»Nicht für möglich hätte ich sowas gehalten.«

»Die Russen, Herr General, hätten sie an die Wand gestellt. Oder nach Sibirien verschleppt.«

»Ja«, sagte der General und setzte sich ganz schlaff. Er starrte mit völlig leerem Gesicht auf die Karte.

»Was glauben die denn –«, schrie er plötzlich, »in was für einer Lage ich mich befinde? Die wissen ja gar nicht, wie das hier aussieht.« Er schlug mit der Hand auf die Karte. »Ganz Pommern geht verloren. Meine Leute werden in den Löchern totgeschlagen –«

Er griff mit der Hand an den Hals.

Er feuerte mit einer wilden Handbewegung die Karte vom Tisch. »Da steht die reine Verzweiflung auf der Karte. Wie kann ich da an dreißig Jungens denken? Wie kann ich das?« schrie er und sein Gesicht war krebsrot. »Es ist mir doch egal, wie alt sie sind. Und wenn sie zwölf wären. Das ist doch egal, angesichts dieses verdammten Elends.«

Er starrte den Hauptmann an.

»Aber sie sind natürlich durchgedreht. Ich bin ja schließlich auch ganz durchgedreht.«

Es war inzwischen dunkel geworden.

Die Frauen waren eilig durch die Zimmer hindurchgegangen und betraten die Straße.

»Rasch«, sagte die Bergmann und humpelte hinaus, sie keuchte etwas und rief: »Die bringen es fertig und halten uns fest.« Sie ging so eilig in die Dunkelheit hinaus, daß die übrigen Frauen ihr kaum folgen konnten. Die Bergmann atmete schwer, und ihr ungefüger Schatten schwankte elefantenhaft vor den anderen.

»Kommt«, rief sie heiser und dabei triumphierend, »daß sie uns nicht festhalten.«

Sie standen bald in völliger Dunkelheit. Alle atmeten schwer. Sie fühlten einander und faßten sich an.

Es war ganz still, und die Einsamkeit und Fremdheit der Nacht und der Umgebung senkten sich auf sie herab.

Die Bergmann japste immer noch.

»Ich hab's ihm gesagt, was? Ich konnte nicht anders. Wenn mein Mann das gehört hätte, der wäre umgefallen. Der wär' einfach umgefallen. Ich hab' gedacht, 'n General ist was Hohes. So'n Mensch, mit dem man reden kann. Aber mit dem konnte man ja gar nicht reden.«

»Was machen wir denn jetzt?« fragte die kleine Inge Maltzahn beklommen. Sie schauderte, als stände sie im Regen.

Ganz plötzlich hörte man die Schneiderin weinen. So, als könne sie es nicht mehr zurückhalten.

»Was denn?« fragte die Bergmann, »was ist denn los? Was heulste denn?«

Die Seliger flüsterte: »Ich dachte, es wäre alles gut. Wenn ich ihn mitgebracht hätte, wäre alles gut gewesen, aber ich kann nicht ohne den Jungen nach Hause kommen.«

»Warum nicht?« fragte die Bergmann.

Die Seliger schluchzte und ihre dünne Stimme bebte: »Mein Mann würde es nicht verstehen. Nur mit dem Jungen kann ich zurückkommen. Wenn ich ohne ihn komme, wird er es nicht verstehen. Er würde –«

»Laß man«, murmelte die Bergmann, »wir kommen nicht ohne. Gehen wir los.«

»Wohin denn?« fragte die Pastorin.

»Zwote Kompanie«, brummte die Bergmann, »hat er doch gesagt. Da hab' ich aufgepaßt. Sowas hört die Bergmann. Zwote Kompanie.«

Und sie gingen durch die Nacht, die immer kälter wurde, um die zwote Kompanie zu suchen, von der sie nicht wußten, wo sie lag, nur, daß sie sich im Kampf befand.

Der Horizont erleuchtete sich ab und zu in hellen Widerscheinen, und Leuchtkugeln stiegen auf. Irgendwo schien ein Feuer zu brennen, denn ein roter Schein blieb minutenlang.

Sie gingen und schwiegen. Nur die Ärztin sagte plötzlich: »Ich hasse – ich hasse die Männer.«

Ihre Stimme schien wie von einem Taumel erfaßt.

»Sie sind zum Hassen. Wozu anders als zum Hassen? Ich hasse und verachte sie. Blödsinn, den sie machen. So, als gäbe es nichts anderes als Blödsinn auf der Welt. Kein Blödsinn, den sie nicht machen. Kein verdammter Blödsinn, mit dem sie nicht noch stolz wären. Es ist einfach alles blödsinnig. Und man sieht's nicht, man sieht's einfach nicht. So als ob wir die Blödsinnigen wären –«

Diese seltsame, taumelige Stimme der Ärztin hatte etwas Erregendes. Alle Frauen gerieten ins Sprechen.

Die Bergmann durchdrang mit ihrem knarrenden Organ die Nacht. Sie lachte dabei und alle Worte kamen wie im Gelächter, als schleuderte sie ihre Stimmbänder mit hinaus: »Verrückt sind sie, alle verrückt. Ich hab's immer gewußt, daß sie verrückt sind. Aber so wie jetzt habe ich es nie gewußt. Jetzt weiß ich es, wie verrückt sie sind. Habt ihr sie gesehen? Habt ihr sie angesehen? Wie sie dastanden? Wie sie nicht wußten, was sie sagen sollten? Die haben uns gar nicht verstanden. Die verstehen uns einfach nicht! Als ob es das Einfachste der Welt wäre, Kinder umzubringen. Denn sie bringen sie um! Sie bringen sie glattweg um. Da denken die gar nicht darüber nach. Die schicken sie hin und sagen, da habt ihr was zum Umbringen –«

Die Pastorin rief: »War es ihnen nicht vollkommen egal, ob sie vierzehn sind oder sechzehn? Er hörte gar nicht, daß ich sagte: Meiner ist erst vierzehn. Die schicken auch noch jüngere weg. Und wenn sie zehn sind oder acht. Wenn sie wüßten, daß sie es aushielten, würden sie auch noch jüngere hinschicken. Ich versteh's nicht. Ich kann's nicht begreifen, wie sie so sein können. Ich denke immer, ich hätte vielleicht unrecht. Ich denke immer, ich weiß vielleicht nicht Bescheid. Man hat mit so etwas nichts zu tun. Nichts mit dem Kinderumbringen –«, brach ihre Stimme haltlos und flatternd ab.

Die kleine Schneiderin lachte gellend. »Nur mit dem Kinderkriegen. Das lassen sie sich gefallen. Kinderkriegen darf man, und dann machen sie, was sie wollen. Ich weiß, daß mein Mann zu Hause sitzt und brüllt. Er brüllt mich an, er schlägt mich tot, wenn ich komme und sage, daß ich bis an die Front gefahren bin. Aber –«, ging ihre Stimme schrill hoch, »ich lasse es mir nicht mehr gefallen. Ich laß mir nichts mehr gefallen.«

»Gar nichts«, rief die Bergmann, »das ist richtig, Kindchen, wir lassen uns gar nichts mehr gefallen. Ich hör' gar nicht mehr auf so'n Mann. Auf gar keinen höre ich mehr. Ich gehe zu der zwoten Kompanie, und wenn ich meine Jungens treffe, nehme ich ihnen das Gewehr weg. Ich hau's ihnen um die Ohren. Ich hau's noch anderen um die Ohren. Ich hau' es jedem um die Ohren, der mir noch was sagen will. Ich sag: Halt den Mund, Mensch. Halt die Klappe, verdammt nochmal, mit eurem verdammten Zeug. Ich will's nicht hören. Ihr könnt mir den Buckel runterrutschen. Ihr könnt mich – alles könnt ihr mich. Das sage ich. Und ihr werdet's alle erleben, daß ich das sage. Und ich sag's ihnen so, daß sie's verstehen –«

Die Ärztin lachte. Sie schritt stürmisch aus, und man hörte ihre Stiefel auf dem Schotter der Straße.

»Nur zu. Es ist Zeit. Wir werden es alle sagen. Nur zu, verdammt nochmal. Nur zu, daß wir nicht vergessen, ihnen alles zu sagen. Alles, versteht ihr, alles, einfach alles. Daß sie auch begreifen, was das ist – alles. Die haben keine Ahnung, was alles ist. Die sind zu blöd, um zu begreifen, was wir meinen, wenn wir alles sagen –«

»Ich mach's ihnen klar«, schrie die Bergmann, »ich kann sowas. Ich hab' schon immer jemandem was klarmachen können. Gift könnt ihr nehmen, wenn ich's ihnen nicht klarmachen kann, goldklar –«

Die Ärztin war von großem Triumph erfaßt. Man hörte es ihrer Stimme an, die blechern, unschön, heftig klang.

»Jetzt haben wir mit den Leuten nichts mehr zu tun«, rief sie, »wir fragen nicht mehr. Das wißt ihr alle? Wir fragen einfach niemanden mehr. Daß uns nicht einfällt, jemanden zu fragen. Das mit dem Fragen ist jetzt vorbei. Wenn man fragt, hat man schon verloren. Das ganze Elend kommt daher, daß wir zuviel fragen, weil wir denken, wir müßten es tun und würden sonst Fehler machen. He –«, wandte sie sich an Helene Asmussen, »was denken Sie, Frau Asmussen?«

Helene fühlte sich in eine merkwürdige Laune versetzt. Sie fand alles etwas unglaubwürdig. So als lebe sie in einem Traum. Als sei diese kühle, finstere Nacht mit den Leuchtzeichen am Himmel etwas ganz Unwirkliches. Aber sie fühlte sich zugleich sonderbar erhoben und von einer Stimmung erfaßt, die sie nie gekannt hatte. Sie verlor immer mehr ihre Fassung, ihre kühle Beherrschtheit. Blindlings stieß sie hervor und wunderte sich selbst über ihre Stimme: »Ich denke genau wie ihr alle. Ganz genau so. Ich kann es nicht so ausdrücken, aber ich denke ganz genau so –«

Die Ärztin lachte aus vollem Halse. Sie umfaßte die Asmussen zärtlich.

»Wir«, sagte sie, »wir komischen Frauen, wir verrückten Dinger, wir elenden, traurigen Figuren, wie verwundert sind wir, wenn wir merken, was wir plötzlich in uns haben, nicht wahr? Was an Kraft.«

»Wenn man uns hier sähe, so wie wir hier neben- und hintereinander über eine unbekannte, dunkle Straße gehen, um ein paar weggelaufene Kinder zurückzuholen, was man wohl sagen würde? Was meint ihr? Man würde sagen: Sie waren entschlossen wie Männer, furchtlos wie Männer, tapfer wie Männer. Sie fanden den Weg wie Männer, sie gingen an die Front wie Männer.« Ihre Stimme war ganz laut geworden.

Und plötzlich brach sie ab und flüsterte schlaff: »Ich hasse – ich hasse die Männer –«

DIE SÖHNE

Spät in der Nacht, als die Finsternis dichter, der Weg unsicherer und sie selbst müder wurden, beschlossen die Frauen, haltzumachen.

Einsam am Rand der Straße stehend, sahen sie ein langgestrecktes, einzelnes Haus mit einer gepflasterten Rampe, schlagenden Fensterflügeln und einer offenen, eingebrochenen Tür.

»Wenn wir niemanden anfinden«, sagte die Bergmann, »bin ich dafür, daß wir hier den Morgen erwarten. Ich bin ganz fertig und humple wie ein unbeschlagener Gaul.«

Alle sehnten sich nach Ruhe.

Nachdem sie den Beschluß gefaßt hatten, auf eigene Faust loszuwandern, war ihnen die Eile etwas vergangen.

»So oder so kriegen wir sie«, sagte die Bergmann, »wenn man sie nicht schon totgeschlagen hat, haben wir sie morgen so gut wie heute.«

Sie steckten Streichhölzer an und betrachteten das Haus.

Es war ein Gasthaus mit einem geräumigen, vielfenstrigen Saal.

Sie gingen hinein, tasteten sich mit ihren brennenden Zündhölzern zurecht und drehten den Lichtschalter an. Sie hatten Glück. Das Licht brannte tatsächlich. Eine einsame Glühbirne erleuchtete trübe den ziemlich kahlen Raum.

Sie schlossen sofort die Fenster und dunkelten sie ab, so gut es ging.

»Es ist mir schon viel wohler«, sagte die Bergmann und betrachtete den Schanktisch mit dem Wasserhahn, der etwas tropfte. Es standen Gläser im Schrank, Plakate von Asbach-Uralt und Danziger Goldwasser hingen an den Wänden, es lag sogar ein rotgestreiftes Handtuch über dem Zapfhahn des Schanktisches.

Die Bergmann watschelte mit der Ärztin durch alle Räume. Sie sahen auch hier keine Menschenseele. Die Schränke waren noch fast voll Die Bewohner mußten ganz eilig davongezogen sein. Die Bergmann schleppte ein paar Matratzenteile in den großen Raum.

»Kinders«, sagte sie, »tut euch um. Alles liegt da. Wir werden eine gute Nacht haben.«

Sie holten aus dem ganzen Hause die Matratzen zusammen und legten sie in der Gaststätte auf den Boden.

Sie wollten eng beieinander schlafen, denn die Nacht war unheimlich. Wind hatte sich aufgemacht, und ab und zu dröhnten Autos vorbei.

Sie zogen sich aus.

Die Uhr im Gastzimmer stand still. Der Wasserhahn tropfte, und in der leichten Kälte, die sich breitmachte, drückte sich eine besondere Verlorenheit aus, so als sei die Luft hier in der Frontnähe anders.

Sie hatten alle ein Gefühl für diese Fremdheit, die sich bedrükkend auf das Herz legte. Aber sie waren auf irgendeine Weise weit von aller Furcht entfernt, wenngleich sie auf alle Geräusche horchten.

Sie waren schließlich alle fertig. Die Bergmann löschte das Licht, humpelte behutsam an das Fenster und stieß den Holzladen auf. »Es ist gut, wenn man etwas sieht«, sagte sie, »wenn ich nichts seh', fühle ich mich wie in einer Mausefalle.« Das Mondlicht füllte den Raum mit weißem, nebelfarbenem Dämmer und man sah die ungefüge Gestalt der Bergmann und den Fleck ihres hellen, groben Unterrockes.

Die Pastorin hatte ihren Pullover ausgezogen, und ihre Schultern leuchteten zart wie die eines Kindes oder einer Puppe, denn sie lag ganz regungslos. Frau Asmussen war von anderer, gleichsam strahlender Schönheit. Meisterhaft zeichnete das Mondlicht ihr Profil nach. Die kleine Inge Maltzahn legte sich nieder, wie mit den lautlosen, huschenden Bewegungen einer Taube. Ihr Schatten war lang und zart. Sie war zwanzig Jahre und alles an ihr köstlich und voller Jugend.

Die Näherin hatte sich bis an die Nase in die Decken vergraben. Ihre Augen schimmerten feucht, als denke sie ununterbrochen darüber nach, wie schrecklich alles sei. Ihre Nase ragte spitz und bleich aus dem Dunkel.

Frau Kordes lag in einer Ecke, und man hörte nur ihre Stimme. Sie sprach zuerst ganz leise, und man verstand sie nicht. Aber sie sprach schließlich deutlicher und alle hörten es, obwohl es ein Selbstgespräch war. Ein Gebet.

Ihre Stimme durchdrang die Nacht.

»Lieber Gott«, murmelte sie, »lieber Gott. Es ist alles schrecklich, und ich fürchte mich. Ich fürchte mich, obwohl es unrecht ist, mich zu fürchten, denn ich bin in deiner Hand. Mein Leben ist in deiner Hand. Auch das Leben meines Kindes ist in deiner Hand. Unser aller Leben ist in deiner Hand. Lieber Gott, ich will nichts Unbilliges. Dein Wille geschehe. Ich will, daß dein Wille geschehe. Ich will nicht, daß dein Wille nicht geschehe. Aber nimm mein Kind in deinen Schutz. Laß es nicht umkommen. Laß es nicht verderben. Sei bei ihm und verlasse es nicht. Ich habe es in deinem Namen erzogen. Es ist dein Kind, obwohl es mein Kind ist. Denke daran, daß es dein Kind ist, und daß es auch mein Kind ist –« Ihre Stimme war immer lauter geworden, und alle Frauen erschauerten.

Die Ärztin krauste die Stirn. Sie zog eine Grimasse, ein Gesicht, das nach Weinen aussah oder auch nicht. Vielleicht auch nach Gelächter. Die Bergmann lag schweratmend da, und sie war die erste, die etwas sagte.

»Is' ja gut«, sagte sie, »so'n Gebet is' ja gut. Jeder kann nicht so beten. Wenn ich so beten würde, du meine Güte –«

Die Pastorin lag wie ein Bild aus Porzellan und hauchte: »Sie hat gut gebetet. Sie hat aus ihrem Gemüt heraus gebetet. Es war ein gutes Gebet.«

»Ja, ja«, sagte die Bergmann rauh, »natürlich war es das. Ich will nichts gegen Gebete sagen. Ich kann's nicht. Wenn ich beten würde, da würde vielleicht was draus werden – du lieber Gott!«

»Das ist auch gut«, sagte die Ärztin, »es gibt Leute, die sagen gar nichts, wenn sie beten. Die könnten das gar nicht und beten doch. Stimmt es, Pastorin?«

»Ja, ja«, beeilte sich die zarte Frau Bonde zu sagen, »ich weiß, was Sie sagen wollen.«

Helene Asmussen lag unter der rauhen Decke und fror etwas. Sie sah blindlings zur Decke, bewegte die Lippen nicht und dachte: Oh, was ist dies plötzlich für eine Welt? Ich habe es nie gewußt, daß es so etwas gibt auf der Welt, so etwas wie diese

Nacht, mit diesem bleichen Licht, mit diesen Stimmen von Leuten, die ich gar nicht kenne.

Die Pastorin sagte plötzlich: »Ich kann's mir nicht denken. Ich kann's mir nicht denken, daß unseren Kindern etwas passiert.«

Ihre Stimme war ganz hell, sie war geradezu grell vor Unschuldigkeit.

»Meiner heißt Edmund. Er hat dunkles Haar und dunkle Augen. Er hat ganz reine Augen. Er ist immer gehorsam gewesen. Er hat gern Bücher gelesen, und man konnte sich gut mit ihm unterhalten. Er hat schon ganz vernünftige Ansichten. Er denkt über vieles nach. Ich war oft verwundert, womit er sich beschäftigt. Ganz ernsthaft. So voll Charakter. Man sieht's an seinen Augen, daß er Charakter hat. Ich kann mir nicht vorstellen«, sagte sie mit hoher Stimme, »daß ihm etwas passieren könnte. Nein, nein, es ist ganz undenkbar.«

»Darauf habe ich gewartet«, flüsterte die Ärztin Helene zu.

»Natürlich kann man es sich nicht vorstellen«, rief die Bergmann, »meine sind Filous, Spitzbuben, Lausejungen, aber sie hatten immer das Herz auf dem rechten Fleck. Besonders Leo, der ältere. Sie turnten über jede Mauer. Aber es war keine Schurkerei dabei. Nie. Immer war es Übermut. Mehr nicht. Es sind Kavaliere, beide. Sie haben noch nie etwas aus Bösartigkeit getan. Tiere quälen und so. Das tun sie nicht. Der Leo nicht und der Karl auch nicht. Blond sind sie, beide. Lange, kräftige Lümmels.«

»Edmund«, seufzte Frau Bonde, »er hat einmal eine Predigt ausgearbeitet. Er sah es von meinem Manne. Der saß und schrieb seine Predigten auf. Und da hat er seine auch aufgeschrieben. An die Tiere, eine Predigt an die Tiere. Wir hatten ein Bild vom heiligen Hieronymus. Das hat ihm gefallen. Es war eine herrliche Rede. Mein Mann sagte: Sieh dir mal diese Rede an. An die Tiere hat er eine Rede gemacht. Wie er auf solche Sachen kommt.«

Die Pastorin atmete leicht und begeistert: »Ich könnte sie heute noch wiedergeben, diese Rede an die Tiere. Sie war herrlich, sie war – sie war gut. Es war sein Charakter darin.«

»Meiner heißt Werner«, sagte jetzt die Näherin mit einer Stimme, die noch vom geheimen Weinen schwankte.

»Werner. Er ist größer als ich. Ich bin klein. Ich weiß, daß ich ziemlich klein bin. Aber er ist jetzt schon größer, obwohl er doch fast noch ein Kind ist. Er liebt mich. Er sagt, daß er mich liebt. Er sagt nicht: Mutter, ich habe dich gern. Sondern er sagt: ich liebe dich. Er sagt es, wie es ein Mann sagt, obwohl er doch davon noch gar nichts versteht. Er hat so eine Natur, daß er immer an Liebe denkt. Ganz unschuldig natürlich. Er hat immer mit dem Herzen gedacht.«

Die kleine Näherin hob ihr Gesicht in das Mondlicht. Ihre Augen blickten entrückt.

»Wenn ihm etwas passiert –«

Eine Weile blieb alles still.

Helene lag unter der Decke und schauerte vor Frost und vor Erregung. Ganz plötzlich bekam sie Lust auch etwas zu sagen.

»Harald heißt meiner. Wenn ihm etwas passiert, wird es mich umbringen. Das weiß ich genau. Er trägt seidene Hemden, und ich fürchte, daß er sich erkälten wird. Ich mochte ihn nie in Pullovern sehen, obwohl, ich wünschte, er hätte jetzt einen.«

»Die haben fast nichts mitgenommen«, rief die Bergmann, »ich hab's gesehen. Ihre ganzen Sachen lagen im Spind, zusammengeknüllt und hingeworfen. Keinen Verstand haben die Bengels und gehen in den Krieg mit dem, was sie anhaben. Ich wette, sie haben nicht mal Taschentücher mit.«

»Vielleicht haben sie das alles bekommen«, sagte Helene.

Die Bergmann lachte.

»Gewehre haben sie gekriegt. Die kriegen keine Taschentücher.«

»Er ist sehr zart«, sagte Helene.

»Er war immer sehr zart. Mindestens sah er so aus. Ich weiß nicht, ob er so schwach ist, wie er aussieht, aber er sah immer schwach aus. Fast elegant«, hauchte Helene, »er ist gar nicht so, um zu einem Krieg zu taugen.«

»Das ist niemand«, rief die Bergmann.

»Harald –«, flüsterte Helene und fühlte, wie ihre Stimme einfach dahinschwand.

Jetzt richtete sich die Ärztin auf.

»Meiner heißt Georg. Georg heißt meiner. Könnt ihr nicht aufhören mit eurem: ›Meiner heißt‹ – Alle heißen irgendwie, und meiner heißt Georg, daß ihr es wißt, und mehr sage ich nicht –«

Die Stimme der Ärztin war grell und laut.

»Daß wir nicht wie Weiber sind. Gerade das dürfen wir nicht sein, obwohl wir's sind. Daß wir uns nicht um unseren Verstand reden mit unseren Erinnerungen. Wir liegen hier auf dem Boden einer Kneipe, und gar nicht weit weg wird geschossen, und alles kann sehr überraschend passieren. Daß wir nicht wie Hühner herumlaufen –«

Ihre Stimme brach ab. Sie legte sich hin, so als falle ihr Kopf herunter, und auf ihrer weißen, zarten Stirn lag der Mondschein ganz blaß.

Die Frauen schwiegen.

Das Viereck des Fensters stand hell vor ihren Augen, und ab und zu fegten unruhige Lichtscheine herein, lautlose, ferne Blitze, denen etwas Bedrohliches anhaftete.

Alle sahen es und atmeten schwer und besorgt.

Sie fielen langsam in Schlaf, der leicht, unruhig und durchleuchtet von weißlichen Scheinen war, lautlosen Explosionen, die irgendwo stattfanden und die von so unheimlicher Bedeutung waren.

Helene rückte mit ihrem Kopf an die Schulter der Ärztin, die mit offenen Augen gegen die Decke starrte und so leblos schien, daß niemand sagen konnte, ob sie schlief oder nicht. Helene schlief mit einer Erinnerung ein.

Sie sah sich mit ihrem Mann am Hafen stehen, und es lag ein Kriegsschiff in der Bucht. Es war die ›Deutschland‹, ein helles, graues, blitzendes Schiff, das schimmernd und unwirklich auf dem Wasser lag, vollkommen in seiner Form und mit Türmen und Rohren, die fast zart aussahen.

Andreas hielt den Jungen umfaßt.

»Kerlchen«, sagte er, »soll ich dir ein Püppchen kaufen? Einen Sonnenschirm? Einen Kinderwagen?«

»Was redest du denn, Andreas?«

»Laß mich doch. Ich sehe deinem zarten Söhnchen ins Gesicht und frage ihn, ob ich ihm was kaufen kann. Soll ich dir ein Püppchen kaufen? Ein Holländer Püppchen mit Holzpantinen? Ein Schaukelpferd oder was willst du?«

»Mach' dich doch nicht über den Jungen lustig!«

»Ich mache mich nicht lustig. Ich bin in herrlicher Laune und möchte Geld ausgeben. Los, Junge, was soll ich dir kaufen?«

Und Harald sah den Vater an, ganz ernsthaft, ohne zu zögern, blickte er hinüber und sagte: »Sowas. Sowas möchte ich haben.«

Andreas lachte und blickte Helene an. Seine Augen waren blaßblau und schimmerten.

»Was redest du für einen Unsinn, Harald«, rief Helene, »man meint, du bist nicht gescheit.«

»Laß ihn doch«, sagte Andreas.

Und beide standen und sahen das Panzerschiff, jenen langen, silbernen, wundervollen Schiffsleib auf dem Wasser.

Dieses Schiff sah Helene im Traum, glitzernd, kalt, magisch in seinen Formen, mit fernen, flatternden Wimpeln, sauber, als sei es abgespänt und gar kein Werk aus Menschenhand –.

Die Frauen wußten nicht, wie spät es war, als sie plötzlich auffuhren. Das Fenster erleuchtete sich grell, und scharfer Lichtschein schnitt alle Gegenstände im Raum strahlend aus der Finsternis. Zugleich hörte man dröhnenden Motorenlärm.

»Die Russen?« fragte jäh die Pastorin.

Jetzt vernahm man auch Stimmen. Der Lichtschein blieb, und das Motorengeräusch verstummte schließlich.

Männerstimmen wurden immer lauter, und man hörte, wie die Eingangstür krachend aufschlug, als würde sie von Stiefeln eingetreten.

Die Frauen fuhren hoch und warfen die Decken zurück. Aber ehe sie sich anziehen konnten, ging die Tür auf, und ein Lichtschein blendete herein.

Sie sahen nichts, nur diesen flammenden Punkt. Dann ging das Deckenlicht an, und sie erkannten einen Soldaten, der ganz grau, dumm und verwundert auf der Schwelle stand.

»He«, rief er nach rückwärts, »hier sind Frauen.«

Er sprach mit ungedämpfter Stimme und hinter ihm wurden weitere Stimmen hörbar.

»Was sagt er?«

»Er sagt, es sind Frauen drin.«

»Mensch, Frauen?«

Die Tür schlug weiter auf und ein paar Soldaten kamen herein, völlig verwundert.

Dann lachte einer und schrie: »He, Frauen sind hier, 'ne Menge Frauen. Ihr lacht euch kaputt.«

»Halt man den Mund«, rief die Bergmann und erhob sich ächzend in ihrem Unterrock, mit ihren fleischigen Armen und ihrem ganzen, gewaltigen Körper.

Einer lachte ganz grell.

»Was denn? Die da?«

»Nee«, rief einer, »da sind noch andere. Sieh mal die Blonde.«

Sie kamen ungeniert herein. Einer sah sich um und drehte gleich am Bierhahn. Das Bier lief schäumend auf den Schanktisch und spritzte blasig weg.

»Haha«, lachte einer, »und Bier. Kommt her. Hier gibt's, was das Herz begehrt.«

Er hielt gleich den Kopf unter den Bierhahn, trank und schüttelte sich dann.

»Die übliche Lauge.«

Er sah sich funkelnd um. »Wenn sie was hier oben haben, haben sie auch was im Keller. Diese Landkneipen haben alle Schnaps, den sie hinter der Theke verkauft haben.«

Einige liefen gleich wieder hinaus, um den Keller zu suchen.

Aber die anderen blieben stehen.

Sie sahen sehr verwildert aus. Sie waren uneinheitlich gekleidet, und fast alle starrten vor Dreck.

Einer kam näher heran und lachte meckernd wie eine Ziege. Die Bergmann quälte sich in ihr Kleid.

»Soll ich zumachen?« fragte einer.

»Ich hau dir was um die Ohren, Junge«, brummte die Bergmann, »schert euch raus.«

»Macht keinen Quatsch«, rief ein anderer und starrte die Pastorin an, deren dünne, porzellanhafte Schultern sichtbar waren.

Er sagte heiser: »Macht keinen Quatsch. Wir saufen einen, und wir unterhalten uns ein bißchen.«

Die anderen lachten und kamen näher.

Die Augen der Frau Bonde irrlichterten vor Schreck. Die Ärztin hatte sich aufgerichtet und sah die Männer wortlos an.

»Weg da«, hörten sie jetzt eine herrische Stimme, und ein Leutnant trat ein.

Er blieb genau so verwundert stehen.

Er war sehr jung, obwohl man nicht sagen konnte, wie alt er eigentlich war. Seine Uniform saß knapp und wie angegossen. Sie war übrigens genau so dreckig wie die der Männer. Er trug eine Mütze, deren Schirm schief über die Stirn gezogen war. Sein Gesicht war braun, fast dunkel.

»He«, murmelte er, »was ist das?«

Einer der Soldaten sagte: »Frauen, Herr Leutnant. Ich kam herein und sah hier Frauen liegen.«

»Trottel«, sagte der Leutnant, »sehe ich auch, daß es Frauen sind.«

Die Männer lachten.

Der Leutnant kam nach vorn. Er trug eine schwere Pistole ziemlich vorn am Gürtel. Er kam auf eine unnachahmliche freche Art näher, wie die Ärztin fand. Trotzdem verbeugte er sich korrekt.

»Wer sind Sie? Woher kommen Sie? Gehören Sie in dieses Haus?«

Die Ärztin erhob sich. Sie schälte sich aus den Wolldecken und trat neben den Offizier.

»Drei Fragen auf einmal. Wollen Sie nicht erst mal diese schamlosen Leute hinauswerfen?«

»Hinaus«, winkte der Leutnant mit der Hand, ohne den Blick von der Ärztin zu lassen.

Die Männer gingen. Sie gingen zögernd, und sie lachten, als erzählten sie sich Witze.

Der Leutnant sah alle schweigend an.

Etwas länger betrachtete er Helene Asmussen.

»Dies ist Frontgebiet. Was machen Sie hier?«

»Sie werden lachen, wenn wir es Ihnen sagen.«

»Ich lache selten«, grinste der Leutnant etwas und entblößte tadellose Zähne. »Seit einigen Wochen schon gar nicht mehr.«

»So werden Sie jetzt lachen. Uns sind unsere Söhne durchgebrannt. Von der Schule. Fünfzehnjährige Jungens, die an die Front gelaufen sind.«

»Vierzehn«, sagte die Pastorin schwach und sah den Leutnant an.

»Lachen Sie«, sagte die Ärztin grob.

»Nee«, sagte der Leutnant, »ich muß mich setzen.« Er angelte mit dem Fuß einen Stuhl heran und setzte sich. Aber dann lachte er doch.

»Sehen Sie?«

»Sie wissen nicht, weshalb ich lache.«

Er schob seine Pistole nach vorn und starrte Helene Asmussen an. Die Ärztin sah, daß er lange, dünne, aber harte Hände besaß. Sie sahen aus, als gehörten sie gar nicht zu ihm.

»Und –?« fragte er.

»Was und –?« rief die Bergmann, »wir holen sie und wenn Sie sich auf den Kopf stellen, wir holen sie. Ich nehme ihnen die Gewehre ab und hole sie.«

Der Leutnant betrachtete die Bergmann interessiert.

»Ich will Ihnen mal was sagen«, grinste er, »wenn ich einen Zylinder hätte, würde ich ihn ziehen. Ganz feierlich würde ich ihn ziehen. Aber ich habe keinen Zylinder. Ich glaube nicht, daß ich überhaupt noch einmal einen Zylinder tragen werde. Ich würde also meinen Zylinder ziehen, und das wäre gleichzeitig alles, was ich für Sie tun könnte.«

»Wieso?« – die Pastorin verstand nicht.

»Wieso?«

Er lachte. Er lachte auf eine verhaltene, vollkommene Weise. Er saß locker auf dem Stuhl, ohne jede Anspannung. Er war auf eine unglaubliche Weise natürlich.

»Gehen Sie nach Hause«, sagte er halblaut, »gehen Sie schnell nach Hause, ehe Sie Ärger haben.«

»Mit wem –?« rief wild die Bergmann. »Wir haben Ihren General schon fertiggemacht. Der konnte nicht mehr piep sagen.«

Er lachte wieder.

»Ich trau's Ihnen zu«, lachte er, »obwohl ich vor zehn Minuten nicht einmal im Traum daran gedacht hätte. Ich sehe Sie an und traue es Ihnen zu. Wieviel sind Sie?«

»Sieben.«

»Sieben tapfere Mütterlein.«

Helene Asmussen erschauerte etwas.

Der Leutnant sah es. »Keine Angst, gnädige Frau«, sagte er mit sonderbarer Höflichkeit, ohne sein Grinsen vom Gesicht zu verlieren, »die Sprache macht es nicht.«

Er hatte die Hand auf der Pistolentasche liegen. »Fahren Sie weg. Es gibt 'ne Menge Ärger, den Sie nicht übersehen können. Der kommt gar nicht von Generälen. Der kommt vom Krieg an sich.«

»Keine Angst davor«, sah die Bergmann den Leutnant schief an.

Er lachte wieder.

»Haben Sie meine Leute gesehen?«

»Unerzogene Lümmel«, sagte die Bergmann.

»Das ist ein sonderbarer Haufe«, sagte der Leutnant halblaut, »das können Sie nicht so sehen. Sie haben noch keinen Blick dafür. Das sind Leute, die ich aufgelesen habe. Das verstehen Sie alles nicht, und das ist gut so. Das sind Versprengte, wissen Sie? Die hat man gesammelt in Frontleitstellen, in Wartesälen und auf der Straße. Dann hat man sie mir in die Hand gedrückt und gesagt: Los, geh mit denen ein bißchen an die Front. Die wollen natürlich gar nicht. Die haben die Nase voll. Die kennen den Ärger ganz genau. Die haben so 'n bißchen im Straßengraben gelegen und haben gedacht – ich weiß nicht, woran sie gedacht haben, an Zuhause, an sowas wie ihr seid, an ihre Mütter vielleicht, an irgend etwas, was beruhigt. Aber –«, sah er die Frauen an, »es nützt ihnen gar nichts, sie müssen wieder hin. Sie müssen krepieren –«

»Warum erzählen Sie das?« fragte die Ärztin.

»Ich sag's nur, damit Sie begreifen, daß so 'n paar private Gedanken nichts nützen. Sie haben da auch so 'n privaten Gedanken und der wird Ihnen auch nichts nützen. Sehen Sie, deswegen habe ich gelacht, weil Sie das nicht wissen.«

Die Kordes richtete sich auf: »Gott wird uns helfen. Er wird uns beistehen. Er wird uns nicht verlassen in unserer Not.«

Der Leutnant sah sie unbewegt an.

»Gott ist bei uns. Gott ist mit jeder gerechten Sache.«

»Hören Sie auf«, sagte der Leutnant wieder, mehr nicht. Er betonte es gar nicht. Seine Stimme war vollkommen gleichgültig. Er richtete den Blick wieder auf Helene Asmussen.

Sie sah betörend aus. Die Wolldecke zeichnete ihre Figur nach. Er sah einen Zeh hervorlugen, einen weißen, zarten Zeh. Helene zog den Fuß an.

Auf dem Gesicht des Leutnants verriet sich nichts.

Er stand auf. »Ziehen Sie sich an.«

»Warum?« fragte die kleine Seliger furchtsam.

»Es ist besser. Ich bleibe mit meinen Leuten ein paar Stunden hier. Es gibt weiter kein Haus als dieses.«

Er stand auf, verbeugte sich und ging. Er ging geschmeidig bis an die Tür, drehte sich nicht um, sondern zog die Tür fast behutsam hinter sich zu.

Die Frauen kleideten sich an.

Draußen nahm der Lärm zu. Die Männer schienen tatsächlich im Keller etwas Trinkbares gefunden zu haben. Man hörte ihre Stimmen sonderbar hohl und gespenstisch, als seien es gar keine menschlichen Stimmen, als seien sie ins Unbegreifliche verzerrt.

Die Frauen zogen sich an.

Helene Asmussen fror etwas und warf das Kleid über. Ihre Bewegungen waren mechanisch.

Die kleine Maltzahn sagte: »Der Leutnant sieht schick aus, nicht wahr? Und mit Religion hat er bestimmt nichts im Sinn.« Sie kicherte etwas und zog sich ganz geschwind und fahrig an, während sie sagte: »Die kommen bestimmt noch hier rein. Ich glaub's, daß sie hier reinkommen.«

Alle waren sehr müde und aufgeregt. Die Bergmann rollte ihre schwarzen Strümpfe hoch und meinte: »Das ist ein ganz verlorener Haufe, scheint mir. Ob sie alle so werden, wenn sie den Krieg so lange mitgemacht haben?«

»Alle«, sagte die Ärztin. »Das hält keiner aus. Sie werden so, wie sie's am besten aushalten. Und wenn eben viel auszuhalten ist, werden sie so, wie sie's am besten ertragen. Guckt sie euch an, und dann wißt ihr, wie es um alles steht. Alles steht so, wie sie aussehen. Wie sie so im allgemeinen aussehen.«

»Das ist mir ganz egal, wie sie aussehen«, sagte die Bergmann, »es sind arme Schweine.«

»Der Leutnant sah aber schick aus«, sagte die kleine Maltzahn, »er sah so aus, wie es ihm steht.«

Die Ärztin lachte verächtlich.

Die Soldaten kamen übrigens wirklich wieder herein.

»Seid ihr angezogen?« fragte einer, »vorhin saht ihr alle netter aus.«

»Halt's Maul«, rief der Leutnant und setzte sich mit einem Feldwebel, der eine Maschinenpistole vor der Brust trug, an einen Tisch. Sie schnitten Brot ab und schmierten es mit breiten Messern.

Es waren etwa dreißig Männer, und die meisten kamen jetzt erst in den Raum.

Der Leutnant legte die Mütze auf den Tisch, und man sah, daß er eine ganz junge und fast zarte Stirn hatte. Wie ein Knabe sah er aus.

Einer der Männer ging auf die Frauen zu. Es war ein älterer Mann, und er schob sich einen Stuhl heran.

»Gestatten Sie?« sagte er. Er hatte ein kleines Bäuchlein, aber auch er sah sehr dreckig aus.

»Ich habe gehört«, sagte der alte Soldat leise, »was Sie wollen. Ich hab's gern gehört. Ich war etwas verwundert, aber ich hab's gern gehört.«

Der Leutnant kaute und sah spöttisch herüber.

Der Soldat hatte eine blasse, alte, runzlige und unsaubere Stirn. Er sah wie ein Handwerksmeister aus und betrachtete die Frauen reihum mit schweigender Sympathie.

»Aber es hat keinen Zweck«, sagte er leise und lächelte ein wenig, »es wird nicht viel Zweck haben. Wenn ich sie sehe, Ihre Jungens meine ich, dann werde ich sagen, daß ich Sie getroffen habe.«

»Das ist schön«, sagte die Bergmann robust, »aber ich sag's ihnen selber.«

Ein anderer, blasser Soldat machte sich an Helene heran. »Ich habe mir die Hände gewaschen«, sagte er, »es gibt hier Wasser, und ich dachte gleich, daß es dazu kommen würde, mit Ihnen zu sprechen. Aber ich mußte mir erst die Hände waschen.« Er betrachtete seine Finger, die noch ganz kalt und rot waren. »Ich habe lange niemanden mehr gesehen. Frauen meine ich. Ich komme direkt aus Rußland, und man konnte sich um nichts kümmern. Um Frauen meine ich.«

Er betrachtete immer noch seine Finger.

»Ich kriege sie nicht mehr hin. Aber ich habe immer gedacht, einmal wäschst du dir deine Finger mal richtig, und dann bist du in Deutschland.«

Die Ärztin starrte ihn schweigend an, während Helene sagte: »Ich versteh's, ich kann's wirklich verstehen, was Sie sagen.«

»Ja«, sagte der Soldat. »Der Dreck ist das Schlimmste. Man weiß gar nicht, wie man ihn los wird.«

Helene schauderte etwas. Sie hätte dem jungen Menschen gern ihre Hand auf die Schulter gelegt, aber sie wagte es nicht. Sie saß ganz starr und unglücklich da.

»Gehen Sie nicht nach vorn«, murmelte der Soldat wieder. »Sie haben keine Ahnung wie dreckig man wird.«

Ein anderer machte sich an die kleine Maltzahn heran. »He, Mädchen«, sagte er, »willste die Jungfrau von Orleans spielen?«

Aber Inge wußte gar nicht, was das war.

Sie schielte zu dem Leutnant hinüber, doch der hatte seinen schmalen Jungenkopf auf den Tisch gelegt, während der Feldwebel steif über ihn hinwegsah und kaute.

Andauernd ging die Tür auf und zu, und die Ärztin sah, daß sie draußen eine Wache hingestellt hatten. Ab und zu blickte der Posten kurz herein, und man sah sein Gewehr, das ihn überragte.

Der Soldat lachte lustig und flüsterte der kleinen Inge zu: »Ich geh' mal raus.«

»Tu doch«, sagte Inge.

»Ich tu's wirklich«, sagte der Soldat und grinste. »Ich geh' raus und stell' mich draußen hin.«

»Will ich gar nicht wissen«, sagte Inge schnippisch.

»Ich sag' nur, daß ich nach draußen geh'«, sagte der Soldat und sah sie an. »Nein«, verbesserte er sich plötzlich, »nicht nach draußen. Da haben sie'n paar Wächter hingestellt. Die gucken gerne zu. Bei sowas gucken sie gerne zu.«

»Bei was?«

»Nun ja«, grinste der Soldat, »du weißt doch, was ich meine, ich geh' nach hinten raus. Da ist ein Hof, der ist sehr dunkel. Da sieht uns kein Mensch. Kommst du?«

»Ich weiß gar nicht, wovon Sie reden.«

»Ich auch nicht«, lachte der Soldat, »ich auch nicht.« Er stand mit einem Ruck auf.

»Ich geh' nach draußen. Es merkt keiner. Gleich links um die Ecke. Ich warte.«

Er ging langsam hinaus.

Der Leutnant lag immer noch mit dem Kopf auf dem Tisch. Seine Schulterblätter hoben sich dünn und scharf ab, fast wie bei einem jungen Pferd.

Es war gegen zwei Uhr und draußen nichts zu hören. Die meisten Männer saßen herum und schwiegen. Die Müdigkeit ließ ihre Gesichter alt und verfallen aussehen.

Die Toreinfahrt draußen war ziemlich breit und gepflastert. Der Soldat stand und rauchte.

»Was stehst du da rum?« fragte der Posten.

»Laß mich nur stehen«, sagte der Soldat und hielt ihm eine Zigarette hin, die der Posten gleich einsteckte.

»Laß mich mal an deiner ziehen«, meinte er, rauchte ein paar tiefe Züge und fragte noch einmal: »Du stehst hier ganz komisch herum. Hast du was vor?«

»Ja«, sagte der Soldat und steckte eine Hand frierend in die Tasche. »Ich hab' da mit einem Mädchen gesprochen. Vielleicht kommt sie.«

Der Posten lachte meckernd. »Die kommt nicht.«

»Warum soll sie nicht kommen?«

»Hat sie gesagt, daß sie kommt?«

»Ich glaub', daß sie kommt. Ich geh' in den Hof mit ihr. Blende ja nicht mit deiner Taschenlampe rum.«

»Ist sie hübsch?« fragte der Posten.

»Ziemlich. So ganz lang und dünn. Ich glaub', daß sie hübsch ist.«

»Die kommt nicht.«

»Red doch nicht«, sagte der Soldat nervös, »warum soll sie nicht kommen? Es wär zu schön, wenn sie käme. Ich möchte es nochmal tun, verdammt nochmal. Irgendwie hab' ich das Gefühl, das ist so eine letzte Gelegenheit. Sie ist ganz lang und dünn. Schmal, verstehst du, so wie sie sind, wenn sie ganz jung sind.«

»Du bist ein Schwein.«

Der Soldat zuckte unruhig die Schultern.

»Nee. Finde ich nicht. Ich bin nur plötzlich so verrückt darauf. Es hat mir nie was ausgemacht, aber jetzt möchte ich. Ich kann dir gar nicht sagen, wie sehr ich möchte.«

»Die kommt nicht«, lachte der Posten, und der Soldat stand

ganz schweigsam in seiner Ecke. Man sah ihn kaum in der Dunkelheit.

Die Bergmann aber starrte das Fenster an. »Sobald es hell wird, gehen wir los«, sagte sie mit rauher Stimme, »der muß uns mitnehmen, der Junge da«, sie wies auf den Leutnant, der immer noch wie ein Toter mit dem Kopf auf dem Tisch lag.

Der Posten ging auf die Straße hinaus. Es war eine neblige Nacht, und er dachte, ob er sich vielleicht die Zigarette anstecken könnte. Doch fiel ihm der Leutnant ein. Das war ein scharfer Hund. Und er kannte ihn nicht. Bis gestern kannte er ihn nicht. Und bei denen, die man nicht kannte, mußte man vorsichtig sein.

Er sah in die Nacht hinaus und kehrte dann um. Er stand wieder in dem breiten Gang und ging schlaff ein paar Schritte.

»He«, rief er leise.

Aber der Soldat, der auf das Mädchen wartete, war nicht mehr da.

Der Posten grinste etwas. Vielleicht ist sie doch gekommen, dachte er, und der Hund steht auf dem Hof. Was hatte er gesagt: Lang und dünn war sie, so wie sie sind, wenn sie ganz jung sind.

Der Posten rührte sich etwas. Er hätte verdammt Schwein gehabt, wenn sie gekommen ist. Der Gedanke beunruhigte ihn, daß irgendwo im Dunkeln vor ihm etwas so unheimlich Schönes passieren sollte.

Er ging auf den Hof zu. »He«, sagte er und grinste ärgerlich. Aber er hörte kein Geräusch.

Dafür hörte er es jetzt in einem der leeren Zimmer, deren Fenster auf den Hof hinaus gingen. Vielleicht war es ihnen draußen zu kalt, dachte der Posten, es gab ein paar gute Betten nebenan.

Er hörte den Fensterflügel.

Er stand und wartete. Mir soll es egal sein, dachte er müde, aber dann beunruhigte es ihn doch. Ganz plötzlich geriet er in eine kleine Wut. Ich geh' hinein und sag's dem Schwein, dachte er und ging durch die Türen hindurch. Er leuchtete mit seiner Stablampe und sah den Soldaten gleich.

Er war in Zivil und hatte einen Fensterflügel aufgestoßen.

»Hallo«, sagte der Posten erschrocken.

Der Soldat war sehr blaß. »Nicht gekommen. Sie ist nicht gekommen«, murmelte er und hielt dem Posten eine Zigarette entgegen.

Der nahm sie und steckte sie gleich ein.

»Was hast du denn da angezogen?« fragte er.

»Es lag da«, murmelte der Soldat und wurde immer blasser. Er hatte plötzlich gar keine Farbe mehr im Gesicht. Er trug eine lange schwarze Hose und eine Jacke, die er noch nicht zugeknöpft hatte, so daß man seinen unsauberen Militärpullover sah.

»Hör mal«, sagte der Soldat leise, »laß mich gehen. Dreh dich um, und ich gehe. Es ist alles meine Sache, ich geh' durch's Fenster, und kein Mensch hat mich gesehen.«

Der Posten bekam trockene Lippen.

Der Soldat sagte: »Dieses Mädchen hat mich ganz fertiggemacht. Sie kam nicht, und ich hatte es mir vorgestellt. Alles habe ich mir schon vorgestellt. Das hat mich so fertig gemacht –«

»Da habe ich nichts mit zu tun«, sagte der Posten rauh.

»Nein, nein«, beeilte sich der Soldat zu sagen, »ich sag's nur. Ich will dir's erklären. Ich hab' mir das vorgestellt, und es hat mich ganz fertiggemacht. Ich hab' so eine Ahnung, als ob es mir nie wieder passieren würde. Sowas, du verstehst. Ich weiß es genau, daß ich es nie mehr erlebe. Sowas. Ich hab's nicht ausgehalten. Ich möcht's gern nochmal tun. Wenn sie gekommen wäre –«, sagte der Soldat, und seine Stimme bekam etwas Flehendes, »dann hätte ich dies nicht angezogen, um abzuhauen. Ich wär' ganz zufrieden gewesen. Sie hätten alles mit mir machen können.«

»Damit habe ich auch nichts zu tun«, sagte der Posten verdrossen.

»Nein, nein. Ich meine, du brauchst nichts davon zu sagen. Ich geh' durchs Fenster, und alles ist gut. Es kann dich ja keiner verantwortlich machen. Du hast ja nicht überall Augen.«

»Das hat mit meinen Augen gar nichts zu tun«, murrte der Posten.

»Doch«, sagte der Soldat. Er streckte dem Posten noch eine Zigarette hin. Der nahm sie und steckte sie wieder weg wie die anderen.

»Ich will dir mal was sagen«, sagte er, »zieh die Klamotten da aus und die richtigen an.«

Der Soldat sah auf das Häufchen seiner zusammengeknüllten dreckigen Uniform. Er fuhr mit seinen Händen nachdenklich an sich herunter, und sein Gesicht bekam einen ganz störrischen Ausdruck.

»Nein –«

»Sei kein Idiot«, rief der Posten, »du hast mir drei Zigaretten gegeben, und mehr kann ich dafür nicht tun –«

»Nein«, sagte der Soldat und lächelte abwesend. Er sah plötzlich aus, wie Irrsinnige aussehen, wenn sie ganz sanft und ganz hartnäckig sind.

»Nein, ich tu's nicht. Ich kann's nicht mehr –« sagte er hilflos. »Ich krieg' sie nicht mehr an.«

Er sah den Posten an.

»Laß mich gehen. Ich scheiß jetzt auf alles. Ich muß gehen. Ich gehe durch's Fenster und über den Hofzaun.«

»Du bist verrückt«, rief der Posten. »Dieser Leutnant ist ein ganz scharfer Hund. Der nimmt mich auf den Zahn, wenn einer fehlt –«

Der Leutnant im Zimmer erwachte.

Er hob den Kopf und war weder schläfrig noch müde. Er sah gleich auf seine Uhr.

»Drei. Wir müssen gehen.«

Der Feldwebel packte seine Sachen zusammen.

Die Bergmann kam watschelnd auf ihn zu.

»Sie fahren doch nach vorn?«

»Ja.«

»Sie nehmen uns mit.«

»Nein.«

»Natürlich nehmen Sie uns mit.«

»Nein«, sagte der Leutnant wieder gleichmütig.

»Sie kommen keinen Schritt von der Stelle ohne uns«, sagte die Bergmann barsch.

Er lächelte.

»Das Schreckliche ist, daß Sie keine Ahnung haben. Keiner von uns hat irgendwelche Ahnung.«

Der Feldwebel pfiff jetzt, und alle Leute standen auf.

In diesem Augenblick öffnete sich die Tür, und der Posten kam herein.

Er sagte gar nichts. Doch neben ihm stand der Soldat, noch in dem schwarzen Anzug, der irgend jemandem gehörte, der nun über alle Berge war. Seine Jacke hing noch immer offen, und man sah den dreckigen Pullover.

Der Leutnant blickte scharf hin.

Alle Männer schwiegen plötzlich. Manche standen so erstarrt, als hätten sie aufgehört zu atmen.

Der Leutnant ging geschmeidig auf die beiden zu.

»He«, sagte er und starrte den Deserteur an, »ist der Krieg aus?«

Ein paar Männer lachten, aber das Gelächter hörte gleich wieder auf.

»Wolltest du Schluß machen?« fragte der Leutnant halblaut.

Ich wußte ja, dachte der Posten, daß er ein scharfer Hund ist. Und er war froh, daß er es so gemacht hatte.

Der Soldat öffnete den Mund. Es war eine ganz willenlose Bewegung, aber er brachte nichts heraus.

»Was denn?« rief die Bergmann, »wollte er abhauen?«

Der Leutnant federte herum. Die Stimme der Bergmann klang grell und hart.

»Wollte er abhauen?« fragte sie noch einmal und kam näher, »nach rückwärts?«

»Ja«, antwortete der Leutnant.

Die Männer schwiegen. Es war plötzlich ganz still.

»Recht hat er«, fuhr die Bergmann auf, »recht hat er. Man kann doch keinen Menschen mehr in den Tod schicken. Jetzt doch nicht mehr.«

»Ist der Krieg aus?« fragte der Leutnant diesmal die Bergmann.

»Hören Sie auf mit Ihrem ›Ist der Krieg aus?‹ Ich sage nur, daß er recht hat. Alle haben recht, wenn sie Schluß machen. Keiner tut den Mund auf, um das zu sagen, was ich sage: Recht hat er.«

Die Männer rührten sich etwas. Sie bewegten sich alle ohne erkennbaren Sinn. Es war wie eine plötzliche Unruhe, in der etwas Gefährliches zutage trat.

Der Leutnant stand ganz ruhig. Er lächelte ganz leicht, aber sehr ernst.

»Hören Sie auf mit Ihrem Grinsen«, schrie die Bergmann, »das ist ein Mann, der nach Hause will, weiter nichts. Alle wollen nach Hause, und auch unsere Kinder sollen nach Hause. Endlich mal sollen alle nach Hause gehen –«

Der Leutnant sah immer noch blaß lächelnd über seine Männer.

»Habt ihr gehört?« sagte er.

Und die Männer sahen sich an. Einige schluckten, andere bewegten willkürlich ihre Hände. Und dann lachte einer ganz kurz, und dann lachten zwei, und dann lachten plötzlich alle.

Es war ein ganz entsetzliches Gelächter.

Helene Asmussen schauderte, und ihr Herz stockte. Die Ärztin schluckte, daß ihr Halsknorpel steil vorsprang.

Das Gelächter war brüllend, und einige schlugen sich auf die Schenkel.

Der Leutnant behielt sein Lächeln. Es wurde nicht mehr und nicht weniger. Er wandte sich an den Feldwebel, der die Maschinenpistole heruntergenommen hatte. Er klemmte ein Magazin ein, und das Gelächter brach sofort ab.

Der Leutnant wandte sich an den Deserteur.

»Nicht wahr, Sie wollten abhauen?«

Der Soldat nickte. Er fuhr fahrig über den Stoff des Zivilanzuges.

»Sie wissen, was das heißt?«

Er nickte wieder, und sein Blick hatte gar keinen Ausdruck.

»Wir haben keine Zeit«, murmelte der Leutnant, »wir fahren gleich ab.«

Er wandte sich wieder knapp an den Feldwebel. »Mach's draußen.«

Der Feldwebel nickte und ging hinaus. Der Posten und der Deserteur verschwanden, und die Tür knallte zu.

»Was –«, ächzte die Bergmann, »was wird mit ihm gemacht?«

»Er wird erschossen«, sagte der Leutnant.

Die Bergmann stand schrecklich hilflos da, die Ärztin biß sich auf die Lippen, während die kleine Maltzahn einen erschrockenen Ruf ausstieß.

»Unsinn«, sagte die Bergmann mechanisch und schlaff, »das ist doch Unsinn. Man kann doch keinen Menschen erschießen, weil er nach Hause will.«

»Es geht nicht anders«, sagte der Leutnant fast sanft.

»Doch, doch«, sagte jetzt auch Helene.

»Es muß doch eine andere Lösung geben. Ich bitte Sie herzlich«, Helene bekam eine bebende Stimme, »man kann doch nicht so ohne weiteres einen Menschen –«

»Doch, neuerdings auch ohne weiteres –«

»Ich bitte Sie –«

Die kleine Seliger rief: »Nicht doch. Sie werden es doch nicht tun lassen. Ich verstehe davon nichts, vielleicht haben Sie irgendwelche Anweisungen –«

»Ich habe sie«, sagte der Leutnant.

Die Kordes rief bebend: »Sie haben sie nicht von Gott.«

»Nein, von Gott nicht«, sagte der Leutnant.

»Und was nicht von Gott ist, darf man nicht tun.«

Sie kam mit gefalteten Händen näher. »Machen Sie es nicht. Ich bitte Sie herzlich.«

Die Seliger schnellte dazwischen: »Es wäre entsetzlich, bitte.«

Die Pastorin schob ihr marmorweißes Gesicht nach vorn: »So etwas darf doch nicht so aussehen –«

»Es sieht immer so aus.«

»Man muß den Mann doch anhören. So etwas kann doch nicht im Handumdrehen beschlossen werden –«

»Neuerdings doch.«

»Nein. So etwas geht doch nur nach einer ordentlichen Besprechung. So etwas habe ich mir immer sehr ernst, sehr verantwortungsvoll, sehr – feierlich vorgestellt –«

»Es ist nicht mehr feierlich. Wir haben keine Zeit, feierlich zu sein. Es ist auch nichts zu besprechen. Es ist eine Sache, über die man gar nicht nachdenken muß.«

Die Ärztin rief grell: »Sie sollten darüber nachdenken.«

Der Leutnant, der seine Antworten fast nachsichtig gefällig gab, lächelte etwas: »Wer sagt Ihnen, daß ich nicht nachdenke?«

»Hier sind sieben Frauen –«, begann Helene noch einmal.

»Es ist sicher eine Angelegenheit für Männer, aber nehmen Sie Rücksicht darauf, daß wir Sie bitten.«

Die Männer hörten wieder alle schweigend zu.

Der Leutnant zog seine Mütze in die Stirn.

»Ihn nicht zu erschießen, wäre Mord. Sie begreifen es vielleicht nicht, aber es ist so. Mord an ganz anderen Leuten, zu denen wir alle gehören. Ihn zu erschießen ist –«

»Auch Mord«, sagte die Bergmann.

»Vielleicht«, zuckte der Leutnant die Schultern.

»Was soll ich da nun machen? Das ist eine schlechte Wahl, nicht wahr, die Wahl zwischen Mord und Mord.« Seine Stimme wurde etwas lauter.

»Ich sag's, damit Sie wissen, daß ich in der Tat nachgedacht habe, obwohl es ziemlich fruchtlos war. Mord oder Mord, das ist eine herrliche Frage an ein Gewissen, was? Aber –«, starrte er sie an, »dafür kann ich nichts. Haben Sie nicht von Gott gesprochen?« fragte er herrisch die Kordes.

»Ich war es«, sagte sie, »ja, ich war es. Ich sprach von Gott. Ich werde immer von Gott sprechen.«

»Tun Sie es«, sagte der Leutnant halblaut, »und fragen Sie, was ich mit Mord oder Mord zu tun habe und wir alle hier –«

In diesem Augenblick hörte man eine schnelle Folge von Schüssen.

Sie klangen ganz dünn. Der Feldwebel mußte weitab gegangen sein. Es waren ganz farblose Knälle, als ob sehr fern jemand an eine Tür klopft.

»Auf«, rief der Leutnant, und die Männer gingen hinaus. Sie gingen gleich auf die Straße, und der Lastwagen sprang an. Das Motorengeräusch zerhämmerte brüllend die Nacht. Es blieb eine ganze Weile, bis der Feldwebel zurückkam.

Er setzte sich nach vorn zum Leutnant und reichte die Maschinenpistole hoch.

»War's schlimm?« fragte der Leutnant.

»So schlimm, wie es immer ist«, sagte der Feldwebel, »hast du 'ne Zigarette da?«

Der Leutnant gab sie ihm, und der Feldwebel steckte sie sich an.

»Los«, sagte er, »wir können losfahren.«

Die Frauen standen immer noch wie gelähmt.

Sie hörten den Wagen davonfahren und das Geräusch schließlich in der Ferne verschwinden.

Die Pastorin sagte: »Ich habe nicht gedacht, daß es so leise ist. Es war doch fast gar kein Geräusch. So als poche es ein paarmal.«

Helene Asmussen zog die Brauen zusammen. »Ich dachte, er hätte es nicht gemacht. Ich bin ganz erstaunt, daß er es doch gemacht hat.«

»Warum?« fragte die Ärztin.

»Wir baten ihn doch alle«, murmelte Helene, »es war doch ganz – ganz schrecklich, wie wir ihn baten. Als Frau Kordes auf ihn zuging und die Hände erhoben hatte, als wolle sie beten – ich dachte, es müßte ihn milder stimmen. Aber es hat gar nichts bewirkt.«

Die Ärztin lachte.

»Es wird eine harte Sache. Wollen wir weiter?«

Die Bergmann rief: »Ja. Wenn man mich fragt, ich gehe weiter. Ich hab's mir vorgenommen und ich tu's.«

Alle sagten es, und die Pastorin bekräftigte es: »Gerade jetzt wo ich sehe, wie einfach es ist, einen Menschen umzubringen, und wie schwer, es zu verhindern, gerade jetzt möchte ich nicht aufhören, es verhindern zu wollen.«

Und sie saßen stumm da, bis der Morgen kam.

»Ich sage Ihnen doch«, rief der kleine Feldwebel, »Sie können nicht weiter. Hier ist effektiv Schluß. Dort hinten sind effektiv die Russen –«

»Effektiv«, murmelte die Bergmann, »effektiv die Russen. Schön, wie Sie das sagen –«

»Ich finde gar nichts schön daran«, sagte der Feldwebel unsicher. »Wir sind hier ganz vorne, und vor uns nur die paar hundert Mann, die der Russe heute nacht bestimmt kassiert.«

»Kassiert –«, murmelte die Bergmann, »eine schöne Ausdrucksweise, dieses ›kassiert‹. Haben Sie noch mehr so Sachen?«

»Mir reicht's«, sagte der Feldwebel, »mir reicht's, und uns allen, die wir hier sind, reicht's.«

»Ich dachte«, meldete sich die Pastorin, »eine Front sähe ganz anders aus. Mehr wie eine Linie. Ich habe mir immer vorgestellt, eine Front ist eine Linie, und es würde andauernd geschossen –«

»Nee«, sagte der Feldwebel, »geschossen wird nicht immer. Die meiste Zeit wird sogar nicht geschossen, und das ist viel schlimmer.«

Helene sah über einen sanft abfallenden Hang hinweg, der warm und strahlend in der Sonne lag. Er sah ganz leer und harmlos aus. Es standen ein paar Bäume und Büsche malerisch verteilt, und im blauen Dunst stieg jenseits ein Hügel waldbestanden auf. Die kleine Stadt lag friedlich vor ihnen, und es war unglaublich, daß dort Vernichtung, Tod und Untergang sein sollten.

Der Feldwebel saß schlaff auf einem Baumstamm. Er hatte einen trockenen Ast in der Hand und zeichnete sinnlos Figuren in den sandigen Boden.

Etwas abseits lagen ein paar Mann im Grase. Einige lang auf dem Rücken. Sie schliefen und bewegten sich gar nicht.

Andere saßen mundfaul aufrecht. Es standen ein paar Kisten in der Nähe, gefüllt mit Handgranaten. Ein MG war auf zierlich ausgestreckten stählernen Beinchen postiert und sah nach gar nichts Besonderem aus.

Der Feldwebel mochte etwa zwanzig Jahre alt sein. Sein Gesicht war spitz und etwas eingefallen.

»Was machen wir?« fragte die Ärztin düster.

»Sie können nichts machen«, warf der Feldwebel ein, »ich rate Ihnen, nichts zu machen. Sie sollten mir wirklich glauben, daß jedes Weitergehen absolut lebensgefährlich ist.«

Die Ärztin starrte ihn an.

Er hatte gepflegte weiche Hände.

»Was sind Sie?« fragte die Ärztin.

»Ich bin Philologie-Student«, antwortete der Feldwebel höflich und seufzte. »Ich möchte, ich wäre in der Lage wie Sie, und ich könnte aufstehen und weggehen. Das sollten Sie in der Tat tun. Ich kann es nicht –«, sagte er langsam und setzte dann noch ruhig hinzu: »Ich bin nämlich kein Soldat, müssen Sie wissen. Ich meine, von Natur aus. Das macht für mich alles sehr viel aus, daß ich kein Soldat, kein Soldat im eigentlichen Sinne bin.«

Er errötete etwas und sah die Frauen forschend an.

»Ich hab's versucht, aber ich bin es nun mal nicht. Sie haben keine Ahnung, wie schlimm das ist.«

Er lächelte schwach: »Ich weiß immer, wie ich heiße. Und das ist nicht gut. Es sollte einem nicht mehr so leicht einfallen, wie man heißt. Richtigen Soldaten fällt das auch nicht mehr ein. Nur mir fällt es immer ein, und daran merke ich, daß ich kein Soldat bin –«

»So –«, sagte die Bergmann und dachte: Was schwätzt er da für Zeug? Er sollte uns einen Rat geben, aber dazu taugt er nicht.

Der Feldwebel sah ungewiß zum Horizont hinüber.

Er sagte: »Wenn man schießt, ist es ja gut. Dann hat man an nichts weiter zu denken. Aber es wird eben nicht immer geschossen. Hier haben wir seit zwei Stunden nicht geschossen. Und das macht die Sache sehr schlimm.«

Er wurde etwas munterer.

»Ich denke über Sachen nach, die sehr nutzlos sind. Ich habe einmal mitten in einem Angriff gelegen. Ich hatte das Gesicht im Dreck, und wir befanden uns in einer Lage, in der wir alles über uns ergehen lassen mußten. Ich lag da und dachte: Da liegst du nun. Du bist aus Spandau und wohnst in der Humboldtstraße. Was für ein Quatsch, daß du hier liegst! Was ist das bloß für ein Quatsch, daß du hier mit dem Gesicht im Dreck liegst! In gewisser Weise ist es auch Quatsch, daß ich hier sitze. Alles ist ein gewaltiger Quatsch, und das weiß ich in jeder Sekunde.« Er seufzte: »Und das ist schlecht, man ist mit sowas kein Held. Man kann nie einer werden.«

»So –«, sagte die Bergmann, »gut und schön, aber nun passen Sie mal auf.«

Sie streckte die Hand aus und wies auf die kleine Stadt.

»Da hinten sind unsere Kinder. Wir sind eine Menge gelaufen, um bis hierhin zu kommen. Nun sagen Sie bloß, wie wir da in die Stadt kommen und wie wir unsere Kinder erwischen.«

»Ja«, zuckte der Feldwebel die Schultern, »das weiß ich auch nicht. Ich meine, es geht nicht.«

Die Bergmann starrte ihn an. Ihr massiges Gesicht zuckte nervös.

»Junge«, sagte sie plötzlich mit einer ganz anderen Stimme, »ich muß dahin. Das verstehen Sie vielleicht nicht, aber ich muß dahin –«

»Die Gefahr ist zu groß.«

»Gefahr? Schiet auf die Gefahr«, rief die Bergmann plötzlich mit ihrer ganz aus der Fassung geratenen Stimme. »Was habe ich mit Ihrer Gefahr zu tun? Ich denke nicht an die Gefahr. Sie ist mir piepe, verstehen Sie –?«

»Nein.«

»Das hat mit Gefahr nichts zu tun, daß ich meine Kinder haben will. Ihr könnt mir alle den Hobel blasen. Auch die Russen, verstehen Sie?«

»Nein.«

»Mich können die Russen mal, verstehen Sie –?«

Ihre Stimme wurde immer lauter. Es war ganz klar, daß sie auf diese Weise irgendein gewaltiges Weinen unterdrückte. Die Soldaten starrten sie an, und die Bergmann klappte nervös den Nikkelbügel ihrer Handtasche auf und ab.

Sie sah plötzlich die Schnapsflasche und zog sie ruckhaft heraus.

Sie riß den Korken mit einer wütenden Bewegung heraus und nahm einen gewaltigen Schluck. Sie würgte an dem Schnaps, und etwas davon floß ihr über das fleischige Kinn.

Dann sah sie sich funkelnd um: »Der Junge hatte recht. Das hier ist gut. Das ist eine gute Sache.«

Sie stand auf.

»Ich geh' hinüber. Ich kann einfach nicht umkehren. Ich kann's nicht. Man kann sie doch schon fast sehen.«

Helene blickte auf die kleine Stadt.

Dort irgendwo war Harald. Sie sah sein junges, reines Gesicht. Sie sah es schmerzhaft deutlich vor sich, und wenngleich sie Angst hatte vor der Unheimlichkeit dieses Augenblicks, wurde der Wunsch in ihr mächtig, blindlings hinüberzugehen.

Die Kordes sagte langsam: »Ich gehe auch. Ich gehe gerade hinüber, wenn es sein muß. Gott wird mir helfen. Er wird die Kugeln mit der Hand aufhalten. Sein Angesicht wird über uns leuchten –«

Ihr Gesicht flammte. Sie blickte gegen den Himmel. Ihre Stimme war plötzlich von großer Gewalt. Sie klang stark und gewiß, und es war nicht zu leugnen, daß es einen großen Eindruck machte.

Die Pastorin lächelte unter Tränen: »Sie findet die richtigen Worte. Ich glaube, es würde meinem Manne nicht recht sein, wenn er wüßte, daß ich hinübergehe, ohne auf die Gefahr zu achten. Aber ich tue es. Ich tue es sofort. Ich habe gar keine Angst.«

Die Ärztin lächelte schief und starrte reihum alle an.

»Ich glaube nicht an die Hand Gottes. Das nicht. Ich glaube an ziemlich wenig, aber eins glaube ich sicher, daß ich auch nicht zurückgehe.«

»Wenn Sie gehen«, sagte der Feldwebel schlaff, »dann nehmen Sie einige Verbandpäckchen mit. He! Leute«, wandte er sich an die Soldaten, »gebt eure Verbandpäckchen her.«

Einige der Schläfer erwachten.

Einer von ihnen griff automatisch zum Gewehr.

»Nee«, sagte der Feldwebel, »die Verbandpäckchen. Wer eins übrig hat, soll's hergeben.«

Die Bergmann bekam beide Hände voll. Sie besah sich die kleinen grauen, schmutzigen Päckchen und meinte: »Ach Gott, das ist nichts, glaube ich.«

»Manchmal nützt es etwas«, sagte der Feldwebel.

Die Bergmann stopfte die kleinen Mullpäckchen in ihre Handtasche und zog sich ungeniert die Strümpfe hoch.

»Auf«, sagte sie, »wir gehen.«

Sie trat über die Schläfer hinweg und hob die Handtasche über die Gebüsche.

»Die haben einen guten Schlaf«, sagte die kleine Seliger.

Der Feldwebel starrte sie an.

»Was denn?« meinte er, »die da? Ja, sehen Sie denn nicht, daß die tot sind?«

Helene wurde ganz bleich.

»Das habe ich nicht gesehen«, murmelte sie entsetzt und sah die an, die mit dem Gesicht auf der Erde lagen.

»Sowas sieht man doch«, sagte der Feldwebel. »Ich sehe es immer, wenn welche tot sind. Ich seh's an den Schuhen – obwohl es sicher komisch ist: Ich seh's sofort an den Schuhen –«

Stockend überstiegen die Frauen die Toten und machten sich auf den Weg.

Sie gingen fünfzig Schritt. Und dann waren es hundert und dann noch mehr.

Ihre Gestalten schrumpften zusammen. Sie waren nun ganz klein in der Wiese, die noch grau und ohne saftige Farbe war.

Die Soldaten sahen ihnen nach.

»Wie können die das machen?« sah sich der kleine, blasse Feldwebel um. »Was für ein Wahnsinn, auf diese Weise mitten hineinzulaufen. Nicht mal 'n Toten können sie unterscheiden.«

Ein Gefreiter mahlte mit den Zähnen.

»Ich bin gespannt, wie lange die es machen. Wenn die auf die Straße zugehen, sind sie erledigt.«

Ein anderer rief: »Schon eher. Die bleiben noch in der Wiese liegen.«

Der Feldwebel sagte unruhig: »Ich hab's ihnen ja gesagt. Habt ihr doch gehört, wie ich ihnen alles erklärt habe.«

»Ja, ja, noch in der Wiese, sage ich.«

»Oder auf der Straße.«

»Ob sie sich hinschmeißen werden?«

»Die nicht.«

»Und wie die sich hinschmeißen. Paß mal auf. Die liegen gleich flach. Und dann schreien sie, und wir sollen sie holen.«

»Ich nicht. Ich rühr keinen Fuß von der Stelle.«

»Was willste machen?«

»Höchstens wenn sie schreien.«

»Auch wenn sie nicht schreien.«

»Wenn sie schreien, hole ich sie. Schreien kann ich nicht hören.«

Die Frauen schmolzen in der weiten Fläche zusammen. Sie waren klein wie Punkte.

Die Stadt lag immer noch wie in einer Schüssel.

Am jenseitigen Hang blitzten ein paar Punkte auf. Dünn und blitzschnell.

»Sie rotzen sowieso in die Stadt«, sagte einer.

»Ich war ganz fertig«, sagte der Feldwebel, »als sie sagten, die da hätten einen guten Schlaf. Die haben einfach nicht gesehen, daß die tot sind. Man sieht's an den Schuhen, habe ich immer gefunden. Daß die es nicht gesehen haben.«

Die Frauen erklommen jetzt die Böschung und betraten die Straße.

Es war eine glatte, sandige Straße. Es standen keine Bäume an den Seiten, und die Straße senkte sich sanft, glatt und lang wie ein Band der Stadt entgegen.

Die Bergmann stapfte vorweg.

Sie ruderte entschlossen mit den Armen.

Ihre schwarzen, plumpen Schuhe bedeckten sich mit Staub. Sie zog ein etwas unglückliches, grimmiges Gesicht. Sie blieb immer einen halben Schritt voraus.

Helene ging wie im Traum. Es war ihr etwas, als habe sie das Gleichgewicht verloren und als müsse sie die Arme ausstrecken, um es zu bewahren.

Sie fühlte es sofort, daß es eine schreckliche Straße war, wie sie nie vorher eine Straße erlebt hatte.

Sie entsann sich der Straßen, die wunderbar in der Sonne lagen, warm, betupft von Lichtflecken. Sauber und wie gewaschen blinkten sie, und die Bäume wehten wie mit grünen Tüchern. Und nun diese Straße. Sie war vollgezeichnet von Spuren.

Sie kamen heran an ein einzelnes Haus, das brannte.

Man sah zunächst gar nicht, daß es brannte. Ein schwarzer, stumpfer Steinblock, der ein Haus gewesen war.

Die Frauen kamen vorbei, und sie sahen, daß das offene, viereckige Innere erfüllt war von Glut.

Das Schweigende an diesem Vorgang des Verbrennens und die völlige Abwesenheit menschlichen Lebens waren unheimlich, so unheimlich, daß selbst die Bergmann sich umsah und mit tiefer Stimme sagte: »Da brennt es. Ich bin ganz erschrocken, ich habe gar nicht gesehen, daß es brennt.«

Sie gingen weiter, Meter um Meter in dieser sonderbar schlaffen Luft, und sahen einen Lastwagen, der halb im Graben lag. Seine Ladung lag auf der Straße verstreut. Es waren zahllose Handgranaten. Sie waren ausgeschüttet wie ein Korb voll Äpfel.

Helene stieg vorsichtig darüber hinweg. Die Ärztin reichte ihr die Hand und lächelte bleich: »Es sieht zu komisch aus, wie Sie mit Ihren Seidenstrümpfen darüber hinwegsteigen. Ich habe mal jemanden in einem Hühnerhof so herumsteigen sehen, der voll von Küken war, die er nicht zertreten wollte.«

Helene lächelte so gut sie konnte.

Immer mehr senkte sich die Straße, und die Stadt war deutlicher zu sehen.

Man hörte gar nichts mehr. Keinen Schuß und nicht das Rollen der Geschütze, an das sie sich schon fast gewöhnt hatten.

Es schien, als breite sich das Schweigen aus und erfasse den ganzen Umkreis bis zum Horizont, um so gefährlich wie möglich zu wirken.

Die Straße machte nun eine kleine Schleife. Links vor der Stadt befand sich ein einzelnes Haus, vor dem ein Panzer stand. Sein Rohr sah so lang aus, als könne es abbrechen.

Der schreckliche Druck wich etwas von den Frauen, als sie den Ortseingang erreichten. Die Straße versperrte sich mit einer erdigen Barriere, und aus einer backsteingemauerten Scheune beugte sich mit halbem Oberkörper ein Soldat heraus und winkte mit der Hand.

»He«, schrie er, »lauft nicht in die Minen.«

Helene blieb sogleich zitternd stehen. Es war der erste Laut, der die Stille unterbrach, und es war ein heiseres Wort, ein sonderbar greller Ruf von einer Stimme, wie sie sie nie vorher gehört hatte.

Der Soldat trat nicht etwa auf die Straße. Er starrte herüber, bis die Frauen ganz heran waren. Er zog sie gleich in die Scheune, die dunkel, großräumig und fast leer war, und sagte: »Ich bin ganz fertig. Ich bin total fertig. Wo kommt ihr denn her?«

Frau Bergmann antwortete: »Über die Straße von oben.«

»Das habe ich gesehen«, sagte der Soldat, »euch sehe ich schon seit fünf Minuten. Ich war ganz fertig, als ich euch daherkommen sah. Menschenskinder, wir sind seit zwei Tagen eingeschlossen. Keine Maus kann raus und rein, und ihr kommt über die Straße wie 'n Kirchenchor.«

»Eingeschlossen?« fragte Frau Bonde und zitterte.

Sie schlotterte an allen Gliedern, und der Soldat sagte:

»Verdammt nochmal, habt ihr den Panzer denn nicht gesehen?«

»Doch«, sagte die Bergmann, »da stand so 'n Ding.«

Der Soldat ächzte vor Lachen.

»Ich bin ganz fertig. Das Ding da ist 'n T 34 und hat uns vor einer halben Stunde noch den Laden vollgerotzt. Da seid ihr vorbei?«

»Ja.«

»So einfach vorbei?«

»Ja.«

»Großartig. Das glaubt kein Mensch.«

Aus dem Dunkel der Scheune kamen nun noch mehr Soldaten. Sie traten plötzlich aus dem Dunkel hervor und waren da.

»Mensch«, sagte der Soldat, »ich stehe hier und gucke raus und denke, was kommt denn da. Die kamen an wie – ich weiß nicht wie. Ich guck immer und denke, das ist doch nicht möglich.«

Er hustete plötzlich.

»Na ja, is' ja egal. Aber was wollt ihr denn hier?«

»Unsere Jungens«, sagte die Bergmann, »habt ihr hier kleine Jungens?«

»Was denn, Jungs? Was für Jungs?«

»Kinder«, sagte die Bonde. »Vierzehnjährige. Die sollen hier sein.«

»Mensch«, sagte der Soldat zu den anderen, »bleibt mal hier. Paßt mal hier auf. Der T 34 ist sowieso gleich wieder hier. Ich bringe sie mal zum Hauptmann. Das Gesicht muß ich sehen.«

»Sind unsere Jungens hier?« wollte die Ärztin wissen.

»Hier ist alles mögliche«, sagte der Soldat, »hier gibt's 'n ganzen Haufen komischer Leute. Ich glaub', es sind auch Jungens dabei.«

»Wenn sie nur da sind«, flüsterte die kleine Näherin und setzte sich auf eine Kiste.

Der Soldat hob sie gleich wieder hoch und grinste. »Nicht darauf, Mädchen, da ist Munition drin. Wir können ja hier schließlich nicht Schluß machen, nur weil einer auf der Munitionskiste sitzt.«

»Kommt«, sagte der Soldat, »da gehen wir gleich mal zum Rathaus. Da im Keller ist der Hauptmann.«

Er sah vorsichtig hinaus und rief: »Jetzt müßt ihr 'n bißchen springen, bis wir hinter der Biegung sind.«

Die Frauen wurden von einem merkwürdigen Fieber erfaßt. Es war jetzt alles anders als vorher.

»Wißt ihr«, sagte der Soldat, »daß ihr Schwein gehabt habt?

Ihr habt gar keine Ahnung, wie sehr, ihr müßt alle Weihnachten geboren sein.«

»Nu is' es vorbei«, sagte die Bergmann grob, »ich hatte es in der Nase, daß es gut geht.«

Der Soldat sah sie schief und von der Seite an. »Na, Muttchen, hier mußte noch mehr in der Nase haben als das da.«

Sie gingen die Straße hinaus. Rechts und links standen Häuser, jedes zwei Stockwerke hoch, nicht mehr. Viele Fenster standen offen, und ab und zu wehten Gardinenfetzen heraus. Unter den Schuhen knirschte Glas.

Man sah sofort, daß es keine normale Stadt war. Alles schien in düsteres Grau getaucht. Einmal sahen sie rechts ein Geländer und dahinter ein Wehr, über das Wasser hinwegfloß, zäh, schwärzlich und mit monotonem Geräusch.

»Bitte«, sagte die Pastorin mit bebender Stimme, »geht es denn unseren Kindern gut?«

»Ich weiß nicht, wonach Sie fragen«, versetzte der Soldat grinsend, »uns geht es allen gut. Oder uns geht es allen schlecht. Wenn Sie mich fragen, so geht's mir gut. Im Augenblick jedenfalls.«

Die Frauen hielten sich aufgeregt an seiner Seite.

»Nun reden Sie schon«, sagte die Ärztin barsch.

Der Soldat sah sie von der Seite an und sagte dann mürrisch: »Ich weiß nichts.«

Die Straße machte einen Bogen. Eine Kirche reckte ihren Backsteinbau steil hoch. Unterhalb des Turmansatzes erkannte man ein Loch von der Größe eines Scheunentores. Der spitze schwarze Turm saß ganz schief, als würde er wie von einem Finger gehalten und pendle mit dem Winde hin und her.

Frau Kordes richtete ihren Blick darauf und sagte: »Sie versuchen Gott.«

»Nee«, antwortete der Soldat, »es ist wegen der Beobachter. Wir haben natürlich einen Beobachter oben.«

»Da oben?« fragte Helene.

Die Bergmann rief: »Wen? Wenn unsere Jungens hier sind, so sind es genau die Leute, die sowas machen.«

»Ich weiß nicht, ob es ein Junge ist«, murmelte der Soldat. Er hielt an.

Die Straße wurde enger. Überall gab es kleine Treppenvorbauten, Nischen und Toreinfahrten. Einige Türen schlugen in den Angeln, denn es war etwas Wind aufgekommen.

Sie standen an dem kleinen, niedrigen Rathaus.

Der Soldat ging eine Kellertreppe hinunter.

»Bleibt da oben nicht stehen. Irgendwie nehmen sie diese Ecke immer aufs Korn.«

Die Frauen drängten nach und betraten einen dunklen Raum, der von Kerzen und Petroleumlampen erhellt war.

Sie sahen an einem Tisch einen Offizier sitzen, einen jungen Hauptmann, der sich über seine Karte beugte. Er sah auf, denn die Frauen kamen mit viel Lärm. Sein Gesicht war glatt, gutrasiert und stand in völligem Gegensatz zu der Düsterkeit des Kellerraumes, in dem im Halbschatten an den Wänden mehrere Soldaten standen oder lagen. Sein Gesicht drückte staunende Verwunderung aus.

»Was ist das?« fragte er knapp.

»Die kommen von draußen«, berichtete der Soldat, »ich sah sie von der Westsperre aus. Sie kamen einfach über die Landstraße.«

Der Hauptmann blieb sekundenlang völlig stumm.

Dann wandte er sich an den Soldaten: »Wie ist denn das möglich?«

»Ich weiß nicht, Herr Hauptmann.«

»Das ist unmöglich, Mensch«, sagte der Hauptmann leise und betrachtete die Frauen der Reihe nach.

Die Bergmann wurde nervös.

»Ob unmöglich oder nicht, wir sind nun mal hier –«

»Direkt an einem T 34 vorbei«, ächzte der Soldat und sah die Soldaten an. Einige, die auf einem blanken Haufen Briketts lagen, richteten sich auf.

»Das ist ja egal«, schrie die Bergmann, »wir sind nun mal hier, und wir wollen unsere Söhne haben. Deswegen sind wir gekommen – von Stettin bis hierher –«

»Das ist unmöglich«, wiederholte der Hauptmann noch einmal leise, ohne nur die mindeste Bewegung zu machen.

Frau Kordes drängte sich nach vorn.

»Unsere Kinder wollen wir haben. Gott führte uns den Weg der Gnade, und Gott gibt uns unsere Kinder zurück.«

Der Hauptmann wandte sich um.

»Schneider.«

»Jawohl, Herr Hauptmann.«

»Sofort Spähtrupp Westausgang, ob Gegend feindfrei.«

»Spähtrupp Westausgang, ob Gegend feindfrei.«

Der Soldat setzte seinen Stahlhelm auf und hastete die Kellertreppe hinauf.

Die Ärztin sagte: »Mein Gott, ich glaube, sie ist nicht feindfrei. Es ist ein Zufall, daß wir durchgekommen sind.«

»Zufall? Schwein haben Sie gehabt.«

Die kleine Seliger bebte: »Was machen unsere Jungens?«

In diesem Augenblick wurde der Wolldeckenvorhang an der Kellertür zurückgeschlagen, und es kam jemand die Treppe herunter.

Frau Bergmann ließ den Mund hängen. Sie stand ganz schlaff und tastete mit ihrer dicken Hand, um nicht zu fallen. »Leo«, rief sie schwach.

Ein ganz junger Soldat stand da, ebenso erschreckt und in jeder Bewegung gebannt. Ein Gesicht voller Staub, aber glatt und kindlich, sonderbar weißlich trotz des Staubes, mit kleinem, geschwungenem Kinn und prallen jungen Lippen. Die Augen lagen ganz im Schatten des Helmes, der rund, klobig und fast zu groß den Kopf bedeckte.

»Mutter?« fragte der Junge fassungslos.

Seine Augen gingen hin und her. Ganz weiße, erschrockene Augen.

»Leo«, rief die Bergmann und tat einen halben, unbeholfenen Schritt auf ihn zu.

»Wo kommst du denn her?« fragte der Junge verwirrt, und seine Blicke gingen immer noch hin und her – und dann trat er an der Mutter vorbei auf den Tisch zu, an dem der Hauptmann saß.

»Melde, Herr Hauptmann, Panzeransammlung am Judenfriedhof. Gruppe Hellwig bittet um Munition und Verstärkung.«

»Danke«, sagte der Hauptmann, und der Knabe stand steil da.

Die Bergmann lachte. Sie stieß einen kurzen, ächzenden Laut aus.

»Leo«, rief sie streng, während dem Jungen das Blut ins Gesicht schoß und seine Gestalt in ein sonderbares Schwanken geriet.

»Dreh dich mal um, Leo«, befahl die Bergmann, »wenn du dich nicht umdrehst, haue ich dir links und rechts ein paar herunter, verstanden?«

Der Junge wandte sich um, blutüberlaufen, und rief:

»Nicht doch, Mutter.«

Es war eine grelle, sonderbare Szene. Die Soldaten schwiegen. Niemand sagte irgend etwas, und niemand lachte. Auch der Hauptmann saß ganz schweigend und sah mit ruhigen, etwas verhangenen Augen auf den jungen Soldaten.

»Nicht doch?« rief die Bergmann, »wieso: nicht doch, mein Liebling? Ich fahre seit drei Tagen hinter dir her. Und hier habe ich dich erwischt. Hast du gedacht, du könntest davonlaufen, wie? Aus einem Fenster heidi auf und davon? Hast du gedacht, ich sitze in Stettin und stricke Strümpfe, wie?«

»Nicht doch, Mutter«, bat der Junge und atmete aufgeregt.

»Ich werde dir helfen, mit deinem ›Nicht doch‹«, rief die Bergmann. Sie kramte mit fliegenden Fingern in ihrer Tasche herum, bis sie die Nickelbrille fand, die sie mit entschlossenen, ruckhaften Bewegungen aufsetzte und durch die sie ihn anstarrte. »Was ist das für ein Zeug?«, fragte sie und wies auf seine graue Uniform, »wer hat dir die Stiefel gegeben? Wer hat dir gesagt, daß du hierhergehen sollst? Hier kann dir niemand befehlen! Du bist kein Soldat! Du hast hier nichts zu suchen!«

Sie stand mit vorgestrecktem, dickem, weißem Hals, an dem ihre starken Adern spielten.

Der Junge blieb ganz stumm. Es war totenstill, und diese Stille war so schrecklich, daß selbst die Bergmann in ihrer Wut sie quälend wahrnahm.

Ihr Blick irrte ab und sie fragte: »Wo ist Karl?«

Der Junge schwieg. Das Schweigen wurde entsetzlich, und die Bergmann starrte ihren Sohn lange an und fragte dann ganz leise, ganz schwach, ganz atemlos: »Wo ist dein Bruder Karl?«

Und der kleine Soldat zuckte ein wenig die Schultern und murmelte: »Er ist gestern gefallen.«

Die Bergmann rührte sich gar nicht. Ihre Stimme war plötzlich ganz anders geworden, rauh und brüchig und ganz leise: »Wieso? Wieso gefallen? Willst du sagen, er ist tot?«

»Ja, Mutter.«

Leo beleckte seine trockene Zunge. Er schielte mit einem Auge hilfeflehend zum Hauptmann hin.

Die Bergmann setzte ein schiefes Lächeln auf.

»Na ja«, sagte sie schwach und nahm die Brille ab. Sie klappte die Bügel sorgsam und umständlich zusammen und steckte sie mit einer fummelnden Bewegung in ihre Tasche zurück. »Na ja«, sagte sie noch einmal wie für sich selber, »da bin ich einen Tag zu spät gekommen – wenigstens für einen.« Sie setzte sich ganz unvermittelt auf eine Kiste, und es war zu sehen, daß sie völlig erledigt war.

Die Frauen rückten an sie heran. Helene Asmussen beugte sich zu ihr herab, aber man verstand nichts, denn ganz plötzlich war die Luft voll Lärm. Man hörte fauchende, schmetternde Geräusche, und auf der Treppe klirrte es von Sprengsplittern.

»Was ist das?« fragte die Bergmann.

Und Leo erwiderte: »Das sind Panzer, Mutter. Sie schießen in diese Straße. Es sind alles Panzergranaten.«

Und die Bergmann sah schief und bleich hoch, nickte und murmelte: »Wenn du das nur weißt, mein Junge.«

Die Ärztin wandte sich an den Hauptmann: »Ist sonst noch jemand gefallen? Sagen Sie es gleich. Ich will es nicht für mich wissen, für alle hier will ich es wissen. Haben Sie noch so eine Freudenbotschaft?«

»Nein«, sagte der Hauptmann, »bis jetzt nicht.«

Die Frauen überstürzten sich nun. Sie überschütteten den Hauptmann mit Fragen, und es sah aus, als wollten sie gleich hinauf und hinausstürzen, ihre Kinder zu holen. –

Die Bergmann war mit ihrem Sohn hinauf ins Haus gegangen. Sie kam in ein Zimmer, das kalt und muffig war. Die Läden waren geschlossen, aber zerfetzt und brüchig. Die Scheibenreste klirrten ab und zu, wenn es in der Stadt von eingeschlagenen Granaten krachte.

Die Bergmann setzte sich auf einen Klavierschemel und starrte auf den Tisch, auf dem eine grüne, dunkle Decke lag.

Eine Wohnung, in der niemand mehr war. Eine völlig sinnlose

Wohnung, ein ganz und gar trauriger Ort mit seinen Bildern an den Wänden, auf dem fremde Menschen abgebildet waren.

Leo setzte sich.

»Nimm diesen schrecklichen Helm ab«, sagte die Bergmann tonlos. Leo hob den Helm mit beiden Händen ab und legte ihn mit der offenen Seite nach oben. Er schaukelte leicht hin und her.

»Zieh diesen Rock aus«, sagte die Bergmann.

Leo sah sie ganz blaß und eigensinnig an. »Nein, Mutter, ich bin Soldat –«

Sie sagte nichts, nur ihre Finger spielten krampfartig mit den Wülsten der Tischdecke.

»Du bist ein dummer Junge«, sagte sie dann leise und mit einer tonlosen Stimme.

»Mutter«, sagte Leo, »wir dürfen doch den Krieg nicht verlieren. Man muß doch kämpfen. Ich wäre doch sowieso Soldat geworden. In einem Jahr bestimmt.«

Die Bergmann saß schlaff da, das gewaltige, fleischige Gesicht hing grau und bleich in Falten. Ihre Augen sahen trübe drein. »Ja, ja«, murmelte sie.

»Ich war ganz erschrocken«, sagte Leo, »als du da plötzlich standst. Bist du deswegen von Stettin gekommen? Es war einfach unheimlich –«

Die Bergmann schwieg, und es wurde dem Jungen unbehaglich.

»Ich hatte schreckliche Angst, daß die andern lachen –«

»Ja, ja«, murmelte die Bergmann.

»Es sieht ja auch – ich weiß nicht wie das aussieht, wenn plötzlich 'ne Mutter auftaucht. Es sieht ganz komisch aus –«

»Ja, ja«, sagte die Bergmann noch einmal, dann sah sie mit schwimmenden Augen hoch, »wie ist das gewesen mit Karl?«

»Mit Karl?«

»Ja, mit Karl. Hast du nicht wenigstens auf ihn aufgepaßt? Er ist doch ein Jahr jünger. Du hast doch immer auf ihn aufgepaßt. Wenn Karl irgendwo war, habe ich nur gedacht: Na, wenigstens ist Leo dabei –«

Sie war ganz laut geworden, und Leo bekam eine zuckende Lippe.

»Ich weiß nicht, Mutter. Ich hab' natürlich aufgepaßt. Aber so kann man doch nicht aufpassen, daß einem im Kriege – ich meine, daß einem nichts passiert –«

»Wie war das?« beharrte die Bergmann.

Leo senkte den Kopf. Die Bergmann sah schmerzlich angestrengt auf seine weiße Stirn, die ganz glatt und jung war, eine lächerliche, kleine Stirn, die ihr plötzlich so zerbrechlich schien wie die eines Säuglings.

Leo murmelte: »Wir waren gerade eingesetzt. Wir hatten prima Waffen gekriegt. Ich hatte 'ne Maschinenpistole, und Karl hatte auch eine. Es ging alles so plötzlich –«

»Genau will ich es wissen«, sagte die Bergmann langsam und sah immer noch auf seine Knabenstirn, die ihr so dünnwandig vorkam wie etwa die Schale eines Hühnereis.

»Wir überkletterten einen Zaun –«

»Wieso einen Zaun?«

Leo zuckte mit den Schultern.

»Naja, wir machten einen Gegenstoß –«

»So?« sagte die Bergmann, »kommt es vor, daß man dabei über Zäune klettert?«

Leo sah die Mutter verständnislos an.

Sie lächelte ganz leicht und abwesend. »Über Zäune seid ihr immer gern geklettert. Ich glaube schon, daß Krieg was für Jungen sein muß.«

Leo sagte: »Nein, nein, Mutter. Es ging nicht anders. Wir hätten es lieber nicht gemacht, denn man hat keine Deckung, wenn man über einen Zaun klettert.«

»Ja, ja«, sagte die Bergmann schlaff, »nur weiter –«

»Die Russen waren ganz nahe. Ich sagte noch zu Karl: Ich hör' sie schon. Sie müssen da hinten sitzen. Aber da fiel er schon runter.«

»Er fiel runter?«

»Ja, auf die Erde. Erst dachte ich, er wäre abgerutscht. Aber er war nicht abgerutscht. Es hatte ihn erwischt.«

»Erwischt«, echote die Bergmann tonlos.

»Ich sagte, was ist los, Karl? Und er sagte: Es hat mich erwischt.«

»Wenn du noch mal erwischt sagst«, rief die Bergmann plötzlich, »schlage ich dir was um die Ohren.«

Leo antwortete störrisch: »Er sagte es aber. Er hat es so gesagt.«

»Weiter«, quälte sich die Bergmann.

»Ich hab' ihn angesehen. Ich hab' mich runtergebeugt und ihn angesehen. Er hat irgendwas durch die Brust gekriegt. Ich habe sogleich ›Sani‹ gerufen.«

»Was ist ›Sani‹?«

»Sanitäter. Wenn man nicht zu weit vorn liegt, dann kommen sie und holen einen weg. Aber es kam niemand.«

»Es kam niemand? Warum kam denn niemand?«

»Ich weiß nicht. Es war keiner da. Ich sah überhaupt keinen mehr. Ich war ganz allein mit ihm.«

»Was sagte er denn?«

»Nichts. Doch, er sagte: ich friere.«

»Fror er?«

»Ja, er zitterte plötzlich. Ich habe gar nicht daran gedacht, daß er sterben würde. Ich dachte, na, den haben die schön erwischt –«

Die Bergmann zitterte nun selber.

»Sage das Wort nicht«, schrie die Bergmann, »ich kann das nicht hören.«

Leo sah die Mutter ungewiß an.

Sie stieß einen qualvollen, zitternden Laut aus und fragte dann leise: »Was hat er gesagt? Hat er zum Schluß noch etwas gesagt?«

»Nein –«

»Hat er nicht –«, flüsterte die Bergmann, »hat er nicht an – an mich gedacht oder an Vater? Hat er etwas bestellt? Nichts dergleichen?«

»Nein –«

Leo dachte nach: »Etwas sagte er noch. Die Russen kamen nämlich näher. Wir hörten sie beide sprechen. Er sagte: ›Leg sie um‹.«

»Was –?«

»Ja. Und dann war er plötzlich tot. Ich sagte noch: wenn sie kommen, pfeffere ich ihnen den Laden voll. Aber als ich ihn ansah, war er tot.«

Die Bergmann sagte nichts mehr. Sie starrte die Wand an, eine grüne, dunkle, verschlissene Tapete. Es war, als wehe kalter Rauch im Zimmer hin und her.

»Wo ist er jetzt?«

»Karl? Er liegt noch draußen.«

»Er liegt draußen?«

»Ja, er liegt da, wo er hingefallen ist. Es kam doch niemand. Ich habe doch erzählt, daß niemand kam. Er liegt jetzt noch da, aber es kann ihn niemand holen. Die Russen sind nach vorn gekommen. Er liegt mitten dazwischen.«

Der Bergmann schlotterten die Zähne, als friere sie.

»Komm«, sagte sie dann matt, »wir gehen nach Hause.«

Leo rührte sich etwas. In seinen blaßblauen, knabenhaften Augen sah sie so etwas wie Entsetzen.

»Ich kann doch nicht nach Hause. Außerdem ist ja alles zu. Wir sind ja eingesperrt.«

»Ach so –«, stieß die Bergmann einen Seufzer aus und noch einmal: »Ach so –«

Sie nahm ihre Tasche auf den Schoß und öffnete sie sinnlos. Dann zog sie mit einem Ruck die Kognakflasche heraus. Sie korkte sie auf und setzte die Flasche an. Sie trank in vollen Zügen. Der braune Trank floß an ihren Mundwinkeln vorbei und tropfte auf ihren Mantel.

Sie schüttelte sich und wischte sich dann den Mund mit dem Handrücken ab.

»Der hat recht«, murmelte sie schlaff, »der Soldat hatte recht. Ich kann das gebrauchen. Ich glaub', ich kann's großartig gebrauchen.«

Sie korkte die Flasche sorgfältig zu und verstaute sie mit zitternden Händen.

»Komm«, sagte sie dann, »du mußt mich hinführen. Ich will meinen Sohn sehen. Wenn er auch im Grase liegt und wenn ich auch nicht herankann, aber sehen kann man ihn doch –?«

»Ja. Man kann ihn sehen –«

»Na ja, dann will ich ihn wenigstens sehen.« – –

Sie ging mit ihrem Sohn über die Straße.

»Paß auf, Mutter«, bat Leo, »du gehst, als wär' hier gar nichts los. Die schießen doch andauernd.«

Aber die Bergmann schien ihren Sohn nicht zu hören. Sie ging mitten über die Straße, schwerfällig und schrecklich unbeirrbar, mit einem Kopf, den sie etwas schief hielt, mit strähnigen Haaren, die ein wenig in die Stirn hingen, mit einem ganz und gar abwesenden Blick, so als nähme sie nichts wahr.

Leo führte sie in eine Toreinfahrt, in der einige Soldaten standen. Sie standen da wie Passanten, die vor einem Regen Unterschlupf gesucht hatten.

Die Bergmann sah sich wie erwachend um. »Wo ist Karl?«

Leo führte sie durch das dunkle Haus und stieß dann eine Tür auf, die zu einem Gemüsegarten führte.

Er blieb stehen und starrte gradeaus.

»Was ist?« fragte die Bergmann ungeduldig.

»Du mußt dich hinlegen«, sagte Leo, »du mußt jetzt kriechen. Sie können hier reingucken.«

Leo starrte die Mutter an, die sich anschickte zu gehen.

»Leg dich hin, Mutter«, flehte der Junge, »die knallen dich ab.«

Er machte es ihr vor. Er ließ sich auf die Knie und auf die Ellbogen nieder und robbte in den Garten hinein.

Die Bergmann sah es mit einem verhangenen Blick. Bis Leo sich wieder umwandte und sagte: »Leg dich hin, Mutter.«

Aber die Bergmann hörte ihn nicht. Sie ging durch den Garten, der trocken, staubig und verwahrlost aussah.

»Mensch, Mutter«, sagte Leo, »du machst einen ganz fertig, wie du so gehst.«

Und hinter ihnen an den Kellerfenstern drängten sich die Gesichter von Soldaten. Alle sahen, daß die Bergmann durch den Garten ging, als gäbe es keine Russen. Einer von den Soldaten fragte: »Was ist denn mit der Alten? Wie latscht denn die da rum?«

Ein anderer, ein blasser, dünner Mensch, rieb seine Nase und sagte halblaut, ohne einen Blick von der Bergmann zu lassen: »Das ist die Mutter von dem, der da draußen liegt.«

Dann war Schweigen, bis der erste wieder etwas sagte, leise und mit ganz dünner Stimme, so als brauche er seinen Atem nicht: »Wo kommt die denn her?«

Die Bergmann stand vor einem Zaun, und Leo sah seine Mutter ungewiß an: »Das ist der Zaun.«

»Was für ein Zaun?«

»Über den wir rüber sind. Dahinter liegt Karl.«

Die Bergmann starrte gegen das Holz. Sie legte die Hände dagegen.

»Gibt es keine Tür?«

»Nein, Mutter«, antwortete Leo erschrocken, »aber hier kannst du durchsehen.«

Er führte sie an eine Stelle, wo das morsche Holz auseinanderklaffte.

Da stand die Bergmann und blickte in einen Hof. Und auf der Erde liegend sah sie ihren Sohn Karl.

Schweigend starrte die Bergmann auf den Menschen, der da auf der Erde lag.

Es war kein Laut zu hören, kein Abschuß, gar nichts.

»Ist er wirklich tot?«

Die Stimme der Bergmann war, als gehöre sie ihr nicht.

»Er liegt doch, als ob er schläft. So schlief er doch immer. Ein Bein angezogen und den Kopf –«

Die Stimme versagte ihr.

Sie faßte mit den Händen die Ränder des Holzspaltes, als könne sie ihn auseinanderreißen.

Und die Soldaten, die sich an den Kellerfenstern drängten, sahen sich an.

»Das ist ein Ding, was?« sagte einer, und ein anderer antwortete rauh: »Holt bloß die Frau da weg. Mir wird ganz schlecht, wenn ich die da seh.«

Aber keiner rührte sich.

Die Bergmann sah ihren Sohn Leo an.

»Ich hole ihn. Wie komme ich dahin. Sag, wie ich dahin komme. Irgendwie muß man doch da rein.«

»Da sind doch die Russen, Mutter.«

»Ich sehe keine. Ich will hin.«

»Es geht nicht hin, Mutter«, schwankte die Stimme des Jungen.

»Ich kann ihn doch nicht da liegen lassen. Es ist doch kalt, es ist doch –«

Leo fror plötzlich und starrte die Mutter hilflos an.

»Komm weg«, weinte er fast und schrie dann: »Warum kommst du überhaupt her?«

Die Bergmann sah ganz schlaff aus, als falle ihr Gesicht auseinander. Ein Zittern überlief ihre Haut. Mund und Kinn bebten. Ihre Hand, die sie vom Holz wegnahm, schwankte, daß ihre Finger sich zusammenkrampften.

Langsam ging sie durch den Garten zurück. Auch Leo legte sich jetzt nicht auf den Boden. Er blieb an ihrer Seite, bis sie den Kellereingang erreichten und im Halbdunkel untertauchten.

Undeutlich nur nahm die Bergmann die Gesichter der Soldaten wahr.

Kraftlos setzte sie sich auf eine staubige Kiste.

Einer der Soldaten näherte sich ihr und sagte: »Es tut uns sehr leid. Es ist scheußlich, wenn man seinen Sohn so da liegen sieht.«

Es war, als wolle er ihr die Hand entgegenstrecken, aber die Bergmann sah und hörte nichts.

Der Soldat fuhr fort: »Ich möchte nicht, daß meine Mutter mich mal so liegen sieht, scheußlich, wie man dann aussieht. Ich möchte es bei Gott nicht. Und wir liegen mal alle so. Oder ein bißchen anders. Aber irgendwie passiert uns das auch noch.« Seine Stimme ging weg als löse sie sich auf.

Die Bergmann sah sich um. Einen nach dem anderen sah sie stumm und eindringlich an, bis ihr Blick auf ihren Sohn Leo fiel.

Und ganz plötzlich umarmte sie ihn. Sie schlang beide Arme um ihn mit einer Heftigkeit, als wolle sie ihn schlagen. Sie riß ihn so heftig an sich, daß der Helm herunterpolterte. Sie bedeckte das Gesicht ihres Jungen mit Küssen. Es war wie Raserei. Sie preßte den Kopf Leos zwischen Brust und Schulter, als wolle sie ihn ersticken. Ihr Mund murmelte fast unverständliche Worte.

»Daß dir nichts passiert, mein Junge. Komm, komm mit, laß uns gehen. Wirf das alles weg. Zieh das aus, komm mit.«

Leo wühlte sich aus ihrer Umklammerung heraus, aufgeregt, fast wütend.

»Ich kann doch nicht weg«, schrie er, »es geht doch nicht.«

Er fuhr sich über die Haare. »Wenn du bloß nicht gekommen wärst.«

»So«, schrie die Bergmann zurück, »wenn ich bloß nicht gekommen wäre! Wär dir recht gewesen, was! Nee, mein Junge, kennst du deine Mutter schlecht. So leicht laufen mir meine Kinder nicht weg. Und du machst, was ich will, was ich dir sage, verstanden? Du Hosenscheißer, du! Ich leg dich immer noch über das Knie, hast du gehört?«

Wild sah sich die Bergmann um und schrie in den Raum hinein: »Ich sag immer noch, wenn ich etwas blödsinnig finde.«

Sie bastelte an ihrer Tasche herum und brachte die Schnapsflasche zum Vorschein. Sie wollte sie entkorken, aber ganz plötzlich fiel ihr die Flasche zu Boden. Sie starrte eine Weile wie betroffen auf die Scherben, bis sie dann langsam in sich zusammenrutschte. Sie war ohnmächtig geworden.

»Mutter«, schrie Leo, aber man sah nur, daß er den Mund öffnete, denn alle Worte wurden wie ausgelöscht von Explosionen. Granateinschläge lagen auf Haus und Garten, und geisterhaft schnell verteilten sich die Soldaten auf die Kellerfenster und schoben ihre Gewehre hindurch. Die Bergmann hörte die Schüsse nicht mehr.

Der Hauptmann selbst brachte Helene Asmussen durch die Straße. Er ging mit geöffnetem Ledermantel und hielt eine Maschinenpistole schlenkernd in der Hand. Er sah gut aus, frisch rasiert, und glich den Männern nicht, die sie unterwegs getroffen hatte.

»Es ist eine verlorene Sache hier«, meinte er, »ich bin nicht sehr froh, daß Sie gekommen sind.«

»Ich bin nun hier«, murmelte Helene, »und wenn Sie nicht froh sind, ich bin es.«

Der Hauptmann sah sie von der Seite an.

»Es ist nicht ungefährlich hier, halten Sie sich dicht an der Hausseite. Wenn es schießt, suchen Sie gleich eine Toreinfahrt.«

Er sah sich wachsam um.

Die Straße führte sanft auf die Höhe. Sie war ziemlich breit und besaß einen Mittelstreifen, der einst eine Anlage war. Nun war der Boden bestreut von Schutt, abgesplitterten Baumästen und von Panzerspuren aufgewühlt.

Oben auf der Höhe stand ein verlassenes Geschütz mit steil gerecktem Rohr.

»Unsere 8,8«, sagte der Hauptmann, »sie hat eine Menge Panzer abgeschossen, aber wir kriegten sie nicht mehr weg. Nebenan in den Gärten sitzen schon die Russen.«

Helene ging mit aufgerecktem Kopf. Ihr reines Profil schnitt klar in den Himmel. Der Blick des Hauptmanns verdunkelte sich etwas.

»Nun müssen wir durch ein Haus«, sagte er halblaut, »wir können keine zehn Schritte weitergehen.«

Im dunklen Hausflur stolperten sie über Munitionskisten und der Hauptmann schimpfte. »Als wär' hier ein Obstladen.« Er ging voraus und stieg eine Treppe hinauf.

»Ich bin leichtsinnig«, meinte er, »daß ich Sie hier heraufführe. Es ist unsere vorderste Linie. Macht es Ihnen etwas aus?«

»Nein.«

Helene sah sich um. Die Wände zeigten Risse. Zertrümmerte Bilder lagen auf dem Boden, und sie mußte einen Fuß vorsichtig über ein Familienbild hinwegsetzen.

Der Hauptmann sah es.

»Treten Sie ruhig darauf. Es ist üblich. Mein Gott, wenn nur die Bilder kaputt gemacht würden.«

Sie betraten eine Wohnung, in der ein paar Soldaten herumliefen. Einer erhob sich aus einem Sessel, in dem er mit übergeschlagenen Beinen saß. Er blätterte in einem Buch, das er auf seine Maschinenpistole gestützt hatte. Er sprang gleich auf, so daß das Buch auf die Erde fiel.

»Vorsicht, Herr Hauptmann, Feindeinsicht.«

Er stieß mit dem Fuß eine Tür auf. Sie schwang quietschend in der Angel. Sie blieb halb offen und zeigte ein Zimmer, das ziemlich leer war. Ein Fenster stand weit offen, und an der Wand nahe am Fenster saß ein junger Soldat.

Der Hauptmann hielt Helene zurück.

Dort saß ihr Sohn Harald. Er blickte jetzt zur Tür hin und stand gleich auf.

»Achtung«, schrie der Soldat, der in dem Buche gelesen hatte, und Harald fuhr auf die Seite. Man hörte ein paar Schüsse. An der Wand hämmerte es blitzschnell, und es hing leichter Staub in der Luft.

»Mutter«, hatte Harald gerufen.

Er stand mit staunenden Augen da.

Sie sah sein blasses Gesicht. Aber er lächelte.

Der Hauptmann überblickte die Lage. »Bücken Sie sich und gehen Sie gleich rechts ins Zimmer.«

Helene bückte sich. Sie ließ sich auf die Knie herab und kroch so ins Zimmer.

Ihre Hände fühlten Glassplitter und dicken Mörtelstaub. Was war dies für eine entsetzliche Sache, auf allen vieren in ein Zimmer zu kriechen?

Nun war sie bei ihrem Sohn.

Sie umarmte ihn mit einem tiefen Seufzer. Sie drückte ihn an sich, den dünnen, mageren Körper, der mit hartem Tuch bekleidet war.

»Mutter«, sagte er und lachte immer noch, »wie kommst du denn hierher?«

»Mein Junge«, sagte sie.

Der Hauptmann stand einige Schritte neben ihr. Ganz still und sah ihnen zu.

»Mein Junge«, sagte sie noch einmal. »Ich habe solche schreckliche Angst gehabt.«

»Warum denn, Mutter? Bist du uns nachgekommen? Wir sind dreißig Jungens hier. Seit gestern sind wir an der Front.«

»Was machst du hier?« flüsterte sie, »was machst du für Dummheiten?«

Er lachte immer noch.

Sie spürte, daß er plötzlich ganz anders war. Seine Stimme hatte sich verändert und auch sein Gesicht. Sie sah es aufmerksam an. Es hatte den gleichen Umriß, es war das geliebte Gesicht und doch ein anderes. Er schob sie mit der Hand weg.

»Wenn der Hund dich erwischt hätte, Mutter.«

»Wer?« atmete sie.

»Der Russe da. Da hinten sitzen Scharfschützen.«

»Mein Gott«, flüsterte sie.

»Ich hätte ihn kaltgemacht.«

Der Hauptmann stand immer noch ruhig im Zimmer. Harald sah sie an.

»Wie kannst du denn hierherkommen«, fragte er. »Ich bin ganz sprachlos.«

Helene wußte plötzlich nicht, was sie sagen sollte. Sie hatte diesen Augenblick ersehnt, aber sie hatte nicht gewußt, wie er aussehen würde.

Sie stand da und sagte mühsam: »Ich – ich wollte dir deinen Pullover bringen.«

Sie wußte sofort, daß es ganz unsinnig war, so etwas zu sagen, und sie fuhr fort: »Nach Hause sollst du. Ich bin gekommen, daß du sofort mit mir nach Hause gehst.«

Harald sah sie aufmerksam an. Er tastete mit der Hand nach dem Fensterbrett, auf dem ein Marmeladenglas stand. Er holte einen Löffel Marmelade heraus und steckte ihn in den Mund. Dann lachte er. Ganz kurz. So wie man aus Verlegenheit lacht. Er wußte offenbar nichts mit dem anzufangen, was sie ihm sagte.

»Ich kann hier doch nicht weg«, sagte er dann und kaute an der Marmelade. Er blickte zum Fenster hinaus.

»Hier ist schwer was los, Mutter. Hier kann ich nicht weg. Sieh mal hinaus.«

Helene tat es, aber sie sah nicht viel. Einen Garten, einen Zaun, eine halb verdeckte Scheune und die Rückwand eines anderen Hauses.

»Siehst du was?«

»Nein.«

»Vorn am Zaun. Zwei Mann. Der eine hat noch das Bein hoch. Der andere liegt auf dem Rücken. Ich habe sie erwischt, als sie herüberwollten.«

»Du?«

»Hier vom Fenster aus. Jetzt sitzen sie dahinten im Dach.«

»Du hast sie erschossen?«

»Ja. Ich habe sie prachtvoll erwischt. Ich kann gut schießen. Wir haben zu dritt darauf geschossen, aber ich habe sie getroffen.«

Helene schluckte.

Das war ihr Sohn Harald. Der ein Gesicht wie ein Mädchen hatte, mit Haaren, die ihm stets etwas in die Stirn fielen. Der so höflich und wohlerzogen war.

Er hatte die Stirn gekraust und sah sie nachdenklich an.

»Harald«, flüsterte sie, »möchtest du nicht mitkommen?«

Er lachte unruhig.

»Kann ich doch nicht.«

»Lege das Gewehr weg.«

Harald sah den Hauptmann an. Der schwieg immer noch.

»Bitte«, wandte sich Helene an den Hauptmann, »sagen Sie ihm, daß er das Gewehr weglegen und daß er mitkommen soll.«

Der Hauptmann sagte: »Er ist ein guter Mann.«

»Gar kein Mann. Ein Kind.«

»Wenn ich nur lauter solche Männer hätte.«

Helene schwieg hilflos.

»Ich kann es Ihnen nicht leichter machen«, sagte er.

»Er hat heute zwei Leute getötet. Das ist ein guter Durchschnitt.«

»Was sagen Sie?«

»Ich kann's nicht anders sagen.«

Harald blickte von einem zum andern. Aber ab und zu sah er zum Fenster hinaus, kurz, wachsam, und durchforschte das Gelände mit den Blicken.

»Geh weg, Mutter –«, sagte er dann.

»Ich soll weggehen?«

»Ja, geh weg. Es ist doch ziemlich nahe vorne.«

»Ich geh nicht weg.«

»Sie können jederzeit kommen, Mutter. Wenn es viele sind, kann ich sie nicht alle treffen. Wir sind ganz wenig Leute. Geh weg. Ich weiß, was sie mit Frauen machen, wenn sie sie kriegen.«

Helene fühlte plötzlich, wie die zwei Meter, die sie von ihrem Sohne entfernt war, sich ins Unendliche vergrößerten. So als flöge sein Bild weg und in unerreichbare Fernen. Sie sah ihn genau, und sie erkannte ihn als ihren Sohn, aber zugleich wurde alles an ihm fremd, so als hätte sie ihn nie gekannt. Sie sah, daß er lachte.

»Sie tun dir nichts, Mutter. Ehe sie dich kriegen, bringe ich dich lieber um.«

Helene wurde ganz bleich.

»Die sind ganz schrecklich mit Frauen«, sagt Harald, »und ich freue mich, wenn ich einen erwische.«

»Macht es dir nichts aus? Gar nichts?«

Der Hauptmann rührte sich.

»Kommen Sie, bitte.«

»Ich –«, flüsterte Helene hilflos, »ich kann nicht.«

»Geh, Mutter«, sagte Harald.

Helene ließ sich wieder auf die Knie und kroch auf allen vieren hinaus. Der Hauptmann schnellte sich geschickt durch das Zimmer und knapp hinterher knallte es wieder mehrmals, und der Staub rieselte aus der Wand.

Helene stand schon in dem dunklen Flur und sie sah im Zurückblicken ihren Sohn Harald, geduckt und mit hochgerissenem Gewehr, das altbekannte, das geliebte Profil, das Knabengesicht, fast verdeckt vom Schaft des Gewehres, in jener Entfernung aus allen gewöhnlichen Bildern, die sie erschauern ließ.

»Kommen Sie«, sagte der Hauptmann, und Helene ging schweigend mit ihm über die Treppen hinunter.

»Schrecklich, wås?«

»Furchtbar«, sagte sie und hielt sich am staubigen Geländer fest, so schwindelig fühlte sie sich auf einmal.

»Begreifen Sie, daß nichts zu machen ist?«

»Ich begreife gar nichts.«

»Nichts zu machen«, sagte der Hauptmann.

Helene preßte die Lippen zusammen. Ihre Blicke wurden fast blind, und undeutlich nur nahm sie die Straße wahr. »Es ist nicht mein Sohn«, sagte sie, »das ist er irgendwie nicht mehr.«

»Er ist es wie früher.«

»Nein, nicht wie früher.«

»Sie haben ihn nur nicht gekannt.«

»Ich sollte meinen eigenen Sohn nicht kennen?«

Sie ging schwankend und fror in der Luft, obwohl es nicht kalt war. Es war nur die Fremdheit, in der sie fror. Eine plötzliche, schreckliche Fremdheit. So als erkenne sie nichts mehr. Als sei selbst die Luft etwas ganz Neues, Nieerlebtes. Als seien alle Häuser ringsum nie erlebt. Als sei alles, was sie sah, nie erlebt.

Frau Kordes blieb auf der Kirchentreppe stehen.

»Kommen Sie, kommen Sie!« sagte der Unteroffizier, »da draußen können Sie nicht stehenbleiben.«

Er war ein etwas nervöser, blasser Mensch, mit einem pickeligen Gesicht und tiefliegenden Augen.

Die Kordes betrat die Kirche. Sie blieb stehen und sah sich um.

Die Kirche sah verwahrlost aus. Die hölzernen Bänke waren durcheinandergeschoben. Überall lag Papier herum, Reste von Stroh, von Kisten, von Lumpen. Durch die zersprungenen Fenster kam graues Licht herein wie ein Rauch von Trostlosigkeit.

Die Kordes atmete tief. Ihr Blick suchte im Hintergrund den Altar und das Bild des Gekreuzigten. Ja, mit ausgebreiteten Armen schwebte er in der staubigen Luft, selber staubig und allen Glanzes beraubt.

»Was ist denn?« sagte der Unteroffizier, »bleiben Sie doch nicht andauernd stehen.«

Seine Augen wurden rund und verblüfft, denn die Kordes ließ sich auf die Knie herunter.

Der Soldat wollte lachen, aber er konnte es nicht.

»Das hat ja nun keinen Zweck«, murmelte er und war plötzlich unendlich verdrossen. Er fummelte in seiner Tasche herum und brachte eine Zigarette zum Vorschein. Er ging nach vorn und dann quer durch die Sakristei. Seine Schritte hallten, und es war, als werde der Staub dichter.

Der Unteroffizier warf die Tür zur Sakristei zu und stieg die Treppe zum Turm hinauf.

Er ging ganz langsam.

Von oben kam eine Stimme: »He, was ist los?«

Aber der Unteroffizier sagte nichts, bis er oben war.

»Ablösung«, sagte er dann, »deine Mutter steht unten.«

Der Junge in der Uniform starrte den Unteroffizier an.

»Mach keine Witze.«

»Ist kein Witz. Los, geh. Ist was los?«

Er sah durch die Schallöcher auf die Stadt und auf die Felder ringsum. Die Luft war ein wenig rauchig von Bränden und man konnte nicht sehr weit sehen.

»Schwer was los«, sagte der Junge. »Da hinten fahren sie mit Panzern rum. Soll ich wirklich runter?«

»Ich hab's dir ja gesagt. Los, geh, Mensch.« Der Unteroffizier warf seine Zigarette durch das Fenster.

»Bepflastern sie den Turm?«

»Vor einer Stunde haben sie drei Schuß hierhin gesetzt.«

Der Unteroffizier grinste.

»Paß auf, ich segle runter. Ich habe immer gedacht, es passiert, wenn ich nicht drauf bin. Aber der hält so lange, bis ich mit ihm runterfalle. Scheiße.«

Der Junge stand unschlüssig da.

»Mensch«, schrie der Unteroffizier plötzlich, »nun geh doch endlich.«

Verwirrt stieg der Junge die Treppe hinunter.

Von der Höhe der Orgel aus hatte er einen Blick in die Kirche. Er sah in die graue Tiefe, und unten, zwischen Lumpen und Kirchenbänken, ganz einsam in der grauen, staubigen Luft, sah er eine Frau.

»Mutter«, schrie die Stimme aus der Höhe.

Frau Kordes blickte auf, aber mehr rührte sie sich nicht.

Die Tür zur Sakristei schlug auf und wieder zu. Der junge Soldat kam aus dem Hintergrund gelaufen, bis er vor seiner Mutter stand.

»Gerd«, sagte Frau Kordes und hob die Arme.

»Ich hab' gedacht, der macht Witze. Wo kommst du denn her? Was ist denn los?«

Frau Kordes hatte ihren Sohn mit aller Kraft umschlungen, aber dennoch war es, als halte sie sich nur an ihm fest, um nicht umzusinken. So weich war sie in den Knien.

»Ich hab' immer gedacht«, murmelte die Kordes, »sie lassen die Kirchen in Ruhe.«

Sie setzte sich in eine Bank.

»Ich wollte dich holen, und du warst weg. Da bin ich dir nachgegangen, und mit Gottes Hilfe fand ich dich.«

Der Junge starrte sie an. Er setzte sich neben sie auf die Bank.

»Das sieht dir wieder mal ähnlich«, sagte er, »weiß Vater davon?«

»Nein.«

Der Junge lachte.

»Warum bist du hierhin gegangen?« fragte die Kordes.

»Warum? Weil – – du weißt doch, was los ist. Sollen wir den Krieg verlieren? Vater versteht das bestimmt. Sie haben mich gleich als Beobachter eingesetzt. Da oben.«

Die Kordes schauerte zusammen. Sie sah Jesus Christus an, der stumm und staubig vom Kreuz herabsah.

»Er war immer lebendig«, murmelte die Kordes, »obwohl er am Kreuz hängt –«

»Was, Mutter?«

»Er lebte, er lächelte. So ging's mir immer. Vom Kreuz herab lächelte er. Und jetzt –?«

Sie sah ihren Sohn mit abwesenden Blicken an.

»Und jetzt ist er tot. Dieser da ist tot. Siehst du es?«

Gerd zuckte unsicher mit den Schultern.

Die Kordes stand auf.

»Sie haben ihn totgemacht. Diesen da. Siehst du das auch?«

Auch Gerd stand auf.

»Ich weiß ja, wie du bist, Mutter, aber –«

»Was aber?«

»Geh wieder weg, Mutter. Wir fahren vielleicht mal wieder Verwundete weg. Da mußt du mit.«

Die Kordes starrte ihn an. Es war zu sehen, daß sie ganz fertig war. Ihr Mund und ihr Kinn zitterte, als würde sie gleich weinen. Ihre Stimme war so, wie Gerd sie noch nie gehört hatte, flüsternd, fast ohne Klang.

»Komm, Junge. Laß uns beten. Wir wollen hinknien und beten. Nur mit Gebeten machen wir ihn wieder lebendig.«

»Aber hör doch, Mutter –«

»Knie dich hin, Junge.«

Sie faßte seine Hand. »Komm, knie.«

»Laß doch.«

»Knie dich hin«, flehte die Kordes.

»Nein«, schrie der Junge wütend. Er sah sie verwirrt und aufgeregt an. »Richtig komisch bist du wieder mal. Genau wie zu Hause.«

Die Kordes sank fast ein wenig in sich zusammen. Auch war es, als kehrten jetzt alle Geräusche zurück. Man hörte Abschüsse, das Hämmern von Maschinengewehren, Motorenlärm und fern einen Schrei.

Die Luft wehte wie Rauch durch die geborstenen Fenster herein.

»Mutter«, sagte der Junge leise.

Aber sie antwortete nicht. So wie sie da stand, sah sie nun selber staubig aus, verloren und stumm.

»Mutter?« rief der Junge jetzt lauter.

Langsam wandte sich die Kordes um und ging zur Kirchentür zurück, die schief in den Angeln hing und wie im Winde schwankte.

Sie sah sich nicht um.

Gerd folgte ihr. Glas knirschte unter seinen Füßen, und er nahm den Geruch wahr von Abfall, von Verdorbenem. Er legte sich quälend auf die Lunge.

»Was ist es?« fragte die Behrens kurz.

Doktor Weinert sah sie aufmerksam an. »Glatter Durchschuß. Er hat Schwein gehabt.«

Die Behrens nickte.

Der Arzt stieß die Tür auf und gab den Blick frei in den Keller. Es war der Heizungskeller einer Schule. Blanke Birnen brannten trübe. Auf dem Boden lagen die Verwundeten, eine Reihe rechts, eine Reihe links.

Es roch nach Schweiß. Die Luft war so stickig und verdorben, daß die Behrens zunächst einmal die Luft anhielt.

Die Köpfe drehten sich ihr zu. Die Behrens schritt gleichsam durch ein Spalier von Blicken.

Und dann sah sie ihren Sohn. »Georg«, rief sie.

Er richtete sich auf, stützte sich auf seine Ellbogen und lachte.

Langsam ließ sich die Behrens nieder.

»Mutter«, sagte der Junge mit blanken Augen, »ich hab' schon gehört. Ich wollt's nicht glauben. Ich hab' gedacht, die spinnen alle. Aber –«, er lachte laut und unbekümmert, »– dann habe ich's doch geglaubt. Weil ich dich ja kenne.«

»Ja, du kennst mich«, flüsterte die Behrens. Ihr Blick suchte seinen Arm, der weiß verbunden war.

»Ist nichts«, lachte er, als er ihren Blick sah.

»Nein, es ist gar nichts«, sagte die Behrens, »ich sehe es.«

Und sie dachte: Mein Glück sind ein paar Millimeter. Ich danke Gott für die paar Millimeter.

Der Junge sah sie mit fiebrig munteren Augen an.

»Jetzt krieg ich das Verwundetenabzeichen, Mutter. Vielleicht auch das Eiserne Kreuz. Sie haben mich eingereicht.«

»So?«

»Ja. Ich habe einen Panzer geknackt.«

»Hast du?«

Der Junge nickte.

»Beim Gaswerk. Wir waren drin, in so 'ner Halle, und einer sagte plötzlich: Panzer! Ich gleich raus.«

»Ja –«

»Der Panzer kam über den Bahndamm. Da mußte er hoch. Es war ein T 34.«

Der Junge lachte.

»Der hätte uns alle zur Sau gemacht, aber als er über den Bahndamm kam, hatte er die Kanone in der Luft, die MGs auch. Und da habe ich ihn abgeknallt, mit der Panzerfaust.«

Die Behrens sagte kein Wort.

»Glaubst du es nicht?«

»Doch.«

Der Junge lachte wieder und legte sich hin.

»Hast du Schmerzen?«

»Nein.« Seine dunklen Augen glühten.

»Mensch Mutter, war ich froh, daß ich den abgeschossen hatte. Der brannte wie eine Fackel. Die Russen wollten noch raus, aber sie konnten nicht.«

Die Behrens furchte ihre glatte Stirn, die ganz im Schatten lag.

»Ich dachte, ich hätte Angst. Man weiß ja nie, wie es ist. Vorher, meine ich. So 'n bißchen, dachte ich, ich hätte vielleicht Angst. Aber ich hatte gar keine. Es war gar nichts dabei.«

Die Behrens strich über sein Gesicht. Sie lag halb auf seinem Lager, und alle Verwundeten sahen es.

Keiner sagte etwas.

Aber ganz plötzlich hörte man einen erstickten, wimmernden Laut

Jetzt erst sah die Behrens auf den jungen Menschen, der neben ihrem Sohne lag.

Ihr Blick erfaßte ein schmales, entrücktes Gesicht, eine Knabenstirne, die von Schweiß glänzte.

Georg sah die Mutter an.

»Der ist aus meiner Klasse«, flüsterte er unsicher. »Er stirbt.«

Die Behrens rührte sich gar nicht, dann sah sie auf.

Doktor Weinert, der die ganze Zeit neben ihr gestanden hatte, zuckte müde mit den Schultern.

Die Behrens stand auf und ging auf die andere Seite. Sie beugte sich über den Jungen, der die Augen öffnete. Die Behrens sah, daß sie blicklos waren, dunkel, verhangen, blind.

Langsam tasteten sich die Hände der Ärztin um den Kopf des Jungen.

Die Lippen des jungen Menschen öffneten sich. Sie waren wie die Lippen eines Mädchens, fein, weich geschwungen.

»Mutter.«

Das Wort kam wie ein Hauch aus dem Munde des Jungen. Es war fast nicht zu hören, aber es schien, als hätten alle es gehört. So still war es. Nur irgendwo tropfte Wasser aus einer Leitung.

»Ja, mein Junge«, sagte die Behrens. Ihre Stimme war plötzlich ganz weich.

»Ja, mein Junge, ich bin ja da, ich bin ja bei dir –«

Die Hände des jungen Mannes bewegten sich.

»Hab keine Angst, mein Junge, ich bin bei dir, hörst du, ganz nah bei dir.«

Es schien, als lausche der Verwundete. Sein Gesicht war wie ein Spiegel, der beschlagen ist und auf dem nur undeutliche Bilder zu sehen sind, die fern aus der Tiefe ans Licht wollen.

»Mein armer Junge«, sagte die Behrens, »spürst du, daß ich da bin? Du bist nicht allein. Gib mir deine Hände –«

Doktor Weinert stand regungslos.

Der junge Mensch bewegte seine Hände. Die Behrens faßte sie, streichelte sie. Ihr Gesicht war tränenüberströmt, ihr Atem kam zitternd aus ihrem Munde. Es war, als müsse sie unterdrücken, daß sie aufschreie. Sie streichelte die Hände, das Gesicht, die Haare des jungen Menschen.

»Mein Kind«, flüsterte die Behrens, »mein liebes Kind, was kannst du dafür? Gar nichts kannst du dafür, daß du hier liegst.«

Sie küßte die Hände des Jungen und fuhr mit zuckenden Lippen über seine Stirn.

Doktor Weinert sah sich um. Überall im Keller hatten sich die Verwundeten, so weit sie nur konnten, aufgerichtet und starrten schweigend herüber.

Dann stand die Behrens auf. Sie strich über ihre Stirn, als müsse sie etwas wegwischen.

Erwachend sah sie die Gesichter aller.

»Wissen Sie«, sagte sie leise zu Doktor Weinert, »ich war darauf eingerichtet, so zu meinem Sohn sprechen zu müssen.«

»Ist er tot?« fragte Georg.

Die Behrens sah in den dunklen, fiebrigen Augen ihres Sohnes Angst.

»Wenn er tot ist, Mutter –«, flüsterte er, »dann nehmen sie ihn doch gleich hier weg?«

»Ja«, antwortete die Behrens, »wahrscheinlich.«

Langsam ging sie mit dem Arzt zurück.

Sie war so schlaff, daß sie gar nicht wußte, wohin sie ging. Erst als der Arzt ihr Platz anbot, sah sie sich um.

Sie befand sich in einem Nebenkeller, den der Arzt sich eingerichtet hatte. Sie sah ein einfaches Bett, einen Tisch, ein paar Kisten als Sitzgelegenheiten. Weinert goß sich aus einer Flasche ein.

»Mögen Sie auch?«

»Nein, danke.«

Der Arzt kippte den Kognak hinunter. Die Behrens sah, daß er gut aussah, nicht mehr jung und noch nicht alt.

»Scheußlich, nicht?« sagte er.

»Ich möchte nicht mit Ihnen tauschen«, antwortete die Behrens rauh.

Weinert lächelte abwesend.

»Das Schlimmste ist«, sagte er langsam, »daß man sich an alles gewöhnen kann. Wenn Sie mich fragen, ich habe mich an alles gewöhnt.«

Er verbesserte sich: »Fast an alles.«

»Und woran nicht?«

»Daran, daß ich zuweilen müde werde. Mit dem Messer in der Hand. So müde, daß ich nicht mehr weiß, wie ich heiße. So müde, daß ich – –«

Er brach ab. Er legte sich auf sein Bett und blickte sie plötzlich jäh an.

»Ihre Geschichte da mit dem jungen Menschen –«, sagte er

rauh, »war gut. Sie war so gut, daß es einem fast das Herz umdreht. Aber Sie bringen mir alle Leute durcheinander.«

Er funkelte sie an.

»Wissen Sie, daß der Tod phantastisch ist? Das ist Schlaf, wunderbarer, endlicher Schlaf.«

Die Behrens starrte ihn an und lachte dann.

»Nur so können Sie es ertragen, nicht?« fragte sie.

»Nein«, fuhr sie dann heftig fort, »der Tod ist schrecklich. Ich bin auch Ärztin und habe genug Leute sterben sehen. Ich kann über den Tod nicht philosophieren, ich hasse ihn. Jeder, der lebt, muß den Tod hassen. Wenn er sich auch nicht gegen ihn wehren kann, aber hassen kann er ihn. Hängen Sie sich gleich selber auf, wenn Sie den Tod nicht mehr hassen können.«

Die Behrens sah den Arzt, der langausgestreckt und stumm auf seinem Bett lag, funkelnd an und wies gegen den Keller hin.

»Und dieser Tod da ist der hassenswerteste, der dümmste.«

Ein ganz leichtes, abwesendes Lächeln trat auf das schmale Gesicht des Arztes.

»Diese Rede ehrt Sie«, sagte er müde, »Sie sind eine Frau, und sicher müssen Sie so reden, aber – Sie irren sich. Ich könnte nicht einmal sagen, wo Ihr Irrtum liegt. Aber Sie irren sich.«

Er sprach leise und mit fast eintöniger Stimme. »Der Tod ist etwas Heiliges. Und wenn er auch Köpfe zerschmettert, Brüste einquetscht und Glieder abreißt, wenn er bei Regen kommt, durch den Schlamm oder durch den Schnee – immer ist er etwas Heiliges. Er hat seinen Sinn in sich selber.«

Er drehte jäh den Kopf.

»Aber man braucht vielleicht tausend Stunden, in denen man über nichts als nur darüber nachgedacht hat.«

Die Behrens goß sich nun doch einen Kognak ein.

»Blödsinn«, sagte sie mit ihrer gewöhnlichen, rauhen Stimme, »das Leben ist etwas Heiliges, nur das, und sonst gar nichts.«

Der Arzt antwortete nach einer Pause leise: »Sie haben viel Liebe in sich.«

Die Behrens starrte ihn an.

»Ich?« Ihre Stimme kippte fast über, als wollte sie lachen, aber als könne sie es plötzlich nicht.

»Ich habe mit Liebe überhaupt nichts zu tun.«

Der Arzt antwortete nicht mehr. Es war ganz still im Raum. Ganz fern und undeutlich hörte man den verworrenen Lärm des Gefechts.

Drei Frauen in einem Zimmer, blaß, verstört. Ein Leutnant, der mit der Hand hinaus zeigte.

Die Pastorin sah durch das Fernglas.

»Ich sehe nichts«, sagte sie.

Der Leutnant lachte. »Ich sehe es mit bloßem Auge.«

Die Pastorin suchte den Friedhof mit dem Fernglas ab. Sie sah die Mauer, Kreuze, die zerschossene Kapelle, aber sie entdeckte keinen Menschen.

Der Leutnant sah die Pastorin an. Klein, zart und schmal stand sie am Fenster.

»Sie kommen ja gleich«, sagte er dann und ging in den Hintergrund des Zimmers, wo Frau Seliger auf der Kante eines Stuhles saß, als hätte sie gerade bei einem Kunden ein Kleid abgeliefert. Inge Maltzahn dagegen sah sich neugierig um.

Der Raum hatte einmal einem Zahnarzt gehört. Ringsum standen Vitrinen, an denen aber die Scheiben zerbrochen waren. Den breitlehnigen, metallglitzernden Stuhl hatte man in die Ecke geschoben. Auf dem Tisch stand das Feldtelephon.

Einige Soldaten machten sich an Munitionskisten zu schaffen. Ab und zu warfen sie neugierige Blicke auf das Mädchen.

»Jetzt kommen sie«, sagte der Leutnant.

Die Pastorin hob wieder das Glas, und Frau Seliger und Inge waren mit ein paar Schritten neben ihr.

Über die Straße, die vom Friedhof herführte, kamen drei Soldaten.

»Seit einem halben Jahr«, sagte der Leutnant, »habe ich keine so guten Soldaten gehabt.«

Ein Feldwebel im Hintergrund lachte. »Weil sie von Tuten und Blasen keine Ahnung haben.«

»Ist egal, wie das kommt«, sagte der Leutnant.

Immer näher kamen die drei Soldaten, und man unterschied jetzt ihre Gesichter. Sie trugen Maschinenpistolen in der Hand, und die Stahlhelme waren ihnen deutlich zu groß.

»Da ist Edmund«, sagte die Pastorin mit einer Stimme, die plötzlich ganz schwach wurde.

»Und Sie haben Schwein, daß gerade nicht viel los ist«, sagte der Leutnant, »Sie dürfen nur ganz kurz mit ihnen sprechen.«

Die Pastorin wandte sich um.

»Ich nehme ihn mit«, sagte sie mit fester Stimme.

Der Feldwebel lachte und blickte auf den Leutnant.

Der Leutnant war jung, kaum zwanzig Jahre alt.

»Nee«, sagte er, »wenn jemand mitgenommen wird, dann wir alle. Bloß in die falsche Richtung.«

Inge rief: »Das sind doch keine Soldaten. Mein Bruder ist noch auf der Schule.«

Der Leutnant grinste.

»Was meinen Sie, wo ich herkomme? Auch von der Schule. Das mit der Schule ist nämlich gar nicht so wichtig. Was habe ich davon, daß ich Scheiße auf lateinisch sagen kann.«

Ein brüllendes Gelächter erhob sich.

Die Pastorin sah verwirrt von einem zum anderen.

»Verzeihung«, sagte der Leutnant, »ich meine bloß, das mit der Schule ist wirklich Quatsch.«

Die drei Jungen kamen schon die Treppe herauf.

»Edmund«, schrie die Pastorin und umarmte ihren Sohn.

Die Näherin hob schlaff die Arme, und Werner, der Fünfzehnjährige, faßte unter ihre Achseln, sonst wäre sie gefallen. Robert stand vor Inge und sagte nur: »Mensch, Inge.«

Der Leutnant grinste schief und sagte zum Feldwebel: »Das ist durchaus etwas Neues. Man sollte Schilder schreiben: Besuche während der Schlacht nicht erlaubt.«

Irgendwie war er total durcheinander, und der Feldwebel, der zwanzig Jahre älter war, wußte es.

»Mutter«, sagte Werner und lachte, »so was Verrücktes kannst auch nur du machen. Wie bist du bloß hierhergekommen? Ich werde ganz fertig, wenn ich denke, wie du bloß hierhergekommen bist. Richtig verrückt ist das.«

Dabei küßte er sie, und die kleine Näherin lag in seinen Armen, leicht wie eine Feder und tränenüberströmt.

»Wein doch nicht, Mutter.«

»Warum bist du weggelaufen?«

»Weil –«

Aber jetzt antwortete Edmund, den die Pastorin immer noch im Arm hielt.

»Du verstehst es doch, Mutter, ja?«

»Nein, Junge.«

»Aber Mutter«, sagte Edmund, und seine Augen leuchteten auf, »es sieht doch so aus, als ob alles verloren ist. Jetzt brauchen wir doch jeden Mann.«

Die Pastorin sah ihn aufmerksam an.

»Sieh mal, Mutter, das Vaterland ist doch in Gefahr. Jetzt kann man doch nicht mehr fragen, wie alt einer ist. Jetzt muß sich doch jeder einsetzen. Sollen die hier alles kaputt machen? Und wie die alles kaputt machen, Mutter –«

Die Pastorin lauschte immer noch.

Der Leutnant saß in dem Stuhl des Zahnarztes und steckte sich eine Zigarette an, der Feldwebel stand in der Tür, einen gefüllten MG-Gurt in der Hand.

»Du weißt doch, was Vater gesagt hat, Mutter. Für etwas, wovon man überzeugt ist, muß man sich doch einsetzen.«

Der Leutnant brauchte eine Weile, um seine Zigarette anzustecken, und der Feldwebel stand wie aus Stein.

Die Pastorin lächelte.

»Ja, Junge«, sagte sie, »aber –«

Sie brach ab.

Edmund stand vor ihr mit glänzenden Augen.

»Ich weiß, daß du Angst hast, Mutter, das ist ja auch richtig, aber ich kann doch nichts anderes machen.«

»Nein, Junge«, atmete die Pastorin.

Sie hatte den weiten Weg gemacht wie im Traum. Unablässig hatte sie im Herzen Worte hin und her bewegt, und nun fiel ihr keins mehr ein.

Sie sah ihren Sohn an und wußte nicht mehr, was sie sagen sollte.

Sie setzte sich nun selber, weil ihre Knie versagten.

»Und außerdem«, rief Werner, »ist hier doch was los. Das ist doch was anderes als die blöde Schule. Wenn ich daran denke, was die da für einen Quatsch verzapft haben in der letzten Zeit, nee, danke.«

Er lachte. Er hatte die Maschinenpistole so um den Hals gelegt, daß sie quer über seiner Brust baumelte.

Robert sah seine Schwester an.

»Uns hier wegholen«, grinste er, »haste dir gedacht, was?«

Er sah den Leutnant an, als wolle er, daß der nun auch lache. Aber der Leutnant sagte keinen Ton. Er stand auf, als die Pastorin sich wie hilfesuchend an ihn wandte, und zuckte die Schultern.

»Mein Gott«, sagte er, »das ist eine üble Sache. Aber nur eine mehr von lauter üblen Sachen.«

Er fuhr herum und sah Edmund an.

»Und du –«, rief er, »hör bloß auf von Vaterland und so. Den Quatsch kann ich nicht hören.«

Edmund wurde dunkelrot.

»Ja, ja«, sagte der Leutnant nach einer Pause, »ist ja gut, wenn du so denkst.« Hilflos sah er den Feldwebel an, der immer noch regungslos stand.

»Überhaupt –«, schrie der Leutnant aufgebracht, »die ganze Rederei finde ich blödsinnig, geht wieder los und nehmt Munition mit, daß alles wenigstens einen Sinn gehabt hat.«

Die drei standen stramm.

»Jawohl, Herr Leutnant.«

»Nehmt MG-Munition mit und Handgranaten.«

»Jawohl, Herr Leutnant.«

Werner sah seine Mutter an. »Geh, Mutter, ja? Und sei vorsichtig. Ich hab' 'ne Scheißangst um dich.«

Die Pastorin stand zart und hilflos da, so als müsse sie vergehen. Aber dann sah sie das Gesicht ihres Sohnes und lächelte.

»Geh«, sagte sie, »ich werde nochmal mit dem Hauptmann sprechen.«

»Lieber nicht, Mutter.«

»Warum nicht?«

»Ich möchte es nicht. Es hat doch keinen Zweck. Ich geh' doch nicht mit.«

»Nein?«

Er sah sie unsicher an.

»Ich müßte mich ja schämen.«

»Ach so.«

Die drei jungen Soldaten gingen wieder. Sie beluden sich mit MG-Gurten und steckten Handgranaten in die Koppel. Langsam gingen die drei Frauen hinterher.

Der Leutnant stand noch eine ganze Weile stumm da.

»Na?« sagte der Feldwebel.

Der Leutnant wachte auf. »Glaubst du daran, daß wir den Krieg noch gewinnen?«

»Nee.«

»Woran glaubst du denn?«

»An gar nichts«, grinste der Feldwebel und setzte sich nun seinerseits auf eine Munitionskiste.

»Sieh mal«, sagte er langsam, »ich hab' eine Frau zu Hause, drei Kinder, ein hübsches Haus und einen Laden, mit dem ich mich gut ernähren kann.«

»Ja«, sagte der Leutnant ausdruckslos.

»Und die habe ich vergessen. Ich wollte sie natürlich nicht vergessen. Ich hab' 'ne Menge Bilder in der Tasche und hab' sie rumgezeigt. Du weißt ja, wie das ist. Willst du mal sehen? Haben wir doch andauernd gesagt. Bloß, daß wir uns immer erinnern, bloß, daß wir nichts vergessen.«

»Ja und –?«

»Wir vergessen doch. Wir müssen ja vergessen. Ist ja das Allerbeste, zu vergessen. Man wird ja wahnsinnig, wenn man nicht vergißt.«

»Und du glaubst an nichts?«

»Bloß daran, daß wir hier nicht lebend rauskommen.«

Die Nacht war ganz stumm. Aber gefährlich stumm.

Es lag keine Ruhe in dieser Stille.

Patrouillen hatten auf den Feldern Scheuern angesteckt. Die Brände selbst waren lautlos. Der Feuerschein erleuchtete für Stunden das Vorfeld, auf dem sich nichts zu regen schien.

Kein Schuß fiel.

Die Straßen lagen gespenstisch still mit den Häusern, die selbst in der Nacht noch leer und tot wirkten. Ab und zu ging ein Posten ein paar Schritte hin und her, bis er, als habe er Angst vor seinen eigenen hallenden Schritten, wieder in einer Toreinfahrt verschwand.

Es war, als falle Kälte vom Himmel, vermischt mit Wind, der Türen und Fenster bewegte.

Im Keller des Rathauses wurde Verpflegung ausgegeben.

Die Frauen standen mitten unter Soldaten.

»Die Damen zuerst«, rief ein Gefreiter, der mit dem Messer dicke Scheiben von einem Schinken heruntersäbelte.

Ein dünnes Gelächter war im Raum.

»Wir haben alles«, sagte der Gefreite mit einer hohen, fisteligen Stimme, »Gänse, Hühner, Schweine. Hier wird alles kostenlos abgegeben und in guten Portionen.«

»Halt die Schnauze«, sagte eine Stimme aus dem Hintergrund.

»Wieso?« fragte der Gefreite beleidigt zurück, »darf man hier nicht mehr Spaß machen?«

Geschickt strich er einen Klumpen Gänseschmalz auf ein Blatt Papier und schob es der Bergmann zu.

»Da, Muttchen. Kann ich, was?« lobte er sich selber.

Die Bergmann antwortete nicht. Mit schwerfälligen Bewegungen schob sie sich an einen Tisch heran.

Die anderen Frauen setzten sich zu ihr.

»Ich kann nichts essen«, ächzte sie.

»Wir können alle nichts essen«, sagte die Ärztin, »obwohl ich noch am besten dran bin. Mein Sohn hat einen harmlosen Schuß durch den Oberarm.« Sie lachte. »Er wird eine Narbe zurückbehalten und wahrscheinlich sehr stolz darauf sein.«

Sie sah sich um. Die Kordes saß, die Arme breit aufgestützt, als müsse sie sich am Tisch festhalten. Sie aß mit mechanischen Bewegungen, als wisse sie nicht, was sie tue. Ihr Haar hing aufgelöst herunter. Ihr breitflächiges Gesicht war wie leergewischt.

Helene Asmussen saß ebenfalls ganz stumm am Tisch. Ihr Gesicht wirkte in dieser Umgebung hell und strahlend und von einer Blässe, die sie noch schöner machte.

Die kleine Näherin dagegen sah noch zarter und gebrechlicher aus als vorher, so als habe ein sonderbarer Auflösungsprozeß stattgefunden, der ihre Haut durchsichtig machte und papierdünn. Es sah aus, als schwanke sie im Winde ihres eigenen, schwachen Atems.

Die Pastorin sah abwesend vor sich hin.

Inge Maltzahn war die einzige, die mit wachen Blicken um sich sah.

Die Behrens lachte. »Schöne Überraschung hier?« fragte sie und sah Helene Asmussen an, die gleichsam aufschreckte.

»Überraschung, ja«, sagte Helene leise, »wenn man kommt und kennt seinen eigenen Sohn nicht mehr. Ich glaube, ich habe ihn nie gekannt.«

Alle Frauen sahen auf. Sogar die Kordes blickte stumpf herüber.

»Es ist –«, quälte sich Helene, »als habe ihn irgend etwas verwandelt. Er zeigte mir zwei Menschen, die er erschossen hat.«

Ihre Stimme ging weg.

»Und morgen ist er vielleicht selber tot«, sagte die Bergmann. »Meinen habe ich gesehen. Er liegt da wie – – als seien es alte Lumpen. Und nicht mal hin konnte ich.«

Ihre Stimme schwankte.

»Er liegt immer noch draußen. Nicht mal begraben kann ich ihn.«

Sie stand auf und hielt sich mit ihren kurzen, dicken Fingern am Tisch fest.

»Das ist doch Wahnsinn –!« Sie sah sich um.

Die Soldaten blickten herüber. Sogar der Gefreite, der mit dem Gänseschmalz hantierte, hielt verblüfft inne.

»Wahnsinn«, schrie die Bergmann, »ich habe es noch nie so begriffen wie jetzt, das ist alles blanker Wahnsinn. Und keiner weiß es, weil sie den Wahnsinn ernst nehmen.«

Die Bergmann sah sich mit blitzenden Augen im Raum um.

»Guckt nicht so«, sagte sie, »ich weiß es.«

Der Gefreite schüttelte den Kopf.

»Was ist denn, Muttchen?«

In diesem Augenblick hörte man Stiefel auf der Kellertreppe. Zwei Feldgendarmen kamen herein. Es wurde totenstill. Sie kamen langsam in die Mitte des Raumes und sahen sich um. Die blanken Schilde vor der Brust blinkten. Es ging etwas Gefährliches von ihnen aus, obwohl sie nichts taten, als sich umsehen.

Es waren vielleicht zwanzig Menschen im Raum. Es war so still, daß man das Atmen hörte.

»Was machen Sie hier?« fragte einer der Feldgendarmen mit einer fast schläfrigen Stimme einen alten Mann in feldgrauer Uniform.

Der Mann blickte furchtsam hoch. »Ich – –«

»Er hat Verpflegung geholt, Hugo«, rief der Gefreite.

»Und wie lange ist er schon hier?«

»Er wärmt sich auf, Mensch, ist doch nichts dabei.«

»Wir müssen alle aus den Kellern holen. Alle sagen, sie wärmen sich bloß auf.«

Der Gefreite kicherte. »Unter der Erde ist es ja auch kälter.«

»So«, sagte der Feldgendarm mürrisch, »und wir gehen alle in den Eimer, nicht?«

»Sowieso«, grinste der Gefreite wieder.

»Los, los«, sagte der eine der beiden Feldgendarmen, und der alte Mann in Feldgrau ging mit leise schlurfenden Schritten zum Ausgang. Alle erhoben sich nun und gingen zum Ausgang, wie eine Herde, die sich plötzlich in Bewegung setzt. Es war Lärm im Raum, weil alle durcheinander sprachen.

So leerte sich der Keller, und es wurde ganz ruhig.

Die Bergmann stand immer noch, aber sie konnte nichts mehr sagen, sie setzte sich.

Der Gefreite kam hinter seinem Tisch vor und setzte sich zu ihnen.

»Kinder, eßt«, sagte er, »ihr könnt essen, was ihr wollt. Trinken auch. Wollt ihr was zu trinken?«

Die Frauen schwiegen.

Die Behrens starrte den Gefreiten an, der fast mädchenhaft hübsch war.

»Wollt ihr Wein? Jede Sorte habe ich. Zusammengesucht. Mach ich in jeder Stadt so. Das ist überhaupt so 'n Ding, sage ich euch. Kein Mensch da. Die ganze Stadt gehört einem. Ich suche mir das jeden Abend aus, wo ich schlafe. Hier habe ich 'ne Villa mit neun Zimmern. So richtig in Samt und Seide schlafe ich. Ich gebe euch gern eine Etage ab, wenn ihr wollt.«

Er lachte.

Die Behrens schaute ihn an. »Warum sind Sie nicht da draußen?«

Der Gefreite ließ statt aller Antwort seine linke Hand auf den Tisch fallen. Sie war aus Holz.

Es entstand eine Pause. Der Gefreite gackste vor Vergnügen mit der Stimme. »Was ist los? Was meint ihr, wie prima ich damit Wein eingießen kann. Ich hab die Flaschen hier.«

Er stand auf und ging in eine Ecke, um die Flaschen zu holen.

»Ja«, sagte die Bergmann, und es war, als komme ihre Stimme tief aus ihrem Innern, »ja. Ich will was trinken.«

Helene Asmussen schauderte. Ganz plötzlich wurde ihr bewußt, wo sie sich befand, in einer kleinen Stadt in Pommern, die gestorben war. In einem Keller dieser gestorbenen Stadt saß sie an einem rohen Tisch, und ein Schauder überlief sie, als friere sie. Als breche der Schauder haarfein aus ihrem Inneren. Entsetzt bemerkte sie, daß sie sich gegen ihn wehren mußte, denn er war dabei, ihren Verstand zu überwältigen.

Die Ärztin erkannte es. Sie streckte ihre Hand aus und berührte Helene am Arm.

»Kind«, sagte sie leise, »ist es soweit?«

»Wieweit?« fragte Helene schwach.

»Ich wußte gleich«, sagte die Ärztin, »daß Ihnen noch ein Augenblick bevorstand, der Sie umbringen könnte.«

»Warum?«

»Ich sah es Ihnen an«, gab die Ärztin lakonisch zurück. »Sie sind ein bißchen anders als ich.« Sie lächelte schwach.

»Ich habe immer erwartet, was mir passiert. Ist 'ne Einstellungssache.«

Helene krampfte die Finger zusammen. Sie hatte plötzlich eine schreckliche Angst. So als wisse sie jetzt erst, was Angst ist.

»Kann man nicht«, sagte sie, »noch einmal mit dem Hauptmann sprechen? Er muß uns doch gehen lassen – – mit unseren Kindern.«

Der Gefreite stellte die Flaschen auf den Tisch.

»Helfen Sie mir, sie aufmachen?« fragte er Inge Maltzahn.

Er sah sie dann wieder an. »Gott, sind Sie ein nettes Mädchen.«

Die Kordes blickte auf, als sei das Wort Gott bis unter ihre Oberfläche gedrungen.

»Gott ist tot«, sagte sie tonlos, »sie haben ihn verjagt, und er ist gegangen.«

Sie blickte sich um und setzte mit versagender Stimme hinzu: »Wir sind allein.«

Der Gefreite sah sie erstaunt an. »Gott?« fragte er, »was redet ihr denn von Gott?«

Die Kordes blickte mit verhangenen Augen. »Wissen Sie, wo er ist?«

»Ich?« Der Gefreite lachte unbefangen. »Nee, ehrlich gesagt, ist mir auch egal. Los, Kinders, wir trinken. Geht heute alles auf meine Rechnung.«

Mit einem Knall zog er den ersten Korken heraus.

Der Hauptmann ging unruhig auf und ab.

Die Verdunkelungspappe wehte vor dem zerbrochenen Fenster hin und her. Der Raum gehörte zum Rathaus, Schreibtisch und Aktenschränke waren an die Seite geschoben. Ein Feldbett stand im Zimmer. Und auf diesem Feldbett saß Helene Asmussen.

Die Uhr an der Wand zeigte zehn Uhr abends.

»Sie denken –«, sagte der Hauptmann, »ich sei Herr über Leben und Tod. Wenigstens über das Ihrer Kinder. Aber das bin ich nicht.«

»Sie brauchen doch nur den Befehl zu geben«, sagte Helene leise. »Sie haben mich alle geschickt, daß ich Sie bewege, die Erlaubnis zu geben.«

Der Hauptmann fuhr herum, als wolle er eine heftige Antwort geben. Aber dann starrte er doch nur lange auf das Gesicht der Frau und schwieg.

Sein Gesicht drückte nichts aus. Die Beherrschung, die er sich auferlegte, schlug sich nur wie in einem Schatten darauf nieder.

Er zuckte die Schultern.

»Sie können nicht heraus.«

»Aber man hört doch nichts. Es ist ganz still draußen.«

Der Hauptmann lächelte leicht und fast abwesend.

»Das hat nichts zu sagen. Die Russen sind da, glauben Sie mir und – es tut mir leid für Sie.«

Er schüttelte den Kopf. »Aber selbst wenn der Weg nach Westen offen wäre, Ihre Jungen könnte ich Ihnen doch nicht mitgeben. Ich brauche sie.«

Schweigen war wieder im Raum, dann sagte Helene leise: »Sie sprechen wie Ihr General.«

»Ohne Absicht.« Er gab sich einen Ruck und begann langsam und zögernd zu sprechen: »Offizier zu sein ist sehr schwer. Ich bin es noch nicht lange, wenn ich auch schon Hauptmann bin. Jeder Soldat träumt davon, einmal Offizier zu sein. Der Vorteile wegen, die man hat. Man darf zweiter Klasse fahren, man wird von jedem gegrüßt, es lebt sich leichter mit Achselstücken. So denkt man, und so habe ich auch gedacht, aber – – irgendwann einmal kommt der Augenblick, da man begreift, wie unendlich schwer es ist, Offizier zu sein.«

Er sah Helene an und hob die Hand.

»Lassen Sie mich mal reden. Es tut mir gut und vielleicht haben Sie einen Vorteil davon. Sehen Sie, ich muß, wenigstens in diesem Augenblick, nach eigenem Ermessen handeln. Befehle geben und entscheiden über etwa dreihundert Mann –«

»Menschen«, atmete Helene.

»Gut, Menschen. Es ist meine Aufgabe, dieses Land hundertmeterweise mit Menschenleben aufzuwiegen. Das Stück im Judenfriedhof beispielsweise hat mich bis jetzt dreißig Mann gekostet –«

»Menschen«, atmete Helene wieder.

»Gut, Menschen. Es wird mich weitere dreißig kosten oder noch mehr. Ist es mir das wert? Muß es sein? Irre ich mich vielleicht? Sollte ich es nicht lieber aufgeben?«

Er funkelte sie an.

»Das frage ich mich, und das habe ich mich zu fragen. Andauernd. Und niemand darf es merken. Wehe, wenn ich zeige, wie sehr ich mich damit quäle.«

»Aber Sie quälen sich?« fragte Helene.

Der Hauptmann stand genau unter der Glühbirne, so daß sein Gesicht grell beleuchtet war.

»Ja natürlich«, sagte er ganz leise.

Helene stand auf, ging auf ihn zu. »Bitte«, flüsterte sie, »geben Sie uns unsere Söhne zurück. Wenigstens damit sollten Sie sich nicht quälen.« Sie hob die Hände und berührte mit den Fingerspitzen die Brust des Hauptmanns. Er schwankte fast unter der Berührung. Schwach sagte er: »Warum erzählte ich Ihnen das alles? Warum zeige ich Ihnen, wie mir zumute ist? Damit Sie erkennen, daß ich keine Macht darüber habe. Ihre Söhne sind mir zugeteilt. Es steht mir nicht zu, eine Entscheidung darüber zu fällen, ob sie Soldaten sind oder nicht.«

Er faßte ihre Hände, die immer noch leicht seine Brust berührten. Seine Hände waren plötzlich schweißig, seine Finger krampften sich um ihre.

»Sie kennen meinen Befehl nicht«, sagte er so leise, daß sie ihn kaum verstand. »Mein Befehl lautet, diesen Ort zu verteidigen –«, seine Stimme tropfte jetzt jedes einzelne Wort –, »bis zum letzten Mann.«

Helene schauderte.

»Was heißt das?« flüsterte sie.

Der Hauptmann antwortete nicht. Er ließ ihre Hände los.

»Das ist ein verrückter Befehl«, sagte Helene schwach, »er hat doch keinen Sinn.«

»Ich weiß nicht, ob er Sinn hat.«

»Und fragen Sie nicht danach?«

»Es ist nicht nötig, denn ich kann es nicht beurteilen. Vielleicht ist er richtig, vielleicht ist er falsch.«

»Er kann also falsch sein?«

Der Hauptmann zögerte und zuckte dann mit den Schultern.

Helene setzte sich wieder auf das Feldbett. »Unsere Söhne sind also – verloren?«

»Vielleicht«, rief der Hauptmann, »es kann sein. Ich weiß es selber nicht. Vielleicht kommt ein Befehl, der uns befiehlt, uns nach Westen durchzuschlagen. Ich hoffe, ich rechne damit.«

Er strich über sein Gesicht, als müsse er seine Schwäche wegwischen.

»Verstehen Sie«, sagte er müde, »ich bin nicht unruhig meinetwegen. Ich kann sterben, ich weiß es. Es bedeutet mir nichts. Wenn ich selber Angst hätte, dürfte ich keinen einzigen Befehl geben, der vielleicht Tod für andere bedeutet. Ich bin nicht mal ein Held, weil ich weiß, daß ich in der gleichgültigsten Weise sterben kann.«

Ein Feldwebel kam jetzt herein.

»Alles ruhig, Herr Hauptmann«, meldete er, »keine Panzergeräusche.«

Der Hauptmann stand straff. »Gut.«

Der Feldwebel ging wieder, und kaum war die Tür zu, als der Hauptmann in seine sonderbare Schlaffheit zurückfiel.

»Mögen Sie Kaffee?« fragte er.

»Nein, danke.«

»Gar nichts?«

»Bitte, nicht.« Helene konnte kaum mehr sprechen. Sie legte sich auf das Feldbett. Sie ließ sich fallen und hob auch die Beine auf das Bett.

»Darf ich?« flüsterte sie.

»Natürlich. Macht nichts«, antwortete der Hauptmann. Er sah die Frau an. Sie hatte das Gesicht zur Seite gewandt, so daß er den vollen Anblick ihres Profils hatte. Der Anblick beunruhigte ihn so, daß er plötzlich sein Herz schlagen hörte.

Und ganz plötzlich stiegen Bilder aus der Vergangenheit auf. Die Erinnerung überfiel den Hauptmann geradezu mit körperlicher Gewalt.

Es war vor drei Jahren in der Gegend von Shitomir. Er sah das Dorf im Schnee, das sie gegen eine Übermacht verteidigten. Es war so kalt, wie er nie gedacht hatte, daß es kalt werden könnte. Die Kompanie bestand nur noch aus dreißig Mann. Die Russen saßen im selben Dorf, einige Häuser weiter. Die Lage war aussichtslos.

Und auf dem Boden der zerschossenen Hütte lag Leutnant Wildersen mit amputierten Armen.

Der Hauptmann sah wieder das dunkle Gesicht vor sich mit den flehenden Augen und hörte die Stimme: »Es ist aus, Werner, nicht?«

»Wieso? Nichts ist aus.«

»Wir kommen hier nicht weg. Ich weiß es.«

»Ich habe keine Ahnung.«

»Wie spät ist es?«

»Sieben Uhr.«

»Schon dunkel. Ist der Himmel klar?«

»Nein, es sind Wolken.«

Die Stimme zitterte. »Wenn Wolken sind, brecht ihr aus, nicht?«

»Ich weiß es nicht.«

»Ihr könnt keine Verwundeten mitnehmen. Kannst du ruhig sagen.«

»Ich weiß es wirklich nicht.«

Wildersens Stimme war unwirklich.

»Werner?«

»Ja.«

»Laß mich nicht hier liegen. Erschieße mich, wenn ihr geht.«

»Du bist wahnsinnig.«

Wildersen flehte. »Du weißt, was sie mit den Verwundeten machen. Erschieße mich, ich bitte dich darum. Du bist mein Freund, du mußt es tun.« Er hob die verstümmelten Arme. »Ich kann es ja nicht.«

Und dann war Mommsen reingekommen. Er hatte nur in der Tür gestanden, ganz in den Dampf seines Atems gehüllt. Er hatte nichts gesagt, denn Wildersen drehte sich gleich um und forschte mit den Blicken.

»Ihr geht, ja?« fragte er.

»Hör doch auf mit dem Quatsch.« Und dann war er rausgegangen zu Mommsen. Mommsen war in der Dunkelheit fast nicht zu sehen.

»Es ist soweit«, sagte er, »um acht brechen wir durch.« Seine Stimme wurde rauh. »Es ist Befehl, die Verwundeten zurückzulassen. Es ist unmöglich, sie mitzunehmen.«

»Ja.«

Mommsen verschwand in der Dunkelheit.

Kaum war er wieder in der Hütte, als Wildersen gleich lossprach.

»Ich weiß Bescheid. Es ist so, als ob ich alles gehört hätte. Komm, setz dich.«

Der Hauptmann entsann sich eines jeden Satzes. Wildersen hatte schwach gelächelt.

»Du mußt keine Angst haben«, sagte Wildersen.

»Aber ich kann dich nicht erschießen. Es ist gar nicht sicher, daß du verloren bist.«

»Doch, ich weiß es. Tue es.«

»Nein.«

»Tu es für meine Mutter.«

»Du bist verrückt.«

»Nein, ich bin ganz vernünftig. Steck mir eine Zigarette an.«

Langsam hatte er die Zigarette herausgeholt. Er hatte sie angesteckt und Wildersen zwischen die Lippen geschoben. Dabei ließ Wildersen keinen Blick von ihm. Er stieß den Rauch aus und sagte: »Ich bin ganz ruhig. Du mußt nicht denken, daß ich verzweifelt bin. Ich bin erst verzweifelt, wenn du weggehst.«

Der Hauptmann erinnerte sich an jede Einzelheit. Die Dielen waren staubig und Wildersen lag auf seinem Mantel. Der gemauerte Ofen glühte mit ein paar letzten Scheiten. Das Schlimmste aber war das Gesicht von Wildersen.

»Du bist ein netter Kerl, Werner«, hatte er gesagt. »Weißt du noch, als du zur Kompanie kamst?«

»Ja, ja.«

»Ich mochte dich gleich. Du weißt, daß ich nicht leicht jemanden mag.«

»Ich weiß es.«

»So im Kriege schließen sie sehr schnell Freundschaften. Bloß weil sie einmal aus demselben Kochgeschirr gegessen haben. Oder sind zusammen im Puff gewesen. So eine Freundschaft meine ich nicht.«

»Rede nicht davon. Hast du Schmerzen?«

»Ein bißchen. Es brennt in den Armen.«

Der Hauptmann erinnerte sich, daß er dachte: Hoffentlich wird er ohnmächtig. Aber Wildersen wurde nicht ohnmächtig. Er hatte ihn ununterbrochen angesehen, nicht einmal hatte er den Blick abgewandt.

»Du –«, hatte er gesagt, »man kommt nicht ohne einen Freund aus. Man muß einen Freund haben oder eine Frau. Du verstehst, ich meine, man muß einen Menschen haben. Man spürt sich selber, wenn man einen anderen spürt.«

»Ja, ja.«

Wildersens Stimme war leise und ganz klar. »Irgendwie habe ich mich darauf gefreut, einmal eine Frau zu haben. Ich glaube, ich hätte sehr gut mit ihr zusammen gelebt. Von mir aus, meine ich. Aber es machte sich nicht, wie du siehst.«

»Bei den Russen haben sie auch Ärzte. Ich glaube nicht, daß sie dich liegen lassen.«

»Sie lassen mich liegen.«

»Nein. Du kommst durch. Ich glaube daran. Ich werde dich später besuchen, wenn du Frau und Kinder hast.«

»Sie lassen mich liegen. Du weißt es. Ich werde nie eine Frau haben. Das ist schade, aber nun ist es egal.«

Wildersen sog noch einmal an der Zigarette, die ihm der andere zwischen die Lippen schob, als wolle er ihm die Worte abschneiden.

»Ich habe nur einen Menschen«, sagte Wildersen, »dich.«

»Ich werde dich trotzdem nicht erschießen.«

Der Hauptmann erinnerte sich, daß er heimlich auf die Uhr gesehen hatte, aber Wildersen bemerkte es.

»Geht ihr schon?«

»Nein.« Dabei stand er schon auf. Er fühlte sich hundeelend, und es hätte ihm nichts ausgemacht, wenn eines der verdammten Granatwerfergeschosse, die die Gegend abstreuten, ihn neben Wildersen auf den Boden gestreckt hätte.

»Ich gehe nur mal nach draußen«, sagte er dumpf und unglücklich. Er spürte, wie Wildersen stumm den Kopf drehte und ihm nachsah.

Die Nacht draußen war beißend kalt. Mommsen kam ihm auf halbem Wege entgegen.

»Wie ist es?« fragte Mommsen, »hast du es ihm gesagt?«

»Nein, aber er weiß es.«

»Verdammte Scheiße«, sagte Mommsen.

Sie gingen nebeneinander durch den Schnee. Der Hauptmann erinnerte sich, daß er zitterte wie nie im Leben. Bis er stehenblieb.

»Ich geh' nochmal zurück«, sagte er zu Mommsen. Mommsen blieb stehen und sagte kein Wort. In der Nacht war sein Gesicht nichts als ein grauer Fleck.

Wildersen lächelte.

»Ich wußte, daß du zurückkommst«, sagte er leise. »Ich danke dir.«

Der Hauptmann schüttelte den Kopf, als müsse er die Erinnerung abstreifen.

Er sah sich um.

Helene Asmussen lag auf dem Feldbett und war eingeschlafen.

Der Hauptmann sah eines ihrer Beine bis zum Knie. Irgendwie empfand er eine strahlende Helligkeit um sie, die ihn schmerzte.

Unruhig ging er auf und ab.

Die Uhr war elf. Er horchte nach draußen. Immer noch hielt die Stille an, diese schreckliche Stille.

Ja, er hatte Wildersen erschossen, wie er es wollte, den lächelnden, dankbaren, freundlichen Wildersen. Er hatte ihn errettet vor Schmerzen, vor Qual, vor Mißhandlung. Es war nichts als Güte gewesen, reinste Güte, aber – –

Der Hauptmann schluckte. Er hätte es nicht verlangen dürfen, dachte der Hauptmann, es zu verlangen war Egoismus. Aber als er es verlangte, mußte ich es tun.

Seitdem, dachte der Hauptmann, bin ich verloren. Auf irgendeine Weise verloren. Niemand kann etwas dafür, daß ich verloren bin. Es ergab sich einfach.

Helene regte sich nicht.

Der Hauptmann trat nahe an das Feldbett heran.

Wie hatte Wildersen gesagt? Man braucht einen Menschen, am besten eine Frau. Man kann manchmal das Beste nicht an sich selber sichtbar machen, sondern nur an einem anderen Menschen.

Der Hauptmann hatte es gehört, aber nicht begriffen. Bis jetzt. Bis zu diesem sonderbaren, verlorenen Augenblick, in einer Nacht, die möglicherweise die letzte war.

Er steckte sich eine Zigarette an. Er wunderte sich, daß er nicht müde war. Er hätte es sein müssen, nach drei Tagen, in denen er nicht zum Schlafen gekommen war.

Und einer anderen Sache entsann er sich plötzlich. So als hinge sie wie an einem dünnen Faden mit der anderen zusammen. Es war in Demjansk. Im Frühjahr.

Wochenlang hatten sie in Ruhe gelegen. Eingegraben irgendwo auf einem Felde. In winterlich gemütlichen Bunkern.

Er war damals Kompaniechef gewesen.

An der Front war nichts los. Hier und da ein Schuß. Der Schnee war weg, nur der Boden schwamm noch in Feuchtigkeit.

Er selbst mußte zu einem Kurzlehrgang, fünfzig Kilometer zurück. Lautnant Beck war für drei Stunden bei der I-Staffel. Und in der Zeit passierte es. Der Gefreite Dünnhaupt bekam Zahnschmerzen.

Später hatte sich der Hauptmann alles genau erzählen lassen.

Dünnhaupt ging zum Feldwebel.

»Mensch«, hatte er gesagt, »ich hab wahnsinnige Zahnschmerzen. Kann ich nicht jetzt zum Zahnarzt?«

»Nee. Warte auf den Leutnant. Ist es schlimm?«

»Ich geh' ein«, stöhnte Dünnhaupt, »ich laß ihn bloß rausreißen.«

»Nee, da mußt du warten.«

»Wann kommt denn Beck zurück?«

»Keine Ahnung.«

Dünnhaupt sagte nur: »Scheiße.« Er konnte es sich erlauben, denn er war drei Jahre bei der Kompanie, von Anfang an, der beste Gruppenführer, den die Kompanie hatte, ein Mann völlig ohne Nerven. Und den Feldwebel hatte er einmal aus dem Wasser gezogen, damals als sie über die Düna gingen.

Dünnhaupt fingerte an seinem Zahn herum.

»Meinst du, ich ginge gern zum Zahnarzt? Ich hab' 'ne Scheißangst davor.«

»Du?«

»Ja, ich. Das ist 'ne Art Nahkampf, den ich gar nicht liebe.«

Der Feldwebel hatte noch gelacht. Es standen noch andere um die beiden herum, und die lachten ebenfalls, als sie sahen, wie Dünnhaupt mit der Zunge im Munde herumwühlte.

Dünnhaupt wartete eine Stunde, dann ging er wieder zum Feldwebel.

»Ich halt's nicht aus.«

»Mach mich nicht wahnsinnig. Ich kann dich doch nicht zurückschicken.«

»Kommißkopp«, sagte Dünnhaupt wütend.

Der Feldwebel lachte. »Reiß ihn dir selber raus.«

Dünnhaupt grinste gar nicht.

»Paß auf«, sagte er, »ich geh. Du kannst es dem Leutnant sagen oder nicht. Ich bin heute abend wieder da. Merkt der gar nicht.«

»Kann ich nichts zu sagen.«

»Ist doch gar nichts los hier«, brummte Dünnhaupt, »ist mal wieder richtig Kommiß.«

»Wenn du gehst, ich weiß von nichts«, hatte der Feldwebel gesagt.

Und Dünnhaupt ging.

Um vier Uhr nachmittags ging der Angriff los. Aus heiterem Himmel, mit Artillerie, mit Panzern, mit Wellen von Angreifern. Der Hauptmann erinnerte sich des Anrufs, der ihn zurückrief. Er jagte mit seinem Kübel los und war in der Nacht bei der Kompanie. Er kam eine Stunde zu spät, um eine Meldung zurückzuhalten, die er vielleicht zurückgehalten hätte.

Beck hatte es schon an die Division gegeben: Der Gefreite Dünnhaupt hatte sich unerlaubt von der Truppe entfernt.

Der russische Angriff war nach zwölf Stunden abgeschlagen. Es war alles wie vorher, nur daß in den Feldern einige hundert Leichen lagen.

Der Hauptmann erinnerte sich der Gerichtssitzung. Dünnhaupt sah etwas verdrossen drein. Selbst jetzt zeigte er nicht die geringste Angst. Der Divisionsrichter verhörte ihn.

»Der Feldwebel verweigerte Ihnen die Erlaubnis?«

»Jawohl.«

»Wies er Sie ausdrücklich darauf hin, was für Folgen Ihr eigenmächtiges Weggehen haben würde?«

Der Feldwebel, der als Zeuge geladen war, sah unruhig auf Dünnhaupt.

Der Gefreite zögerte nicht eine Sekunde.

»Ja, er wies mich darauf hin.«

»Und warum sind Sie trotzdem gegangen?«

»Weil ich Zahnschmerzen hatte.«

»Sind Sie beim Zahnarzt gewesen?«

»Nein.«

»Warum nicht?«

Dünnhaupt grinste etwas hilflos. »Als ich bei der Division war, hatte ich keine Schmerzen mehr. Sie waren weg.«

»Sie sind also sofort wieder umgekehrt?«

»Nein«, zögerte Dünnhaupt.

»Warum nicht?«

»Ich dachte, sie kommen wieder, die Schmerzen.«

»Wo waren Sie solange?«

»Beim Fourier. Den kannte ich. Der sagte, das beste gegen Zahnschmerzen ist Wodka.«

»Ich denke, Sie hatten keine Schmerzen mehr.«

Dünnhaupt schwieg hilflos.

Der Hauptmann erinnerte sich dieser Hilflosigkeit Dünnhaupts, der gar nicht begriff, was man von ihm wollte.

Das Urteil lautete auf Tod durch Erschießen.

Nie würde der Hauptmann das Erstaunen vergessen, das sich in den Augen des Gefreiten ausdrückte.

Nachmittags war der Hauptmann beim General.

»Ich komme wegen des Gefreiten Dünnhaupt, Herr General«, hatte er gesagt.

»Ja?«

»Ich bitte um Verzeihung, Herr General, der Gefreite Dünnhaupt ist der beste Soldat meiner Kompanie.«

»Glauben Sie, ich habe die Akten nicht gelesen? Ich habe sie sogar genau gelesen. Er ist vielleicht der beste Soldat der Division.«

Der General war aufgestanden. Er ging auf und ab.

»Halten Sie das Urteil für verkehrt?«

Der Hauptmann schwieg.

»Antworten Sie?«

»Es erscheint mir zu hart, Herr General.«

»Dann hätte ich Sie nicht zum Kompaniechef machen sollen.«

Langsamer fuhr er fort: »Hören Sie zu. Sein Pech ist, daß wir April haben und nicht Oktober. Wir haben drei Monate Ruhe hinter uns. Im Oktober wären es wahrscheinlich vier Monate härtester Kämpfe. Das ist der Unterschied. Nichts ist schlimmer für den Soldaten als Ruhe. Er hat eine Neigung, die Kompanie als seine Familie anzusehen und sich zu benehmen, als sei er in einer Familie. Er macht Besuche, er schwätzt wie bei Kaffeestunden und fühlt sich auch genau so. Er kommt und geht, wie es ihm gefällt. Er wird gemütlich, verstehen Sie? Er nimmt sich Familienrechte heraus. Er fängt an, seine Vorgesetzten zu duzen. Er fängt an, sich wohlzufühlen –«

Der General starrte den Hauptmann an.

»Er darf sich nicht wohlfühlen. Die Armee, die sich wohlfühlt, ist verloren. In drei Monaten wird aus der ganzen Armee ein Klub. Deshalb muß ich ihn erschießen lassen.«

Der Hauptmann schwieg, obwohl der General mit den Blicken sein Gesicht abtastete.

»Wir haben das härteste Volk der Erde vor uns und wir spielen nicht Skat mit ihnen.«

Immer noch schwieg der Hauptmann, und nach einer Pause sagte der General, mit seiner gewöhnlichen, rauhen Stimme: »Dieser Dünnhaupt ist gut. Wissen Sie, weshalb er gut ist?« Er setzte langsam und nachdrücklichst fort: »Weil er sich wahrscheinlich auf anständige Weise erschießen lassen wird.«

Der Hauptmann wischte das Bild mit der Hand weg.

Ja, Dünnhaupt hatte sich anständig erschießen lassen. Vor der angetretenen Truppe stand er aufrecht und lehnte es ab, sich die Augen verbinden zu lassen. Mit einer Handbewegung, die sich jedem unauslöschbar einprägte.

Der Hauptmann wachte auf.

Vorbei, alles vorbei. Wildersen vorbei. Dünnhaupt vorbei, der General vorbei. Jedes Wort, das der General gesprochen hatte, vorbei. Weggeweht in die Dunkelheit, in der alles sich in Schatten verwandelte.

Mit schmerzhafter Eindringlichkeit sah der Hauptmann auf Helene Asmussen, die im Schlaf die Lippen geöffnet hatte.

Unruhig nahm der Hauptmann eine neue Zigarette und ging wieder auf und ab.

Helene träumte von ihrem Mann.

Sie war ihm bis nach Warnemünde entgegengefahren, wo er zu tun hatte.

Sie wußte damals nicht, daß es ihre letzte Begegnung sein würde.

Er nahm sie mit in seine Kajüte.

»Das also ist dein Reich«, sagte sie.

Andreas lächelte. »Reich ist zuviel gesagt, meine Schlafstelle.«

»Nein, ich finde es sehr hübsch hier.«

Andreas sah sich selber um und erwiderte: »Komisch. Jetzt finde ich auch, daß es gar nicht so schlecht ist. Aber das kommt nur, weil du da bist, Liebling. Du möblierst mit deiner Anwesenheit selbst eine Telephonzelle.«

»Du bist verrückt.«

»Gefällt es dir nicht, daß ich so etwas sage?«

»Doch.«

»Aber ich habe es nicht gesagt, damit es dir gefiel. Es ist so. Wo du bist, vertreibst du die Einsamkeit.«

»Fühlst du dich einsam, Andreas?«

Er lachte.

»Nicht im gewöhnlichen Sinne. Ich kann dir nicht beschreiben, was ich meine. Du würdest es nicht verstehen.«

»Andauernd redest du von Dingen, die ich nicht verstehe, wie du sagst. Bin ich dumm?«

»Nein, Liebling. Aber ich glaube nicht, daß du weißt, was Einsamkeit ist. Du lebst mit deiner Umwelt, ich lebe gegen sie. Du ziehst dir die Welt an wie ein Kleid und fühlst dich wohl darin –«

Helene lachte laut. »Ist das die Philosophie eines Seeoffiziers?«

»Nein«, lachte auch Andreas.

»Außerdem –«, fuhr Helene fort, »mußt du nicht vergessen, daß ich Harald habe. Schon deswegen kann ich mich gar nicht allein fühlen.«

»Richtig«, sagte Andreas, »wie geht es ihm?«

»Er läßt dich grüßen. Er hätte am liebsten die Schule geschwänzt, weil er mitwollte.«

»Ach.«

»Manchmal bin ich direkt eifersüchtig«, sagte Helene, »es sieht so aus, als gelte ich überhaupt nichts neben dir. Er spricht nur von dir. Er ist direkt vernarrt in dich.«

Andreas sagte gar nichts, dann lächelte er abwesend.

»Mein Strohkopf«, sagte er leise.

»Unser Strohkopf«, antwortete Helene.

»Wie du willst, Liebling.«

»Und wenn du an uns denkst, kannst du dich doch nicht einsam fühlen. Außerdem hast du noch deine Kameraden hier.«

»Ja«, lachte Andreas.

»Es ist doch ganz unsinnig, sich einsam zu fühlen. Ich sag's, weil ich mir Sorgen um dich mache.«

Andreas sah sie an: »Unnötig.« Er schien noch mehr sagen zu wollen, aber er schwieg. –

Helene erwachte.

Die Uhr im Raum schlug zwölf. Sie mußte sich besinnen, wo sie war.

Dann sah sie den Hauptmann, der sich bemühte, die Uhr anzuhalten.

»Schade«, sagte er, »nun sind Sie doch wach.«

Helene konnte gar nichts sagen. Der Traum war noch in ihr, und ganz plötzlich wurde sie zutiefst unruhig. Es war, als begriffe sie, was Andreas mit der Einsamkeit gemeint hatte. Wieder spürte sie den Schauder, der sie bis zu den Zehen überlief.

»Ist Ihnen kalt?«, fragte der Hauptmann.

»Nein, danke.«

Dennoch kam er an ihr Bett und wollte die Wolldecke, die am Fußende lag, über sie ausbreiten.

»Nicht«, bat sie, »ich friere nicht.«

Sie stützte sich auf ihre Ellbogen. In ihr war plötzlich eine einzige Angst.

»Wird geschossen?« fragte sie.

»Nein, es ist ruhig.«

Sie dachte an Harald. Ihr war, als hänge sie nur noch an einem dünnen Faden mit dem Leben zusammen. Und dieser Faden war ihr Sohn.

Ihr Herz klopfte jäh, sie spürte, daß ihr Puls sich beschleunigte.

»Bitte –«, flüsterte sie.

»Ja«, atmete der Hauptmann. Er saß dicht vor ihr, mit einem Gesicht, das sich gleichsam aufblätterte, als dringe, was er fühle, durch jede Pore seiner Haut.

»Bitte –«, flüsterte Helene und legte die Arme um seine Schulter. Im gleichen Augenblick schlossen sich die Arme des Hauptmanns um ihre Schulter. Seine Hände hielten sie mit großer Kraft. Sie tasteten sich zu ihrem Halse, umschlossen ihr Gesicht. Sie starrten sich an, getrennt nur durch wenige Zentimeter.

Helenes Mund war trocken, ihr Bewußtsein schwankte.

»Die Tür –«, flehte sie, »die Tür.«

Der Hauptmann stand auf, ging an die Tür und drehte den Schlüssel herum.

Er stand da, als könne er kaum atmen.

Mein Gott, dachte er, mein Gott. Nur diese zwei Worte, mehr nicht, aber er hätte auch nicht gewußt, was er mehr sagen solle.

Dann küßte er sie, ihren Mund, ihren Hals, ihre Schultern.

Und seine Stimme war in ihm selbst: »Es ist Wahnsinn. Ich weiß nicht, warum es Wahnsinn ist. Aber dies ist Wahnsinn, es ist verrückt, eine phantastische Verrücktheit. O Gott, es ist doch mein letzter Tag, ich weiß es, ich weiß es genau, mein letzter oder mein vorletzter. Ich weiß, daß es zu Ende ist, daß alles zu Ende ist, daß gar nichts mehr weitergeht. Ich liebe diese Frau, obwohl ich nicht einmal ihren Namen behalten habe, ich liebe sie, obwohl es verrückt ist. Ich liebe sie, o Gott, ich liebe sie.«

Dann starrten sie sich an.

Helene atmete in langen zitternden Zügen. Ihr Gesicht war bedeckt von Schweiß, einer ganz zarten Schicht Schweiß, die im Lichte schimmerte. Ihre Augen, hell sonst, sahen dunkel aus, und ganz langsam erst kehrte der Blick darin zurück.

Sie sah den Mann an.

Er strich sich die Haare aus der Stirn, mit einer ganz langsamen, schwankenden Bewegung.

»Ich weiß nicht«, murmelte er, »was ich sagen soll. Glauben Sie nicht, daß ich nichts sagen möchte.«

Er hielt sie noch an ihren Schultern und bemühte sich angestrengt um eine Erklärung.

»Es war nichts Gewöhnliches«, flüsterte er, »wenn es etwas Gewöhnliches wäre, würde ich mich erschießen.«

Seine Stimme schwankte.

»Ich weiß nicht, was es ist, aber – so ist es mir noch nie ergangen.«

Sie sah ihn immer noch an, als habe alle Kraft sie verlassen.

»Bitte, sagen Sie etwas.«

Ihr dumpfer, dunkler Blick ließ ihn nicht los. Leise sagte sie: »Können Sie nicht – bitte, ich frage nur. Können Sie nicht die Kinder – ich meine, nehmen Sie sie zurück.«

Der Mann starrte sie an, regungslos, als sei alles in ihm angehalten, sogar der Atem.

Es war ganz still im Raum.

In diesem Augenblick rüttelte jemand an der Klinke. Der Hauptmann schloß sie auf.

Der Feldwebel stand auf der Schwelle.

»Entschuldigung, Herr Hauptmann –«

»Was ist?«

Der Blick des Feldwebels flog neugierig das Zimmer ab. Er sah das Feldbett und daß Helene sich gerade erhob.

Der Feldwebel stotterte: »Da ist ein Mann, Herr Hauptmann –«

»Was für ein Mann?« fragte der Hauptmann ungeduldig.

»Der war bei den Russen. Die haben ihn gefangengenommen, und er ist ihnen wieder durchgegangen.«

»Er soll rein.«

Der Feldwebel ging in den Keller hinunter.

»Hat er geschlafen?« fragte ein Gefreiter.

»Nee«, grinste der Feldwebel, »die haben da ganz schön rumgespielt.«

»Mit der Blonden?«

»Ja, Mensch.«

Der Feldwebel wurde ein wenig mürrisch. Er wandte sich an den Soldaten, der stumm an der Kellerwand stand.

»Kommen Sie mit zum Hauptmann.«

Der Soldat stolperte hinter dem Feldwebel her die Treppe hinauf.

Es war ein Mann von etwa vierzig Jahren, mit buschigen Haaren, unrasiert und von oben bis unten voller Dreck. Der Dreck löste sich in Klumpen von seinen ungefügen Knobelbechern.

Er stand stramm und richtete seine Blicke geradeaus.

Helene sah auf die beiden Männer. Der Feldwebel hatte die Tür wieder hinter sich geschlossen.

Der Hauptmann stand kerzengerade. Er war schlank und schmal. Der Soldat hingegen stak in einem Mantel, der ihm zu groß war, der lang herunterhing, zerrissen, ausgefranst und schwer von Nässe.

»Sie waren in Gefangenschaft?«

»Jawohl, Herr Hauptmann«, antwortete der Soldat gehorsam.

»Ich konnte nichts dafür. Sie kamen mit Panzern. Wir haben geschossen, bis alle ringsherum tot waren oder verwundet.« Seine Stimme bat um Entschuldigung.

»Ich hatte selber keine Munition mehr, und da hab' ich die Hände hoch gehoben, als sie kamen.«

»Ja«, sagte der Hauptmann aufmerksam, »hat man Sie gut behandelt?«

»Sie wollten mich erst erschießen. Besonders einer. Aber dann haben sie es doch nicht getan.«

»Wohin brachte man Sie?«

»In ein Haus. Da haben sie mich verhört. Ich wollte erst nichts sagen, aber dann haben sie mich mit einem Gewehrkolben geschlagen.«

Der Soldat faßte an seinen Hinterkopf. »Aber ich habe nur gesagt«, beteuerte der Soldat, »daß ich nichts wüßte.«

»Gut«, sagte der Hauptmann, »waren es viele Russen?«

Der Soldat zögerte. »Ja«, sagte er dann, »es war schon dunkel, und ich konnte nicht viel sehen, aber da in dem Hof waren mindestens hundert.«

Die ganze Zeit stand der Soldat aufrecht und hielt die Hände ruhig.

»Sie brachten mich in einen Stall. Der war ganz dunkel. Aber der Posten war betrunken, und ich bin durch das Stallfenster abgehauen.«

»Sie wollten also nicht bei den Russen bleiben?«

»Nein, Herr Hauptmann«, sagte der Soldat und lächelte schwach.

»Gefällt Ihnen also hier immer noch besser?«

»Jawohl, Herr Hauptmann.«

»Sie wollen ja schließlich wieder nach Hause, nicht wahr?«

»Jawohl, Herr Hauptmann.«

»Wo sind Sie denn zu Hause?«

»In Köln, Herr Hauptmann.«

Der Hauptmann schwieg nachdenklich. Dann sagte er, und seine Stimme war etwas weniger bestimmt: »Sie haben ja nun die Russen gesehen. Glauben Sie, daß wir den Krieg noch gewinnen?«

Der Soldat blickte etwas verdutzt auf den Hauptmann.

»Ja, ja natürlich, Herr Hauptmann.«

Der Hauptmann ging an die Tür und rief den Feldwebel, der gleich die Treppe heraufstolperte.

»Dieser Mann soll verpflegt werden und dann – dann soll er schlafen.«

»Jawohl, Herr Hauptmann«, sagte der Feldwebel, »aber ich habe ihn schon gefragt, er ist nicht müde. Er war ja eigentlich bloß vier Stunden weg.«

»Und was meinen Sie damit?« fragte der Hauptmann.

»Er könnte zur Gruppe Hellwig, die haben sowieso zu wenig Leute. Und schlafen kann er da ja auch. Ich meine –«, setzte der Feldwebel etwas unsicher fort und forschte mit seinen Blicken im Gesicht des Hauptmanns –, »wenn was passiert, ist er gleich da.«

Der Hauptmann wandte sich an den Soldaten.

»Sind Sie müde?«

»Ich?« Der Soldat sah von einem zum anderen, ohne die Stellung seiner Füße zu verändern, »nein, ich – nein, Herr Hauptmann.«

»Aber –«, sagte der Hauptmann und sah den Feldwebel an, »es hat ihn ziemlich mitgenommen, die Geschichte mit den Russen.«

»Ach so«, antwortete der Feldwebel etwas töricht und zuckte mit den Schultern.

Der Soldat richtete sich noch etwas mehr auf. »Nein, Herr Hauptmann, das hat mir nichts ausgemacht.«

Es entstand eine merkwürdige Pause. Der Feldwebel zerbrach sich den Kopf mit der Frage, ob er etwas verkehrt gemacht habe.

Der Hauptmann ging auf und ab. Vorsichtig drehte der Soldat seinen Kopf und sah den Feldwebel an.

»Hören Sie, Schneider«, der Hauptmann blieb plötzlich stehen, »wo sind die Jungens eigentlich?«

Helene hielt den Atem an.

»Die dreißig Jungens, Sie wissen doch.«

»Die?« sah der Feldwebel den Hauptmann verdutzt an, »am Judenfriedhof und beim Gaswerk.«

»Also, Schneider, Befehl. Die Jungen werden herausgezogen. Sie sammeln sich –« Er horchte auf.

Ganz plötzlich war die Ruhe der Nacht unterbrochen. Granatfeuer lag auf der Stadt mit dröhnenden Einschlägen. Zwischendurch unterschied man das hellere Rattern von Maschinengewehren.

Der Hauptmann schloß die Augen, um besser zu hören.

Dann sagte er: »Sie kommen von allen Seiten. Los, Schneider.«

Der Feldwebel verließ eilig das Zimmer, der Soldat mit ihm.

»Gehen Sie in den Keller«, wandte sich der Hauptmann an Helene. Er stand vor ihr und murmelte: »Sie sehen, ich kann nicht anfangen, einen Soldaten zu fragen, ob er müde ist.«

DER KRIEG

Die Frauen waren im Lazarettkeller, als der Angriff losging.

Die Bergmann sah mit schlaffem Gesicht von einem zum anderen.

»Sagt doch was«, rief sie, »ihr hört immer nur und hört. Ich höre es auch. Kann man denn nichts tun?«

»Nichts«, sagte die Pastorin verstört, »ich glaube, man kann nichts machen.«

»Dann soll sie doch wenigstens beten«, schrie die Bergmann und sah die Kordes an, »sie konnte ja nie genug kriegen mit Beten. Und jetzt fällt ihr nichts ein. Jetzt ist es nötig, glaube ich.«

Die Kordes blickte auf und murmelte: »Es hört keiner, wenn ich bete.«

»So! Auf einmal!« schrie die Bergmann, »haben Sie denn gedacht, da hätte jemals jemand drauf gehört? Haben Sie gedacht, jemand hält die Kugeln auf, wenn sie geflogen kommen? So'n Gebet ist nur für einen selber gut, zum Ohrenzustopfen, verstehen Sie? Los, beten Sie doch.«

Die Behrens lächelte bleich.

»Seien Sie doch ruhig. Wir wissen ja, wie Sie es meinen.«

Die Bergmann ächzte.

»Da donnern sie jetzt auf unsere Jungens los. Und ich soll nichts tun können? Immer konnte ich was tun. Irgendwas. Und jetzt nicht.«

Die kleine Näherin hörte mit aufgerissenen Augen das Dröhnen der Einschläge. Sie weinte lautlos. Die Tränen flossen aus ihren Augen, obwohl sie keine Miene bewegte. »Bitte –«, stammelte die Bergmann, »die können einem doch nicht das Herz rausreißen. Und sie tun es. Sie tun es. Sie tun es.« Sie sah sich wie irr um.

»Rausgehen möchte ich und sie verprügeln, alle miteinander. Was für ein Irrsinn! Sagt es doch, ist es nicht Irrsinn?«

»Ja«, stammelte die Pastorin.

Und die Kordes sagte: »Mein ist die Rache, spricht der Herr.«

»Hören Sie auf«, rief die Ärztin leise, »da hat Gott nichts mit zu tun.«

»Hören Sie –«, sagte die Bergmann. Vier oder fünf krachende Einschläge erschütterten das Haus. Es war jenes entsetzliche, reißende, stählerne Geräusch dabei, vor dem man wie gelähmt steht.

Die Bergmann hob ihre fleischigen Hände.

Wie beschwörend hob sie sie hoch.

»Da hat man sie nun großgezogen, die kleinen Kerlchen. An der Brust hat man sie gehabt, gebadet, gewaschen, wie verrückt war man, daß ihnen nichts passiert. Daß sie bloß die Milch nicht zu kalt kriegen, daß sie –«

Die Bergmann brach ab, sah sich um, stammelte: »Da ist doch alles so leicht kaputt zu machen. Was ist denn schon dran an ihnen.«

Sie blickte gegen die Decke.

Und wieder das reißende, stählerne Geräusch, krachende Detonationen.

»Wenn Gott was damit zu tun hat, dann wehe ihm. Hörst du, dann wehe dir, wenn du was damit zu tun hast.«

Die Frauen sahen sie bleich an. Die Bergmann fiel zusammen. Sie setzte sich schlaff auf einen Stuhl und ihre Zähne schlugen wie im Fieber. Sie stammelte: »Vater im Himmel, sei vernünftig, ich bitte dich, Vater, der du bist im Himmel –« Ihre Worte gingen in ein unverständliches Gemurmel über.

Eng aneinander drückten sich die Frauen, sie berührten sich mit den Händen vor Angst und Entsetzen.

Der Panzer brannte. Seine schmutzig-rote Lohe erleuchtete den Kohlenhof. Qualm wehte wie Nebel herüber.

»Der ist fertig«, sagte Harald.

Sein Gesicht glühte. Die Nacht war kalt, aber niemand von all den Jungen spürte etwas.

»Die kommen nicht mehr«, sagte Harald, »die sind bestimmt abgehauen. Können wir nicht hinterher?«

Unteroffizier Hellwig sah durch das Glas.

»Ihr mit eurem verdammten Hinterher. Wir können froh sein, wenn wir hier rauskommen.«

Er hörte auf den Gefechtslärm. Hinter ihm hockten die Soldaten seiner Gruppe auf dem Boden. Einer drehte eine Zigarette, ein anderer schob ein neues Magazin ein.

Und dann waren noch die Jungens da.

Hellwig war froh, daß er sie hatte. Zugleich war es ihm unheimlich. Was soll ich mit den Gören? Ist es schon so weit, daß ich mit Kindern kämpfen soll? Das hatte er gesagt, als er sie bekam.

Er sagte nun nichts mehr, aber das Unheimliche war geblieben.

Krüger, ein Mann von fünfzig Jahren, schob sich neben Hellwig.

»Die Jungens sind prima, nicht?«

Hellwig brummte.

Krüger grinste. »Ich habe auch so einen zu Hause. Zwölf ist er. Vielleicht ist er auch nicht mehr zu Hause. Vielleicht taucht er eines Tages hier auf und sagt: So, Alter, nun wollen wir mal den Krieg gewinnen.«

»Hör auf«, brummte Hellwig.

»Kann doch sein.« Er setzte gemütlich fort: »Ich würde ihn dann ja allerdings in die Fresse hauen.«

Sein Blick flog zu den Jungens hinüber. »Ich kann mir nicht helfen«, sagte Krüger, »ich finde, die spielen Indianer.«

»Aber dann spielen sie gut.«

»Vielleicht haben sie's in der Schule gelernt.« Er drehte sich zu einem Obergefreiten um, der dabei war, mit Leukoplast seine Brille zu reparieren.

»Was sagst du, Doktor, werden die Helden jetzt serienmäßig hergestellt?«

Der Obergefreite blickte auf. Sein Gesicht war lang und schmal wie das eines Pferdes.

Trocken sagte er: »Wahrscheinlich.«

»Laß doch mal deine blöde Brille«, sagte Krüger, »du mußt es doch eigentlich wissen. Sind das nun Helden, die kleinen Kerlchen da?«

Der Obergefreite setzte die Brille wieder auf. »Es gibt keine Helden«, sagte er, »daß es sie geben soll, ist ein Irrtum. Ich habe auch lange Zeit gedacht, es gäbe welche. Aber jetzt bin ich dahinter gekommen, daß es keine gibt und nie welche gegeben hat.«

»Ach nee«, sagte Krüger lakonisch.

Der Obergefreite nahm die Brille wieder ab, betrachtete sie

und schüttelte den Kopf. »Sieh mal«, grinste er, »mit einer solchen Brille überhaupt noch ein Gewehr in die Hand nehmen, das ist heldenhaft.«

Hellwig spähte wieder den dunklen Rand des Kohlenhofes ab.

Unvermittelt drehte er sich um.

»Wißt ihr, daß da ein paar Mütter gekommen sind, sie zurückzuholen?«

»Hm«, nickte der Obergefreite, »ich sag's ja, an diesem Krieg ist alles dran. Ich glaube, das Sterben ist noch das Wenigste.«

Hellwig sah ihn unruhig an. »Ich möchte, ich hätte die Jungens nicht, obwohl ich sie brauche.«

Er rief: »Asmussen!«

Harald kam gleich an. »Herr Unteroffizier.«

»Geh mit deinen Jungens an den Westausgang und besetze das Maschinenhaus.«

»Jawohl, Herr Unteroffizier.«

Harald rief die Jungens zusammen, etwa zwanzig.

Schweigend sah Hellwig ihm zu. Der Obergefreite bastelte wieder an seiner Brille, und Krüger versuchte, eine neue Zigarette zu drehen.

Hellwig sah unsicher auf die beiden und meinte: »Ich muß sie ja nicht unbedingt hier vorne haben.«

»Nein«, sagte Krüger langsam, »kann ja auch sein, daß die Russen jetzt von der anderen Seite kommen.«

»Ja«, murmelte auch der Obergefreite, »so leicht sollen die nun auch nicht Helden werden, was?«

Krüger grinste. »Ich meine, die gäb's gar nicht.«

Der Obergefreite wickelte sorgsam seine Brille und grinste nun ebenfalls: »Bis auf uns drei.«

Harald und seine Jungens saßen im Maschinenhaus.

Der Gefechtslärm hielt immer noch an, wenngleich er schwächer geworden war.

»Du, Harald«, sagte Gerd, »bist du schon drüber weg? Ich meine, daß die da sind. Na, deine Mutter und meine Mutter und überhaupt die andern auch?«

»Meine Mutter ist prima«, sagte Harald. »Sie kroch über den Boden. Es machte ihr gar nichts aus. Ob ich keinen Pullover brauchte, fragte sie.«

»Ja?«

»Ich weiß auch nicht, wie sie darauf kam. Der Hauptmann war bei ihr. Deswegen hatte sie wohl auch keine Angst. Ist ein prima Kerl der Hauptmann, nicht?«

Gerd nickte.

»Der hat keine Angst. Das habe ich gleich gemerkt.«

»Ist ja auch ein Offizier. Wenn die Angst hätten.«

»Ja, mein Vater hat auch nie Angst gehabt. Wenn er noch lebte, der würde verstehen, daß ich hier bin, ich meine, daß wir einfach losgegangen sind.«

»Und deine Mutter hat nichts gesagt?«

»Nee. So'n bißchen ja, aber das muß sie ja.«

»Meine Mutter ist nicht so. Weißt du, die ist fromm.«

»Ja? Fromm?«

»Noch frommer. Sie ärgert einen richtig damit.«

»Ja?«

»Mein Vater hat schon einmal zu ihr gesagt: Du bist nicht normal. Bloß wegen der Kirche.«

Gerd flüsterte: »Du, sag mal, glaubst du an Gott?«

»Wie kommst du denn darauf?«

»Ich weiß nicht«, murmelte Gerd unsicher.

Harald zuckte mit den Schultern.

Gerd sagte: »Ich glaube, es gibt keinen Gott. Sie sagen, es gibt ihn, weil sie möchten, daß es einen gibt. Es wär ja vielleicht auch ganz gut.«

Harald zuckte wieder mit den Schultern.

»Mensch, laß uns doch nicht davon reden«, sagte er, »da mußt du eben Rothe fragen.«

Das war ihr Religionslehrer.

Gerd lachte. »Der? Den möchte ich mal hier sehen.«

Sie lachten beide, denn Rothe war ein hagerer, blasser, nervöser Mensch, der gegen Ende jeder Stunde auf die Uhr zu sehen pflegte, weil er der schrillen Schulglocke zuvorkommen wollte, indem er sich die Finger in die Ohren stopfte.

Leo und Werner hatten gehört, worüber sie sprachen.

»Mensch«, sagte Werner, »und stellt euch mal Bracht vor. Der würde das Gewehr erst abputzen, ehe er es in die Hand nimmt.«

»Der würde überhaupt nie eins in die Hand nehmen«, rief Robert aus einer Ecke herüber.

»Und Spinne«, krähte Leo vergnügt.

Spinne war ihr Deutschlehrer. Er hatte die Figur eines Ringkämpfers und die Stimme eines Kindes. Er sah aus wie eine Bulldogge, aber er hatte das Herz eines Kaninchens.

Leo deklamierte: »Lieblich war die Maiennacht, Silberwölkchen flogen –«

Alle lachten schallend.

Ein Gefreiter steckte seinen Kopf durch die Tür. »Was ist denn mit euch los?« rief er, »man hört euch meilenweit.«

Er sah verdrossen auf die Jungen.

»Wenn sie euch gleich zur Sau machen, lacht ihr nicht mehr.«

»Herr Gefreiter –?« sagte Harald.

»Scheiß auf den Herrn Gefreiten«, sagte der Mann in der Tür und verschwand wieder im Dunkeln.

Harald sagte: »Ich glaube, der hat Angst.«

Sie gingen durch die Tür auf den Hof. Der hohe Turm des Gaskessels ragte schwarz gegen den Himmel, der sich immer noch von schnellen Blitzen erleuchtete. Ein paar Leuchtkugeln schossen hoch und sanken langsam wieder zu Boden.

»Bloß hier ist nichts los«, sagte Harald.

Der Gefreite stand im Schatten einer Hebebühne und rauchte, indem er die Zigarette in der hohlen Hand verbarg.

Er zitterte vor Kälte.

Edmund drängte sich an Harald heran.

»Kann ich nicht bei dir bleiben?«

»Warum?«

»Ich weiß nicht, ich glaube, ich mache so leicht was verkehrt.«

»Wieso?«

Edmund schwieg, aber er stand ganz dicht neben Harald, das Gewehr in der Hand.

»Hast du schon welche getroffen?« fragte Edmund.

»Ja.«

»Ich nicht. Ich weiß auch nicht, wie das kommt. Ich habe immer zu spät abgedrückt.«

Sie schwiegen wieder. Ihre Blicke verloren sich im Dunkel des Güterbahnhofs, der hinter dem Gaswerk lag.

»Du?« flüsterte Edmund, »ist das schlimm, wenn man Angst hat?«

»Hast du Angst?«

»Ich weiß nicht, ob es Angst ist. Ich hab' ganz kalte Hände. Ich glaube, wenn ich erst mal einen getroffen habe, ist es vorbei.« Er zögerte. »Du, was ist denn das für ein Gefühl, wenn man sieht, wie so einer umfällt?«

»Gar kein Gefühl!«

»Nicht? Ich stelle mir das vor – ich weiß nicht wie. Komisch stelle ich mir das vor.«

Langsam setzte er hinzu: »Tut es dir nicht leid?« Seine Stimme war hauchdünn.

»Wieso?« sagte Harald aufgebracht, »wenn du so anfängst, haben wir den Krieg gleich verloren.«

»Ja, ja«, sagte Edmund, »wenn ich bloß keine Angst habe, davor habe ich Angst.«

Ein glühendes Pünktchen fiel neben ihnen zu Boden. Das war die Zigarette, die der Gefreite weggeworfen hatte. Seine Stimme zischte durch die Dunkelheit. »Wenn man euch so reden hört! Haltet bloß die Schnauze.«

Seine Stimme hörte sich an, als zittere, als schlottere er vor Kälte.

Er zog sich zurück, bis man ihn gar nicht mehr sah.

»Bleibst du bei mir?« fragte Edmund, und seine Stimme zitterte fast so wie die des Gefreiten.

»Ja, ja«, sagte Harald unbehaglich, »paß auf, du findest gar nichts dabei. Es ist ganz leicht. Du mußt sie nur nah genug rankommen lassen.«

»Ja«, flüsterte Edmund, »weißt du, ich will nämlich keine Angst haben. Vielleicht habe ich auch gar keine, und es kommt mir nur so vor.«

Er schwieg, und auch Harald sagte nichts.

Erst eine ganze Weile später setzte Edmund noch leise hinzu: »Sag aber keinem was davon.«

Leo und Werner lagen hinter einem Stapel Bauholz. Werner hatte die Maschinenpistole auf den Knien und ließ sie keinen Augenblick los.

»Sie hat immer genäht, weißt du. Jeden Tag. Bloß damit ich

auf die Schule gehen kann. Du mußt mal ihre Finger ansehen. Die sind ganz dünn, als ob gar kein Blut drin ist. Ganz weiß sind sie. Sie hat schöne Hände.«

Leo lachte. »Mußt du mal die von meiner Mutter sehen. Die hat vielleicht Tatzen, aber ganz dicke, weiche. Damit hat sie uns immer verdroschen, aber es tat nie richtig weh. Ich glaube, sie hat auch nie richtig gehauen.«

»Das konnte meine überhaupt nicht«, sagte Werner. »Sie geht mir auch nur bis an die Schulter. Manchmal wäre ich direkt froh gewesen, wenn sie mich mal verhauen hätte. Aber das tat sie nie. Sie guckte bloß und war – ich weiß nicht, wie sie war. Traurig, glaube ich. Und das war viel schlimmer.«

»Traurig? Nee, meine Mutter ist noch nie traurig gewesen. Kann die gar nicht sein. Jetzt, wo die Sache mit Karl passiert ist –«

»Ja.«

»Also da war sie auch nicht traurig. Ich meine, sie weinte nicht. Hättest mal sehen sollen, wie sie durch den Garten ging, obwohl da Feindeinsicht war. Wie eine Eins, sag' ich dir. Die haben alle mit den Ohren geschlackert. Weißt du, was mein Vater mal gesagt hat? Da fragte ich ihn, was ein Erdbeben ist. War nämlich gerade eins in Japan. Da sagte er, das ist, wenn die Erde sich bewegt, wenn Häuser einstürzen und Kirchen und Berge. Aber ein richtiges Erdbeben ist erst, wenn deine Mutter umfällt.«

»Das hat er gesagt?«

»Ja, im Spaß.«

»Nee, so ist meine Mutter nicht. Die fällt immer gleich um. Mensch, ich habe richtig Angst um sie. Weil sie hier ist.«

»Ja?«

»Stell dir vor, die Russen tun ihr was.«

Seine Hand krampfte sich um die Maschinenpistole. »Nur über meine Leiche.«

»Über meine auch.«

Im Osten zeichnete sich jetzt ein ganz schmaler Streifen ab. Die Dunkelheit war grau geworden.

Und in diesem Augenblick kamen die Russen. Sie kamen ganz lautlos über den Bahndamm her.

Im ersten Moment schien es jedenfalls so, als kämen sie stumm, aber dann hörte man ihr Geschrei. Es klang entsetzlich und unmenschlich.

Sie stolperten über den Bahndamm herab, mit sonderbar schwankenden Bewegungen, stampfend und mit den Armen rudernd.

»Harald«, schrie Edmund.

Der verzog den Mund und spähte nach links.

Da lag Gerd auf dem Boden und zog die Stütze des MGS an die Schulter. Er war wie ein Mann, der sich zur Arbeit fertig macht. Er hatte sogar noch Zeit, zu Harald herüber zu sehen und zu grinsen.

»Und wie wir die in die Pfanne hauen«, sagte Harald.

»Ja?« fragte Edmund.

Er forschte fieberhaft im Gesicht seines Freundes.

»Nicht zu früh schießen«, befahl Harald.

»Ja«, antwortete Edmund eifrig.

Dann erschienen die Russen zu beiden Seiten des Gaskessels.

Das MG ratterte los.

Es schien zunächst gar keine Wirkung zu haben. Die Russen kamen näher und näher. Ganz plötzlich fielen sie um, hier und da einer und dann mehrere.

Harald lag flach auf der Erde, knapp gedeckt von einem eisernen Lichtmast. Seine Gewehrmündung wippte auf und ab.

»Das ist ein Ding, was?« rief er Edmund zu, der das Gewehr hilflos in der Hand hielt.

»He«, sagte Harald, »siehst du den da? Der jetzt auf den Holzhaufen zuläuft?«

»Ja.«

»Schieß ihn ab.«

»Ja.«

Die Gewehrmündung Edmunds schwankte.

»Atme doch nicht«, schrie Harald.

»Nein«, sagte Edmund.

Er schoß, und der Russe fiel auf das Gesicht.

Harald lachte.

Edmunds Gesicht war schweißbedeckt, aber jetzt lachte er auch.

»Hast du gesehen?«

»Ja. Gratuliere.«

Es war mittlerweile noch heller geworden. Die Russen lagen in Deckung.

Das MG Gerds schwieg. Eine plötzliche Stille breitete sich aus, bis die Gespräche hörbar wurden.

Leo winkte herüber.

»Alles in Ordnung«, rief Harald zurück.

Edmund war sogar aufgestanden und schrie: »Der da hinten, das ist meiner. Der auf dem Gesicht liegt.«

Aufgeregt blickte er sich um.

»Na, wie ist es?« fragte Harald.

»Es geht ganz leicht. Ich hab' nicht gedacht, daß es so leicht geht.«

Edmund setzte sich, weil er ganz schwach in den Knien war.

Er sah unentwegt auf den Russen, der fünfzig Meter vor ihm flach auf der Erde lag, einen Arm weit ausgestreckt, das eine Bein noch angezogen.

»Bewegt er sich noch?«

»Nein.«

Edmund wischte sich den Schweiß ab. »Es war großartig«, sagte er, »ich habe doch keine Angst.«

Seine Blicke flackerten aufgeregt, »du, wo habe ich den wohl getroffen?«

»Das ist doch egal.«

Edmund lachte und sah sich um. Hinter ihm saß der Gefreite auf der Erde, mit dem Rücken an die Hauswand gelehnt.

»Gib mir 'ne Zigarette«, sagte er ganz schwach.

»Was ist?«

Aber der Gefreite machte nur eine Handbewegung. Er wollte rauchen.

»Ich hab' keine«, sagte Edmund, »was ist denn?«

Der Gefreite bekam ein schiefes Grinsen. »Ich hör' damit auf, womit du anfängst«, murmelte er, faßte an seine Brust, und seine Augen verdunkelten sich.

Er bewegte den Kopf einmal nach rechts und einmal nach links, als sehe er sich um.

Er hustete, daß seine Lippen blutig wurden, und lachte dann auf.

»Ich war immer neugierig, wie die Gegend wohl aussieht, in der ich krepier.«

Er machte eine Pause. »Also so sieht sie aus.«

»Kann ich dir nicht helfen?«

Aber der Gefreite antwortete nicht mehr. Er sah stumpf vor sich hin.

In diesem Augenblick krachten Granaten in den Hof.

»Granatwerfer«, rief Gerd und packte sein MG. Das Feuer war so hageldicht, daß sie in dem Keller des Maschinenhauses Dekkung suchten. Edmund hockte auf dem Boden und sah von einem zum anderen.

»Ist es schlimm?«

»Nee. Nur wenn's trifft«, grinste Gerd.

»Hübscher Keller«, sagte Robert und sah sich um. »Ist hier nichts zu essen? Ich habe Hunger.«

Sie merkten erst einige Minuten später, daß das Haus über ihnen brannte.

Ein Feldwebel kam aus einem Nebenkeller. »Wir können nicht raus«, sagte er, »die Russen bepflastern den Eingang. Einige wollten raus und sind gleich gefallen.«

»Können wir oben nicht löschen?« fragte Harald.

»Oben steht Öl. Das brennt. Wie die Pest brennt das.«

»Was machen wir denn?« fragte Edmund und starrte von einem zum anderen.

Harald ging die Kellertreppe hinauf und kam bald zurück. »Sie zerfetzen das Haus.«

Sie lauschten. Gewehrgeschosse knallten gegen die Hauswand, Querschläger gellten über den Hof. Sie hörten es vom Kellerfenster aus.

»Können wir nicht hier raus?« fragte Edmund.

»Nein«, murmelte der Feldwebel, der ein feistes Gesicht hatte und ziemlich unglücklich dreinschaute, »ist ja 'n Gitter vor.«

Über ihnen hörten sie das Feuer knistern. Rauch wehte von der Kellertreppe herein.

Harald murmelte: »Wird schon irgendwie gehen.«

Sie setzten sich auf Fässer, die leer in einer Ecke standen.

Edmund fühlte, daß ihm der Schweiß ausbrach. Er knöpfte sich die Uniformjacke auf.

Der Feldwebel sah auf das Fenster. »Es liegt im toten Winkel«, sagte er, »aber das Gitter.«

»Das kriegen wir schon ab«, rief Gerd, »wir müssen nur was finden. Irgend etwas.«

»Ja, 'ne Metallsäge müßten wir haben«, sagte der Feldwebel und wischte sich den Schweiß von der Stirn.

Eilig machten sie sich daran, die Keller zu untersuchen, aber sie fanden nichts als ein Brecheisen.

Edmund setzte sich zu Leo. Er hatte Mühe, ein Zittern zu unterdrücken. Aber es wurde immer stärker, es war wie ein Krampf, der ihn von Kopf bis Füßen schüttelte.

»Was hast du?« fragte Leo.

»Nichts.«

»Meinst du, es ist gefährlich?«

»Was?«

»Daß wir hier im Keller sind.«

»Wir kommen ja nicht raus«, murmelte Edmund. Er sah, wie sich die anderen bemühten, das Gitter aus dem Zement des Kellerfensters zu brechen.

»Mir ist die Kehle ganz trocken«, sagte er, »ist das die Hitze?«

»Ich weiß nicht.«

Werner Seliger kam mit einer Feldflasche. »Los, trinkt was.«

Er lächelte, aber das Lächeln sickerte plötzlich weg.

»Mensch, sieht das mulmig aus. Ich glaube, über uns brennt schon das Treppenhaus.«

»Kann man nicht raus?« ächzte Edmund.

»Nee. Einer liegt schon da. Genau auf der Schwelle. Sein Rükken brennt.«

»Was?«

»Ich weiß auch nicht wieso. Es sieht ganz komisch aus.«

Edmund strich sich die Haare aus der Stirn. Dann wischte er mit den Händen über den Uniformrock, so naß waren sie.

Harald kam.

»Wir kriegen das Gitter raus. Hoffentlich dauert es nicht zu lange. Wie geht es, Kleiner?«

»Gut«, flüsterte Edmund, »bleibst du bei mir?«

Er rückte zur Seite, und Harald setzte sich neben ihn. Er spürte, daß Edmund gegen seine Schulter sank, und er legte den Arm um seine Schultern.

»Du«, flüsterte Edmund, »ich glaube, ich habe doch Angst. Ist es schlimm?«

Er tastete nach der Hand Haralds. Aber der zog sie weg.

»Laß doch, Mensch.«

Die Luft im Keller wurde stickig und immer heißer.

Der Feldwebel arbeitete wie ein Berserker mit dem Brecheisen. »Ich krieg das Luder raus«, schrie er, »wir werden hier nicht anbraten.«

Leo setzte seinen Stahlhelm ab.

»Du, Harald«, sagte er, »meinst du, wir – wir sterben hier?«

»Quatsch.«

Leo verzog den Mund zu einem Lachen, das gar keins war.

»Mensch«, sagte er leise, »da tät mir aber Mutter leid.«

»Hör bloß damit auf«, rief Harald.

»Sie tät mir leid. Kann ich doch sagen, daß sie mir leid tut.«

Gerd rieb sich die schweißverklebten Augen. »Sieht ja blöde aus, nicht?« sagte er und sah einen nach dem anderen an, »aber ich glaube nicht daran, daß wir hier – bestimmt nicht. Das gibt's ja gar nicht. Das kann nicht, und das geht nicht. Was meint ihr?«

»Gar nichts«, sagte Harald und zog an seinem Kragen.

Robert Maltzahn arbeitete mit dem Feldwebel zusammen am Fenster. Sie schrien im Takt, aber der Zement ließ sich nur fingerhutweise abtragen.

Werner Seliger lehnte an der Wand und sagte gar nichts.

»Wenn wir schon sterben«, sagte Harald, »dann aber –«

»Nu sag bloß mit Haltung«, schrie der Feldwebel, »dann hau ich dir die Brechstange um den Schädel. Sterben ist ganz große Scheiße, mein Junge. Das hat noch keiner gerne getan, und ich will dir was sagen – es sieht immer mies aus. Verstehst du, mies sieht es aus, ganz mies.«

Er bearbeitete wütend die Mauer und rüttelte an dem Gitter.

»Deutsche Wertarbeit«, grinste er.

»Von Gittern verstehen wir was. So ein richtiges Gitter macht uns keiner nach. Mensch, warum bin ich nicht als Eskimo geboren? Oder als Zulukaffer. Aber nee, ausgerechnet Deutscher muß man sein.«

Harald funkelte mit den Augen. »Das dürfen Sie nicht sagen«, rief er mit heller Stimme.

»Darf ich nicht? Du kleiner politischer Kommissar du! Ich sag', was ich will, verstehst du. Das sind so meine letzten Worte an mein Volk, verstehst du.«

»Pfui Teufel«, sagte Harald.

Der Feldwebel lachte etwas. Er sah auf Edmund, der sich ganz in die Ecke gekauert und das Gesicht auf den Knien verborgen hatte.

»Wie alt ist der?«

»Vierzehn.«

»Mein Gott«, antwortete der Feldwebel schwach und setzte hinzu: »Und jetzt sag' ich auch nichts mehr.«

Edmund hatte mit den Armen die Knie umfangen. So zitterten sie weniger. Sein Bewußtsein trübte sich. Es war, als dränge er selbst von diesem Orte fort. Es wurde hell und die Sonne schien über den Pfarrgarten. Da war das Haus mit den weißen Fensterläden. Die Bäume, die es umstanden. Die Blumenbeete. Da war der fröhliche Lärm plötzlich da, das Bellen des Schäferhundes, das Gackern der Hühner, ein Zuruf an ein paar Pferde, die ihre Wagen über die Dorfstraße zogen. Was für eine wunderbare Welt!

Da sah er den Vater durch den Garten gehen, langsam, gemächlich, ehrwürdig. Er stand dann am Zaun und begrüßte einen Vorübergehenden. Alle Bewegungen waren ohne Hast, abgewogen in unbegreiflicher Harmonie. Und er hörte die Mutter, ihre helle, leichte Stimme. Und dann stand sie selbst in der Tür, federleicht, zart, lächelnd.

Edmund erschauerte. Er spürte, daß ihm Tränen in die Augen stiegen.

Bloß nicht heulen, sagte er sich. Er betete fast darum: bloß nicht heulen. Daß es bloß keiner merkt, daß ich heule. Aber seine Schultern zuckten schon.

Ich habe doch einen erschossen. Sie können doch nicht mehr sagen, daß ich ein Kind bin. Da liegt er doch draußen. Tot. Von mir tot gemacht.

Aber die Tränen ließen sich nicht zurückhalten. Edmund steckte die Faust in den Mund, als könne er zurückhalten, was sich an Worten herausdrängen wollte. Er spürte, daß er schreien wollte. Das Entsetzen wollte heraus.

Das Heulen schüttelte ihn und machte ihn immer hilfloser.

»Mutter«, sagte er.

Sie hatten es alle gehört. Harald stand, schweißübergossen, an der Wand und konnte nichts sagen.

Der Feldwebel setzte sich neben Edmund, der erschrocken aufsah. Er wischte mit einer Handbewegung die Tränen weg und versuchte zu lächeln.

»Nicht doch«, sagte der Feldwebel leise. »Schäm dich nicht, Junge. Ich hab' schon ganz andere Leute heulen sehen. Mir selbst war schon oft genug danach zumute. Es ist ein Blödsinn, sich schämen zu wollen. Und ›Mutter‹ habe ich auch schon viele rufen hören. Und die es nicht gerufen haben, die hätten es gern gerufen. Vielleicht haben sie's ganz leise gerufen.«

Der Feldwebel klopfte Edmund auf die Schulter. Er zog ihn fest an sich, daß der schmale Kopf des Jungen fast an seiner Schulter lag.

»Mein Junge«, sagte er, »weine ruhig, wenn es dir was nützt. Schrei so laut du kannst nach deiner Mutter. Den, der darüber lacht, den schieße ich nieder.«

Er sah sich um, aber alle standen ganz stumm.

Sie konnten kaum atmen. Die Kellertreppe war voller Qualm, die Tür, die ins Freie führte, brannte. Und immer noch klatschten die Gewehrgeschosse in den brennenden Eingang.

Gerd wischte sich den Schweiß aus der Stirn.

Schießen war schön gewesen. Aber das war draußen in der frischen Luft. Hier erstickte er.

Er würde nicht nach seiner Mutter rufen, das wußte er. Aber er sah sie vor sich. Von oben sah er sie wieder, von der Höhe der Orgel. Er sah in der Tiefe wieder das graue, geplünderte, verwahrloste Kirchenschiff und seine Mutter, die nach oben blickte.

Er hörte ihre Stimme wieder: Bete, Junge, knie und bete. Gerd leckte über die trockenen Lippen.

Schade, dachte er, ich habe sie, glaube ich, schlecht behandelt.

Aber ich konnte doch nicht hinknien. Wenn jemand reingekommen wäre und es gesehen hätte!

Gerd faßte an seinen Hals.

Sie immer mit Gott und Kirche und beten! Sie meinte es gut, natürlich. Wenn sie jetzt wüßte, wo er wäre, in einem Keller, in dem sie gleich alle verbrennen würden, sie würde sich nicht einen Augenblick besinnen, sie würde tauschen wollen, sofort. Sie würde sich über die Flammen freuen, genau wie die christlichen Märtyrer. Es würde ihr gar nichts ausmachen. Sie würde zu Gott gehen, als ob es ein Spaziergang wäre.

Gerd vergrub das Gesicht in seine Hände.

Gott. Als ob es ihn gäbe! Lachen sie doch alle darüber, wenn jemand sagt, er glaubt an Gott.

Gerd wußte plötzlich, daß er sich immer vorgenommen hatte, darüber nachzudenken, ob es ihn gäbe und ob man an ihn glauben soll. Ja, er hatte mal darüber nachdenken wollen, irgendwann, aber richtig, logisch und mit Verstand. Bloß nicht jetzt.

Gerd bewegte sich unruhig, er hob das Gesicht und stand auf.

Er hustete, weil der ganze Keller wie im Nebel schwamm.

Es war, als höre er die Stimme seiner Mutter: Knie nieder, Junge.

Er lachte.

»Was ist?« fragte Leo.

»Sollen wir beten?«

Leo sah ihn ungewiß an. »Wir müßten 'ne Eisensäge haben, daß wir rauskönnen.«

»Meinst du, wir sollen nicht beten?«

Leos Mund zuckte. »Ich muß hier raus«, sagte er, »meine Mutter wird ja wahnsinnig. Weil doch schon Karl – – ich meine –«

Er schwieg, dann sah er sich ruckhaft um: »Ich will hier raus.«

Er wollte zur Treppe hin, aber Harald erwischte ihn noch rechtzeitig.

»Sie knallen dich ab.«

»Besser als verbrennen«, sagte Leo und sah ihn mit zuckendem Mund und fiebrigen Augen an.

»Ich bete nicht«, sagte Gerd, »jetzt kann man damit nichts mehr anfangen, was?«

Robert arbeitete immer noch am Fenster und stand jetzt still.

»Was ist?« rief der Feldwebel.

»Hellwig kommt«, schrie Robert.

Der Feldwebel drängte sich an das Fenster. Er schrie aus Leibeskräften.

Der Keller war jetzt so rauchig, daß man kaum das Fenster sah.

Leos Mund zuckte hilfslos. »Hellwig«, flüsterte er.

Man hörte deutsche MGs rattern.

Unteroffizier Hellwig stand draußen mit Krüger und dem Obergefreiten.

Sie sprengten das Fenstergitter, während die Maschinengewehre die Russen niederhielten.

Einen nach dem anderen zogen sie dann raus.

Es war inzwischen hell geworden. Die Sonne schien.

»Hübsches Krematorium«, grinste Krüger, »die riechen direkt angebrannt.«

Da standen sie jetzt alle auf dem Hof, so wie man sie aus dem Fenster zog, rußig, schweißig, verdreckt, mit Haaren, die ihnen in die Stirn hingen, in ausgebeulten Hosen und mit Gesichtern, die noch ganz schlaff waren.

»Los«, sagte Hellwig, »wir gehen bis an die Straße zurück.«

Sie liefen, bis sie die ersten Gärten erreichten. Dort gingen sie gleich in Deckung, gruben sich ein und suchten sich Schußfeld.

»Na, was ist, Kleiner?« fragte Krüger Edmund, der verwirrt und hilflos dastand.

»Ich –«, stotterte Edmund, »ich habe mein Gewehr verloren.«

Der Obergefreite rückte nervös an seiner Brille. »Dann mußt du spucken, Junge«, sagte er trocken.

Die Russen besetzten das Gaswerk und schickten ihre ersten Feuerstöße herüber.

Gerd lag zwischen kahlen Brombeersträuchern und richtete sein MG ein. Leo lag neben ihm. Er lachte herüber.

»Mensch, haben wir Schwein gehabt«, sagte er.

»Ja«, murmelte Gerd und dachte: »Es war ein Wunder. Mutter würde sagen, es war ein Wunder. Es war auch wirklich eins. Jetzt könnte ich direkt beten.«

Er spähte zum Gaswerk hinüber. Er drückte auf den Abzugshebel und ratterte einen Feuerstoß hin.

»Herrgott«, dachte er, »ich kann ja nicht beten. Nicht so wie meine Mutter. Ich habe gar keine Ahnung, wie das ist, beten. Wie man das macht. Was man so sagt. Ich danke dir, lieber Gott.«

Zwischen dem brennenden Maschinenhaus und dem Gaskessel tauchten die ersten Russen auf.

»Ich danke dir, Hergott im Himmel, Vater unser –«

Die Sonne schien, die Luft bewegte sich leise. Am Gaswerk fielen die ersten Russen um.

Das MG sprühte.

»Sanitäter«, schrie jemand.

»Und vergib uns unsere Schuld –«

Ein Mensch schrie irgendwo.

»Wie wir vergeben unsern Schuldigern.«

Der Hauptmann preßte den Hörer des Feldtelephons an das Ohr.

»Verluste?« fragte er mit beherrschter Stimme.

Er schwieg, hörte zu. Die Männer, die mit ihm im Rathauskeller waren, sahen ihn stumm an.

»Ja«, sagte der Hauptmann, »zurückgehen bis Friedrichstraße.«

Sein Blick tastete die Stadtkarte ab, die vor ihm auf dem Tisch lag.

Er legte den Hörer auf und sah sich um.

»Wollen Sie nicht jetzt Kaffee trinken, Herr Hauptmann«, sagte der Feldwebel.

Der Blick des Hauptmanns war leer.

»Der Kaffee«, sagte der Feldwebel noch einmal.

»Ja«, atmete der Hauptmann, stand auf und nahm das Kochgeschirr mit dem Kaffee.

»Ich gehe rauf«, sagte er.

Oben saß Helene auf einem Stuhl. Vielleicht hatte sie geschlafen, aber jetzt stand sie gleich auf, als der Hauptmann hereinkam.

»Trinken Sie Kaffee«, sagte er und stellte das Kochgeschirr auf den Tisch. Er sah sich um, »vielleicht gibt es hier irgendwo eine Tasse.«

Helene sah ihn fragend an.

»Nein«, sagte der Hauptmann, »sie leben noch.«

Helene atmete auf. Dann ging sie in den Nebenraum. »Hier habe ich, glaube ich, Geschirr gesehen.«

Der Hauptmann setzte sich und sah nachdenklich vor sich hin.

Helene brachte Geschirr. »Sogar eine Tischdecke habe ich gefunden«, sagte sie und sah den Hauptmann flehend an.

Aber er schwieg.

Sie legte die Tischdecke auf, strich die Falten glatt, ordnete das Geschirr, wie sie es gewohnt war.

Der Hauptmann lächelte ein wenig.

»Warum?« fragte sie.

»Sie möblieren das Leben des Soldaten«, meinte er.

»Soll ich nicht?«

»Doch. Es sieht hübsch aus. Ich habe es lange nicht gehabt. Ich weiß gar nicht, ob ich noch aus einer Tasse trinken kann. Stellen Sie sich vor –«, lächelte er schwach, »ich würde Flecken machen. Nicht wahr, Kaffeeflecken kriegt man doch schwer raus?«

»Ja«, sagte sie.

»Wie beruhigend, daß es darauf nicht ankommt«, lachte er und sah sie unruhig an.

Sie nahm das Kochgeschirr und schenkte ein. Er sah dem Spiel ihrer Hände zu.

»Nun trinken Sie aber auch eine Tasse, oder worüber denken Sie nach?« fragte sie mit ganz leiser Stimme, die ihr fast versagte.

»Sie wissen es.«

Helene konnte kaum die Tasse halten und wich seinen Blicken aus.

»Es gibt Augenblicke«, sagte er langsam, »wo man der Schönheit nicht begegnen darf, nicht der Liebe, nicht seinem Herzen.«

»Warum nicht?« sagte Helene leise.

Er lächelte sie an.

»Ich weiß, Sie haben es nur Ihrem Jungen zuliebe getan.«

Sie senkte das Gesicht.

»Ich weiß nicht –«, setzte er hinzu, »was ich alles darum geben würde, wenn ich Ihren Wunsch erfüllen könnte.«

»Ich glaube es.«

Er sah sie an, als warte er, daß sie mehr sagen würde.

Aber es war soviel Hilflosigkeit an ihr, daß diese Erwartung in ihm schwand.

»Ich danke Ihnen dennoch«, fuhr er langsam fort. »Wissen Sie, es gibt mehrere Dinge, die ein Mann in seinem Leben zu erfahren hat, über alle möglichen Irrtümer hinweg bis zu einer klaren Erkenntnis. Eins davon ist seine Beziehung zur Frau. Ich glaube, es gibt keinen Mann, der schon in seiner Jugend eine klare und gültige Ansicht davon hat. Es ist, scheint mir, so etwas wie ein Weg, den man betritt und den man zu Ende gehen muß, und niemand weiß, wie lange er dauert und zu welchem Ziele er führt.«

Er unterbrach sich und sah sie an.

»Interessiert es Sie?«

»Ja«, atmete Helene.

»Die Abenteuerlichkeit dieses Weges ist reizvoll und außerdem mit Vergnügen verbunden. Ich habe eine Menge Frauen gekannt, nette, fröhliche, leichtsinnige. Ich habe mit ihnen getanzt, getrunken, gefeiert. Na ja, und noch mehr. Es war wie eine Jagd. Buchstäblich. Und langsam erkennt man den Reiz – eben als nur einen Reiz, der seine Wirkung verliert, wenn man ihn genießt. Er wird langweilig, und man findet sich allein mit einer Art Verwirrung, die wie ein Durst ist. Eine schreckliche Form des Durstes, der stärker wird, je mehr man versucht, ihn zu löschen. Und dann gibt es einen Punkt, wo man allein mit sich selber ist. Kein Gelächter schließt einen mehr mit ein, kein Arm in Arm ist mehr als eine äußere Berührung.«

Er sah Helene an und fuhr langsam fort.

»Und dann ist es einfach Gnade, wenn einem passiert, was mir passiert ist. Man bricht einfach auf, mit sämtlichen Schalen, die man hat, das lang Bewahrte, das Tiefste, das Verletzlichste tritt zutage. Alle Unruhe vergeht vor dem Mysterium.«

Er lächelte und stand auf.

»Ich danke Ihnen für dieses Frühstück, für diese Stunde.«

Helene starrte ihn an.

»Bitte«, flüsterte sie, »warum haben Sie dies gesagt?«

Der Hauptmann zögerte. Sein Gesicht verschloß sich.

»Wie gut Sie mich begriffen haben«, meinte er mit einem etwas abwesenden Lächeln.

»Bitte warum?«

»Ich muß hinunter. Bitte, gehen Sie auch in einen Keller. Es wird kein schöner Tag.«

Helene stand ebenfalls auf.

»Sie müssen mir sagen, warum Sie davon gesprochen haben. Ich habe keine Ruhe, wenn Sie es nicht sagen.«

»Es ist eine Art Geschwätzigkeit«, lächelte er, »der Krieg fördert weder Reden noch Nachdenken. Er ist etwas für Stumme und Taube und Blinde. Er verlangt nur, daß man funktioniert. Wer nachdenkt, stürzt wie in einen dunklen Schacht, durch sämtliche Räume des Entsetzens. Es ist so was wie Luxus, wenn man redet und wenn man – wie Sie bemerken – geschwollen und pathetisch redet.«

Helene schwieg.

Der Hauptmann ging in den Keller zurück.

»Schneider.«

»Herr Hauptmann?«

»Ich bin vorn, wenn etwas passiert. Friedrichstraße, Judenfriedhof. So in dieser Gegend.«

»Jawohl, Herr Hauptmann. Bitte, Herr Hauptmann, Vorsicht beim Hinausgehen. Panzer schießen hier rein.«

Der Hauptmann antwortete nicht, ging die Kellertreppe hinauf und trat auf die Straße.

»Was ist mit ihm?« fragte ein Gefreiter.

Der Feldwebel zuckte mit den Schultern. »Er ist 'n bißchen komisch.«

Er sah sich um, denn Helene trat in den Keller.

Der Feldwebel richtete sich auf und räusperte sich. Die Melder an der Wand starrten Helene an.

»Wollen Sie sich setzen, gnädige Frau«, sagte der Feldwebel.

Er rückte ihr einen Stuhl hin.

Helene setzte sich apathisch.

»Wir kommen hier schon raus«, murmelte der Feldwebel. »So was habe ich schon öfter mitgemacht. Ich hab' immer Glück gehabt. Irgendwie kam ich immer raus. Noch aus jeder Falle.«

Er sah sie unruhig an.

»Halten Sie sich an mich. Ich bin bekannt dafür, daß ich immer Glück habe.«

Helene antwortete nicht.

»Wollen Sie etwas zu trinken haben?« fragte der Feldwebel. »Wir haben Kognak hier.«

Im dunklen Hintergrund des Kellers stießen sich die Melder an und grinsten.

»Nein, danke«, murmelte Helene, »wissen Sie, wo die anderen sind? Die Frauen meine ich?«

»Die? Bleiben Sie doch hier. Hier sind Sie sicher. Halten Sie sich an mich, ich komm' immer raus. Es ist ganz komisch, wie ich immer überall heil rauskomme.«

Er sah die Frau an. Er tastete mit den Blicken ihre Figur ab.

»Ich gebe Ihnen einen Kognak«, sagte er.

Völlig abwesend setzte Helene sich.

Der Hauptmann indessen ging über die Straße. Er sah nicht die zertrümmerten Fenster, die Dachziegel, die auf der Straße lagen, die ganze Verwahrlosung, die sich im Sonnenlicht grell und stumm darbot.

Er hörte gewohnheitsmäßig auf den Gefechtslärm. Die Stalin-Orgel behämmerte den Westausgang, ein schlechtes Zeichen. Von den Höhen östlich der Stadt fuhren Panzergranaten in die Straßen. Gewehrschüsse und MG-Feuer waren von allen Seiten hörbar.

Der Hauptmann wandte sich zunächst zum Westausgang und besuchte die Männer, die die Panzersperre besetzt hielten.

»Wie sieht es aus?«

»Ein Panzer lief auf eine Mine, Herr Hauptmann, sehen Sie ihn?«

Der Hauptmann sah über die Panzersperre hinweg. Hundert Meter voraus sah er den Panzer liegen.

»Sie sind dahinter«, sagte ein Gefreiter.

Der Hauptmann berechnete den Zwischenraum, den der Panzer auf der Straße gelassen hatte. Sehr schmal.

Jetzt versperren sie uns auch noch die Straße, dachte er.

Er überlegte fieberhaft.

Wenn man alles zurückzog, wenn man alle MGs an dieser Stelle postierte, würde man die Russen niederhalten können? Könnte man ausbrechen? Vielleicht mittags, wenn die Wiesen trocken sind.

Die Straße war ungedeckt. Es würde Verluste geben. Und – er hätte gegen den Befehl gehandelt.

»Gehen Sie in Deckung, Herr Hauptmann«, rief der Gefreite.

Der Hauptmann hörte nicht.

Nebenan, aus der ziegelgemauerten Scheune heraus, sahen einige Soldaten zu ihm hinüber.

»Den legen sie noch um«, sagte einer.

Der Blick des Hauptmanns ging über den grauen Panzer hinweg auf die Landschaft, die hell in der Sonne lag. Die Äcker besaßen schon jenen zarten, satten Schimmer, den ersten Anhauch jener lebendigen Kraft, die wenig später aus dem Boden brechen würde. Am Horizont standen Baumgruppen, noch fein geädert mit ihrem Astwerk. Es war, als ahne der Hauptmann die schweigende Verwandlung der Landschaft zum Frühling hin, ein Vorgang, der sich unaufhaltsam vollziehen würde, jenseits des Krieges und seiner paar Explosionen.

Der Hauptmann erinnerte sich der Worte eines Obersten, dessen Adjutant er einmal eine Weile gewesen war.

»Der beste Offizier ist derjenige, der am wenigsten Mensch ist. Er erfüllt seine Aufgaben am besten. Der Mensch in ihm würde ihn andauernd behindern. Er muß überwunden werden und das kostet Kraft. Ich persönlich –«, hatte der Oberst gesagt, »– ich hasse diese vollkommenen Offiziere. Sie sind mir unheimlich, und ihr Anblick stimmt mich traurig. Ich selbst bin keiner. Wäre ich einer, würde ich dies nicht sagen.«

Der Hauptmann lächelte. Mir scheint, dachte er, ich bin jetzt ein Mensch geworden. Ich bin nie so sehr einer gewesen wie jetzt.

Er stieg von der Panzersperre herunter und wandte sich zum Gehen.

Er marterte sich um einen Entschluß.

Ich wage es nicht, dachte er, das eine nicht und das andere.

Glas knirschte unter seinen Füßen.

Er ging die Straße hinauf und spürte die Wärme der Sonne. Hübsch, dachte er. Er war in Versuchung, sich an das Geländer zu stellen und auf den Bach zu starren, der die Stadt durchquerte.

Obwohl der Gefechtslärm noch andauerte, fühlte er eine Art Schweigen und Stille immer mehr in sich wachsen.

Er ging an der Kirche vorbei, deren Turm immer noch schwebte und mit seinem Kreuz im Winde hin und her schwankte. So kam er an den Friedhof.

Ein Leutnant rief aus dem Hausflur.

»Vorsicht, Herr Hauptmann, Feindeinsicht.«

Der Hauptmann lächelte und ging weder schneller noch langsamer.

Der Leutnant starrte ihn an.

»Etwas Neues, Herr Hauptmann?«

»Nichts«, murmelte der Hauptmann.

»Kommen Sie herein«, bat der Leutnant, »diese Ecke hat es in sich.«

Aber der Hauptmann blieb stehen, steckte sich eine Zigarette an, ehe er langsam in den Hausflur trat.

»Schön, daß die Sonne scheint«, sagte er.

»Jawohl, Herr Hauptmann«, sagte der Leutnant etwas verwundert.

Und dies spielte sich inzwischen im Lazarettkeller ab:

»Von Kochen habt ihr nun mal keine Ahnung«, sagte die Bergmann und rührte im Kessel herum, »gib noch mal Salz.«

Der Gefreite grinste.

»Ja, Muttchen, du kannst alles haben. Das wird 'n Galaessen. Ich werde Tischtücher besorgen und Servietten.«

»Hau ab mit deinen Servietten«, sagte die Bergmann. Sie stand groß und schwer da.

Die Ärztin betrachtete sie aufmerksam.

Es war, als spüre die Bergmann den Blick.

»Ich muß was tun. Ich geh' ein, wenn ich nichts tu.«

»Ja.«

»Und Kochen hab' ich immer gekonnt. Sagt mein Mann jedenfalls, und der ißt für sein Leben gern. Ich glaube, der hat mich bloß geheiratet, weil ich so gut koche.«

Die Pastorin lächelte. »Sie sind wundervoll.«

Die Bergmann sah sie schief an und strich sich die Haare aus der Stirn.

»Hauen Sie ab mit wundervoll«, sagte sie grob.

»Das wird 'n Essen für 'n Geburtstag. Hoffentlich kriegen's nicht die Russen«, sagte der Gefreite, »ich wundere mich, daß sie noch nicht hier sind.«

Die Bergmann starrte ihn an.

»Reden Sie nicht so blödes Zeug«, schwankte ihre Stimme, und sie rührte mit doppeltem Eifer.

»Das kriegen die Russen nicht. Für die Russen koch' ich nicht. Für unsere Jungens koch' ich. Sehen ja aus wie Heringe, oder nicht?«

»Ja, ja«, lachte der Gefreite.

Langsam ging die Ärztin auf den Ausgang zu, wo Doktor Weinert in der Tür stand.

»Das ist eine phantastische Frau«, sagte sie, »sie kocht Essen für die Verwundeten.«

Doktor Weinert sah stumm in den Kellerraum. Dann kehrte sein Blick zurück zu der Frau, die neben ihm stand.

»Warum finden Sie immer nur andere phantastisch?«

Die Behrens sah ihn scharf und spöttisch an. Sie antwortete nicht, sondern ging den Kellergang entlang bis zum Heizungskeller, in dem die Verwundeten lagen.

Weinert murmelte: »Die müssen hier weg. Die wissen genau, wie es draußen aussieht, und sie haben Angst.«

Die Behrens ging zu ihrem Sohn.

Georg lächelte sie an.

»Alles in Ordnung, Mutter«, sagte er, »ich habe schon fast keine Schmerzen mehr. Wann bringen die uns denn zurück?«

»Ich weiß nicht.«

»Ich bin eingereicht zum Eisernen Kreuz, aber sie können's mir nicht geben. Sie haben keine hier.«

»Du wirst es schon kriegen.«

»Ich bin der erste, der es dann hat. Ich glaube, es kommt sogar in die Zeitung. Weil ich so jung bin.«

»Ja, ich glaube.«

»Und die in der Schule, die werden Augen machen.«

»Bestimmt, Junge.«

»Du freust dich doch auch?«

»Ja, sehr.«

»Oder nicht?«

»Doch, obwohl – ich meine, mir ist es nicht ganz so wichtig, verstehst du.«

Georg legte sich hin. Sein Lächeln ging weg.

»Wenn wir bloß rauskommen hier. Einige sagen nämlich, wir kämen nicht mehr raus.«

Die Behrens blieb stumm.

Sie sah auf das Nebenbett. Der junge Mensch war fort. Es lag jetzt ein anderer dort, ein bärtiger Mann mit dunklen, ruhigen Augen. Die Behrens spürte seinen Blick.

»Haben Sie ihm gesagt –«, fragte sie, »daß wir hier nicht mehr rauskommen?«

Der Bärtige schüttelte den Kopf.

»Nein«, sagte er dann, »wir kommen selbstverständlich raus.«

»Hörst du?« sagte Georg, »er sagt es auch. Er heißt Lange. Er ist aus Berlin.«

»Ja«, sagte der Bärtige ruhig.

»Er hat kein Eisernes Kreuz«, sagte Georg, »er ist noch nicht lange an der Front. Er hätte es auch gern, hat er gesagt.«

Die Behrens sah den Mann stumm an, und er hielt ihren Blick aus, ohne einmal mit der Wimper zu zucken.

»Man muß natürlich auch Glück haben«, sagte er mit seiner ruhigen, stillen Stimme, »ich habe keins gehabt.«

»Was haben Sie?« fragte die Ärztin.

Ein ganz schwaches Lächeln erhellte das Gesicht des Mannes.

»Fragen Sie lieber, was habe ich nicht mehr. Meinen rechten Fuß.«

»Pech, nicht, Mutter?«

»Aber –«, fuhr der Bärtige fort, »ich bin Tischler, ich mach' mir einen neuen.«

Die Ärztin schauerte ein wenig zusammen.

»Er ist ein netter Junge«, sagte der Bärtige ruhig, »ich liege gern neben ihm.«

Die Hand der Behrens tastete über seine schmutzige Wolldecke hinweg, als wollte sie seine Hand nehmen.

»Aber es geht mir gut«, murmelte der Mann und machte eine Pause, ehe er leiser fortfuhr, »und ich habe keinen Sohn.«

Die Behrens schloß die Augen. Die Adern an ihrer Stirn pochten.

»Wann kommen wir denn zurück?« fragte Georg, »weißt du nichts?«

»Nein. Nichts Bestimmtes.«

»Ich meine, es kommen doch nicht die Russen, ehe wir weg sind?«

»Nein.«

Georg faßte nach ihrer Hand.

»Es ist doch schön, daß du da bist, Mutter. Einige haben gesagt, sie wären auch froh, wenn ihre Mutter da wäre. Ganz im Ernst. Sie sagen, du seist prima, daß du so einfach hierher kommst.«

»Ja?«

Sie stand auf und ging mit Doktor Weinert zurück.

»Besteht wirklich keine Möglichkeit, wenigstens die Verwundeten herauszubringen?«

Weinert schüttelte den Kopf.

»Sie schießen auch auf Wagen mit dem Roten Kreuz.«

»Aber es muß doch eine Möglichkeit geben«, quälte sich die Behrens und preßte die Hände gegen die Stirn, denn das Pochen in den Adern wurde unerträglich.

Weinert öffnete die Tür des Kellerraumes, in dem er wohnte. »Schade«, sagte er, »daß ich Ihnen nicht helfen kann. Denn mir graut vor dem, was kommt.«

Die Behrens hatte fast keinen Atem mehr.

»Was wird kommen?«

»Sie wissen es auch.«

Er entkorkte eine Flasche.

»Nicht«, sagte die Behrens und nahm ihm die Flasche aus der Hand. »Sie trinken zuviel.«

Er lächelte. »Es spielt auch keine Rolle«, meinte er, »ob ich trinke oder nicht.«

Er steckte sich eine Zigarette an.

Unvermittelt redete er: »Ich habe eine Praxis in Westfalen auf dem Lande. Bäume vor dem Haus, Felder ringsum und lauter Leute, die ich kenne. Es ist ganz ruhig dort. Meine Mutter lebt noch. Sie liebt Blumen und frische Wäsche. Die Wäsche, die sie in den Händen hat, duftet fast wie ihre Blumen. Sauberkeit ist um sie und im ganzen Haus, so als wehe die Sauberkeit hinter ihr her.«

Weinert sah die Behrens an.

»Sie sind genau so. Sie haben die Sauberkeit auch. Ich sah es sofort, als Sie hereinkamen.«

Die Behrens antwortete nicht.

»Ich habe mir immer eine Ärztin zur Frau gewünscht.«

Die Behrens krampfte die Finger zusammen.

»Ich weiß«, sagte Weinert, »daß Ihr Mann tot ist. Verzeihen Sie, aber ich habe Ihren Jungen gefragt. Unauffällig.«

Die Behrens schluckte und sagte rauh: »Er ist nicht tot.«

Weinert sah auf.

»Ich bin nie verheiratet gewesen«, sagte sie.

Weinert schwieg.

»Hören Sie«, murmelte die Behrens, »nach meiner Meinung sind Männer schwach, schwach wie Kinder. Sie sind überhaupt wie Kinder. Der Mann, den ich kannte, der war wie ein Kind. Nett wie ein Kind. Er hatte Angst wie ein Kind. Auch seine Liebe war Angst. Er suchte Hilfe, er lehnte sich an, er haßte die Dunkelheit, die Unsicherheit, das Alleinsein.«

Doktor Weinert drückte langsam seine Zigarette aus. Er blieb stumm.

Die Behrens sagte ruhig: »Ich verstehe es sogar. Was für eine schreckliche Situation ist dies! Grund genug, um mit jedem Wort nach Hilfe zu rufen.«

Doktor Weinert blieb stumm, und die Behrens wandte sich um. Sie war schon fast an der Tür, als Weinert etwas sagte.

Er sagte: »Und Sie? Rufen Sie nicht nach Hilfe?«

»Ich?« Die Ärztin machte eine Pause, dann flüsterte sie: »Ich suche sie bei mir selbst.«

Dann ging sie hinaus.

Im Küchenkeller drängten sich inzwischen Soldaten, die gekommen waren, die Essensportionen abzuholen.

Die Bergmann füllte die Kessel und Kochgeschirre.

»Wie sieht's denn aus?« fragte sie und sah jeden einzelnen gierig an.

»Weiß nicht«, sagte der erste mundfaul, »weiß man nie. Gut und schlecht. Aber so hat's immer ausgesehen. Im ganzen Krieg. Gut und schlecht.«

Die Bergmann füllte dem nächsten die Kochgeschirre, die er gebündelt hinreichte.

»Was sagst du denn?«

»Wieso?« meinte der, »seit zwei Jahren gehen wir zurück. Und hier gehen wir auch zurück. Meinen Sie, hier blieben wir plötzlich stehen und erobern von hier aus Moskau?«

Er lachte dünn.

Ein Dritter mischte sich ein.

»Das hier ist verloren und wir mit. Ihr auch. Hier kommt keiner mehr raus.«

Die Bergmann atmete schwer und zornig.

»Verdammt«, sagte sie, »wie redet ihr denn? Wenn ihr so redet, ist natürlich alles verloren. Eure ganze Rederei fällt mir auf die Nerven.«

»Hehe«, sagte der Soldat verdutzt.

»Was heißt hehe?« schnaubte die Bergmann zurück, »wollt ihr die Flinte ins Korn schmeißen?«

Der Soldat grinste.

»Wenn keine Munition mehr drin ist.«

Gelächter flackerte auf.

Die Bergmann sah die Ärztin, die neben ihr stand.

»Ich kann's nicht hören, wenn sie so reden. Als ob alles verloren ist. Wofür sind denn unsere Jungen gefallen? Kann mir das einer sagen? Und das will ich wissen. Jawohl –«, schrie sie, »meiner liegt da irgendwo auf einem Hof. Warum liegt er da?«

Die Soldaten blickten sich an.

»Geben Sie uns das Essen«, sagte einer müde.

»Ich glaube«, ächzte die Bergmann mit ihren vom Weinen roten Augen, »ich könnte selbst noch ein Gewehr in die Hand nehmen. Wenn ich bloß wüßte, wie man damit umgeht.«

Die Pastorin kam mit bleichem Gesicht auf sie zu.

»Bitte«, flüsterte sie, »sagen Sie das nicht.«

»Warum nicht?« erboste sich die Bergmann, »die wollen meinen Kindern was tun. Oder nicht? Sie schießen auf sie, mit Granaten donnern sie auf sie los. Das lasse ich mir nicht gefallen. Habe ich mir nie gefallen lassen. Wir hatten mal einen Nachbarn, der meine Kinder verdrosch. Hätten Sie mal sehen sollen, wie ich losging!«

Die Ärztin setzte sich an den Tisch und starrte die schmutzige Fläche an. Die Kordes saß immer noch stumpf da, zusammengesunken, als sei kein Funken Leben mehr in ihr. Sie sah so erschrekkend aus, daß die Ärztin sie anstieß.

»Frau Kordes.«

Die Kordes blickte auf. Es war, als sehe sie jetzt erst die Menge der Soldaten im Keller.

Sie stand auf. Fast taumelnd ging sie ein paar Schritte.

»Bitte«, flüsterte sie, »weiß jemand etwas von meinem Sohn? Hat ihn jemand gesehen? Was macht er? Lebt er? Kordes heißt er. Gerd Kordes.«

Ihre Blicke fuhren von Gesicht zu Gesicht.

»Nee«, sagte einer, »nichts von ihm gehört.«

Die kleine Näherin war plötzlich da. Wie ein Kind stand sie neben der Kordes.

»Auch nicht von meinem? Werner heißt er. Werner Seliger. Er ist am Friedhof.«

»Die vom Friedhof sind noch nicht da.«

Die Soldaten sahen unbehaglich drein. Die Seliger wandte sich ab, mit zuckenden Schultern.

»Verdammt«, sagte einer, »glauben Sie, hier guckt einer auf den anderen. Das merken Sie sogar nicht, wenn einer zehn Meter weiter krepiert.«

»Halte den Mund mit deinem Krepiert«, rief die Bergmann und sah aus, als wolle sie umfallen.

In diesem Augenblick kam Gerd herein.

Die Kordes starrte ihn an und hob dann die Arme, aber sie konnte keinen Fuß rühren.

»Ich muß Essen holen, Mutter«, sagte der Junge. »Hier gibt's doch Essen, nicht?«

»Daß du lebst«, stammelte die Kordes.

»Klar lebe ich«, murmelte Gerd, »was ist denn?«

»Ich dachte, du lebst nicht mehr. Die ganze Zeit habe ich da am Tisch gesessen und dachte, du bist tot. Ich habe es gefühlt.«

Gerd zuckte mit den Schultern. Er fühlte sich unbehaglich, weil alle ihn anstarrten. Er lachte gepreßt.

»War gar nichts los«, sagte er, »warum sollte mir denn was passieren?«

Die Kordes trat nahe an ihn heran, faßte ihn an. Aber ihre Finger besaßen keine Kraft.

»Du lügst«, sagte sie leise, »ich hab's immer gemerkt, wenn du lügst. Es war schlimm, nicht?«

Gerd schwieg, seine Blicke fuhren unruhig hin und her.

»Schlimm«, murmelte er, »was heißt schlimm?«

»Gott ist fort«, stammelte die Kordes, »das ist es, was alles schlimm macht.«

»So 'n Quatsch«, sagte Gerd, und in seiner Kehle würgte es ihn, »wieso Gott ist fort? Wenn man so was hört.«

Er sah ganz hilflos aus. Alles Gerede im Raum verstummte, weil jeder zuhörte.

»Ich weiß, daß Gott fort ist«, sagte die Kordes müde, »die Welt ist leer ohne ihn. Es ist kalt, und ich friere.«

»Mensch, Mutter«, murmelte Gerd, »rede doch nicht so. Er ist da und nicht da. Wie immer. Alles ist genau wie immer.«

»Ich kann nicht mehr beten, Junge. Daran merke ich es. Es ist ganz zwecklos zu beten.«

Gerd fühlte, daß ihm der Schweiß ausbrach.

»Hört doch nicht zu«, fuhr er die andern an.

»Wieso nicht?« sagte eine ruhige Stimme.

»Weil das niemanden was angeht.«

»Laß sie doch reden«, sagte ein Gefreiter.

»Wieso kannst du nicht mehr beten«, fragte Gerd. Er dachte daran, daß er sich seine Mutter nicht vorstellen konnte ohne ihre ruhige Sanftheit, mit der sie morgens, mittags und abends zu beten pflegte.

Er starrte sie an.

»Nie mehr?« atmete er.

Die Kordes machte einen Mund, als wolle sie weinen, aber als reiche die Kraft selbst dazu nicht.

»Ich bin in die Kirche gegangen. Hier in diese Kirche. Die da vorne steht. Zweimal, dreimal und noch einmal. Aber sie ist leer. Er hängt dort und sagt nichts. Er hat nur das Holz zurückgelassen.«

»Hör auf, Mutter.«

»Ich kann nicht mehr beten. Es erreicht ihn nicht mehr.«

Gerds Stimme schwankte:

»Du sollst aber beten«, sagte er hilflos. Er stellte das Kochgeschirr auf den Tisch und stand vor ihr mit einem Kindergesicht, in dem plötzlich aller Jammer sichtbar wurde.

»Du mußt beten, Mutter. Ja, ich habe mich oft darüber geärgert, ich habe gedacht, das ist Quatsch, das mit dem Beten. Aber jetzt –«

Er sah sich um, als wolle er feststellen, ob jemand lache. Aber er sah nur stumme Gesichter.

Hilflos nahm er sein Kochgeschirr wieder auf und sagte: »Ich will Essen haben. Ich kann nicht warten. Bei uns ist schwer was los.«

Die Bergmann schöpfte ihm die Suppe ein. Aber sie goß etwas daneben, weil sie nicht hinsah, weil sie mit ihren Blicken am Gesicht des Jungen hing.

»Was macht Leo?«

»Leo? Nichts. Es geht ihm gut. Er liegt neben mir.«

»Auf der Erde?«

»Natürlich auf der Erde. Wir liegen alle auf der Erde. Was ist denn los mit eurer Fragerei? Ihr macht einen ja ganz fertig.«

»Auf der Erde?« stammelte die Bergmann.

»Hat doch nichts zu sagen«, sagte Gerd, »er liegt da, weil er liegen muß. Ganz gut, daß er liegt. Er hat einen Schuß in die Feldflasche gekriegt.«

»In die Feldflasche?«

»Ja. Er schrie plötzlich, ich bin verwundet. Weil er es auf einmal ganz naß fühlte. Er dachte, es wär' Blut, aber es war bloß Kaffee.«

Die Bergmann starrte ihn an, und dann lachte sie. Aber es war ein Lachen wie eine Luftblase, die aus der Tiefe nach oben steigt und zerplatzt.

»Bloß Kaffee«, flüsterte sie.

Die Soldaten rührten sich.

»So was kommt öfter vor«, sagten sie, »die komischsten Sachen kommen vor.«

Die Behrens saß noch immer am Tisch und starrte auf das unwirkliche gespenstische Bild des trüben Kellers, der von Menschen gefüllt war. Sie sah die Bergmann, schwer und wuchtig, am großen Kessel stehen, die verschmutzten, zerlumpten, wildbärtigen

Männer um sie herum, die Kordes, die von einer Verstörung ergriffen war, die sich an ihrem Gesicht niederschlug wie Nebel.

Die Behrens konnte fast nicht mehr.

O Gott, dachte sie, was für eine schreckliche Angewohnheit habe ich da durch Jahre gepflegt, mich schlau zu machen, daß ich alles sehe, als sei ich immer eine Stunde voraus. Ich lebe neben dem Augenblick, das ist es. Ich wehre mich gegen ihn, wie ich mich immer dagegen gewehrt habe.

Sie sah auf.

Helene Asmussen kam herein.

Die Ärztin machte ihr Platz, und Helene setzte sich wortlos.

»Ich war im Rathaus in der Nacht«, murmelte Helene.

»Ich habe es mir gedacht.« Die Behrens ließ keinen Blick von Helene. Minutenlang.

Dann tastete ihre Hand vor. Sie legte sie ganz leicht auf den Arm Helenes.

»Was ist?« fragte sie.

Helene lächelte schwach. Es war, als komme ihr Lächeln aus großer Tiefe und sei eigentlich gar kein Lächeln.

»Alles ist schrecklich«, sagte sie leise.

»Sie haben mir immer besonders leid getan«, murmelte die Behrens halblaut, »ich weiß nicht, warum. Ich sagte Ihnen gleich, daß ich Sie gern habe. Erinnern Sie sich. Es war einfach, weil ich Sie schön fand, aber – auch wohl, weil mich die Harmonie an Ihnen ergriff, dieses Sich-in-Ruhe-Befinden.«

Helene antwortete nicht.

»Was ist?« fragte die Ärztin noch einmal, »ich sehe, daß Sie durcheinander sind wie nie vorher. Haben Sie bei dem Hauptmann nichts erreicht?«

Helene sah sie an.

»Fast hatte ich ihn soweit«, sagte sie leise. »Er wollte schon Befehl geben, sie herauszuholen, aber dann ging es nicht mehr.«

Ihre Stimme starb weg.

Aufmerksam betrachtete die Ärztin ihr Gesicht. Sie lächelte ganz leicht: »Ich war sicher, daß es Ihnen gelingen würde, wenn es überhaupt möglich war. Ist es ein netter Kerl, der Hauptmann?«

Helene nickte.

»Ist er nicht verrückt wie die anderen?«

Helene schüttelte den Kopf.

»Nein«, sagte sie dann, »er ist anständig, sehr anständig. Ich habe noch keinen Mann gefunden, der so anständig ist wie er. So gut, meine ich, so – voller Verständnis.«

»Allerdings eine Seltenheit«, murmelte die Ärztin und ließ immer noch keinen Blick vom Gesicht Helenes. »So sah er gar nicht aus. Zu Anfang, meine ich. Da sah er aus, als sei er aus Eisen. So wie sie immer sind, gepanzert im Gehirn und im Herzen.«

»Das ist er nicht«, murmelte Helene, »gar nicht.«

Die Behrens lachte auf.

»Haben Sie ihn weich gemacht?«

Helene zog die Augenbrauen zusammen. Sie fuhr mit der Hand über das Gesicht, preßte die Augen, den Mund, bis ihre Hand dann schlaff herabfiel.

Sie sah verstört aus.

Langsam sagte die Ärztin: »Sie sehnen sich alle nach Liebe, nicht wahr?«

Helene starrte sie an, mit Augen, in denen der Blick gleichsam nach innen fiel.

Sie nickte.

»Natürlich«, atmete sie schwach, »natürlich. Aber er konnte nichts machen. Er gab schon den Befehl, da – da kam der Angriff.«

»Wo ist er jetzt?«

»Ich weiß nicht. Er ging weg. Er wollte nach vorn.«

Ihr Blick kam zurück.

»Die ganze Zeit denke ich darüber nach, ob er wohl verzweifelt war. Ich glaube, er war es, aber er zeigte es nicht.«

»Sie zeigen es selten. Sie finden es verächtlich.«

»Hoffentlich war er es nicht.«

Die Ärztin schwieg.

»Ich habe es meines Jungen wegen getan«, murmelte Helene, »aber alles nützt nichts. Ich glaube, wir können alle nichts mehr machen, gar nichts. Wir haben gedacht, wir könnten etwas tun, aber in Wahrheit haben wir keine Möglichkeit mehr. Niemand.

Der Höchste nicht mehr. Es ist –«, schauerte sie zusammen, »wie ein Verhängnis, das man nicht aufhalten kann.«

Die Behrens schwieg und preßte nur die Lippen zusammen.

»Ist es nicht kalt?« fragte Helene und zitterte.

Langsam sagte die Behrens: »Ich habe dies alles geahnt. Es war wie ein dunkles Gefühl in mir. Ich ging hierher, aber ich wußte schon, daß es verkehrt war, daß wir nichts erreichen würden. Aber ich wollte gern sehen, wie es war. Wie, verstehen Sie? Ich war neugierig, weiter nichts, was Mütter ausrichten, wenn sie auf ein Schlachtfeld gehen. Das war es«, murmelte sie müde, »die Pointe der Geschichte, die wollte ich gern erleben. Aber auch Mütter richten nichts aus. Natürlich nicht.«

Helene hatte nicht zugehört.

»Kann man hier erfahren, was unsere Kinder machen?« Sie stand auf.

»Weiß jemand etwas von Harald Asmussen?«

Die Soldaten zuckten mit den Schultern. Nur ein Obergefreiter, der an seiner Brille hantierte, die er mit Leukoplast umwikkelt hatte, wandte sich um.

»Harald? Ist das so ein Junge mit Drahteinlage?«

»Wie?« Helene begriff nicht, »Harald Asmussen.«

Der Obergefreite nickte.

»Das ist ein Satan von einem Jungen.«

Helene starrte ihn an.

»Geht es ihm gut?«

Der Obergefreite grinste.

»Ja. Sämtliche Geschosse machen einen Bogen um ihn.«

Helene sah ihn stumm an.

»Wissen Sie«, sagte der Obergefreite und zwinkerte hinter seiner Brille, »um den brauchen Sie keine Angst zu haben. Dem passiert nichts. Es gibt Leute, denen passiert nichts. Man sieht es ihnen an. Ich jedenfalls sehe es ihnen an. Es gibt Leute, da weiß ich genau, denen passiert was. Für die ist der Krieg nichts. Wenn irgendwo ein einziger Schuß fällt, die riechen es, wo das ist, und stellen sich dahin. Aber Ihrer – der erwischt immer die Lücken.«

»Danke«, murmelte Helene.

»Ich sehe das einem Menschen an, können Sie mir glauben.«

Er ließ sich seine Kochgeschirre füllen und stolperte dann wieder hinaus.

»Hoppla«, sagte er, denn im Eingang des Kellers begegnete ihm die kleine Inge Maltzahn.

Der Obergefreite grinste. »Meine Brille muß einen Fehler haben. So was gibt's doch nicht. Ein so junges, nettes Mädchen.«

Er nahm die Brille ab. »Tatsächlich, das gibt es«, grinste er, »ich dachte, es wär nur ein holder Fleck hier auf dem Glas.«

Er hatte die Kochgeschirre abgesetzt und fing an, seine Brille zu putzen.

Inge lachte. »Nein, ich bin da. Wirklich da.«

Der Obergefreite schüttelte den Kopf.

»So was. Das ist jetzt 'n Krieg mit Einlage.«

»Wieso?«

Inge stand vor ihm und blitzte ihn mit den Augen an.

»Und was für eine süße Fahne Sie haben. Ich schätze, es handelt sich um leichten Mosel.«

»Ja«, lachte Inge, »ich habe getrunken. Ist genug hier. Ich habe sogar 'ne ganze Menge getrunken. Haben Sie was dagegen?« Der Obergefreite kniff die Augen zu.

»Nein«, grinste er, »noch sind wir lebendig. Lasset uns also feiern.«

Inge hielt sich ein wenig an der Mauer fest. »Was haben Sie mit Ihren Augen?«

Der Obergefreite blinzelte. »Sie sind kurzsichtig, und es ärgert sie. Seit langer Zeit haben sie so etwas Hübsches nicht gesehen.«

»Sie«, kicherte Inge, »sind Sie komisch.«

»Aber ich habe mich damit abgefunden«, lächelte der Obergefreite und setzte seine wackelige Brille auf. »Bleiben Sie hier?« fragte er.

»Ja.«

»Ich werde Sie mal besuchen.«

»Wenn Sie wollen.« Inge ging weiter. Sie schwankte etwas und setzte vorsichtig Fuß vor Fuß.

Der Obergefreite nahm seine Kochgeschirre und ging auf die Straße hinaus.

Es war gegen Mittag, die Luft ruhig und warm. Wolken waren sichtbar und trieben ganz leicht durch den Himmel.

Der Obergefreite hielt sich nahe an den Häusern. Die Kochgeschirre schepperten leise aneinander.

Ein nettes Mädchen, dachte er. Die Russen werden ihre Freude daran haben.

Er ging durch eine Toreinfahrt, über einen Hof, quer durch eine verlassene Autowerkstatt und setzte seine Kochgeschirre ab.

Unteroffizier Hellwig kam.

»Was gibt es?«

»Prachtvolle Dinge. Das schmeckt, als säßest du zu Hause am Küchentisch.«

Hellwig fing schweigend an zu essen.

»Auch dieses Handwerk ernährt seinen Mann«, grinste der Obergefreite, nahm sein Kochgeschirr und ging über die Straße hinweg in die Gärten.

Undeutlich sah er die anderen. Die Jungen, Krüger und die Soldaten, die er kaum kannte.

Er setzte sich in sein Erdloch und fing an zu essen.

Er aß drei Löffel und hörte dann auf. Er hielt den Löffel nachdenklich in der Hand.

Dann nahm er seine Brille ab. Er hielt sie in der Hand und schien völlig abwesend und stumpf.

»Was ist?« fragte Krüger und kam herüber.

»Nichts«, sagte der Obergefreite und preßte die Hand zusammen.

Er spürte, wie die Brille endgültig zerbrach.

Er lachte und sah Krüger an, streckte die Hand aus und zeigte seine Brille.

»Jetzt ist sie endgültig kaputt.«

»Verdammt«, murmelte Krüger und sah ihn unruhig an, »und jetzt?«

Der Obergefreite zuckte mit den Schultern. Er sah plötzlich blaß aus, als habe alles Blut ihn verlassen.

»Ohne das Ding bist du doch halbblind.«

»Ich wundere mich –«, murmelte der Obergefreite, »daß sie überhaupt so lange gehalten hat. Es war in gewisser Hinsicht ein heldenhafter Kampf mit der Tücke des Objekts.«

Krüger lachte unruhig.

»Also wieder ein Mann weniger.«

»Wieso?« atmete der Obergefreite schwach.

»Wieso –«, ärgerte sich Krüger, »du kannst doch nichts sehen.«

»Ich sehe genug.«

»Aber nicht, worauf es ankommt, du Idiot. Sie sollen dich ja schließlich nicht abknallen.«

»Danke«, lächelte der Obergefreite.

Hellwig kam zurück, und Krüger zeigte ihm die zerbrochene Brille.

»Schöne Scheiße«, sagte Hellwig dunkel und dachte nach.

»Du hast keine andere?«

»Nein.«

»Paß mal auf –«, meinte Hellwig, »da in der Hauptstraße ist ein Optiker. Vielleicht findest du da was im Laden. Ich meine, was dir paßt.«

»Glaubst du?«

»Kannst es ja versuchen.«

»Hm«, nickte der Obergefreite und stand auf. Er starrte die beiden Freunde an.

»Tut mir leid«, sagte er langsam und hob die Schultern.

Krüger räusperte sich und faßte den Obergefreiten an die Schulter. »Rede nicht«, sagte er, »meinst du, uns tät es nicht leid. Aber so blind wie ein Kaninchen kannst du ja nicht hierbleiben.«

Der Obergefreite blickte niemanden an. Ganz langsam wandte er sich um und ging.

Hellwig und Krüger sahen sich an. »Wochenlang hat er sich mit seiner blöden Brille geärgert. Na ja.«

Hellwig sah dem Obergefreiten nach, der langsam in der Toreinfahrt untertauchte.

Er ging den Weg zurück. Die Häuser standen etwas verschwommen an der Seite und die weißen, netten Wolken, die darüber wegzogen, hatten keine scharfen Ränder mehr. Die Welt floß auseinander.

Aber der Obergefreite achtete nicht darauf. Er sah Inge vor sich, ein unbekanntes Mädchen, mit einem weichen hellen Gesicht, mit einer zarten Nase, mit hellblauen Augen und perlweißen Zähnen, die zwischen den roten Lippen schimmerten. –

Inge sah verwundert hoch, als er sich neben sie an den Tisch setzte.

»Ich wollte Sie besuchen«, sagte der Obergefreite, »und wo gibt es hier den Mosel?«

»Es war kein Mosel. Es war Rheinwein.«

»Auch eine schöne Gegend«, grinste der Obergefreite, »in dieser hier wachsen nur Kartoffeln.«

Die Ärztin sah den Obergefreiten aufmerksam an.

»Was ist denn mit Ihnen?« fragte sie.

»Ich?« lächelte der Obergefreite und erwiderte ihren Blick, »ich bin blind, fast blind, die Welt hat Flecken für mich, es läßt sich an ihr nichts mehr unterscheiden. Die Konturen verschwimmen. Sie löst sich auf wie in einem Nebel, der der Nacht vorausgeht.«

Die Behrens starrte ihn an.

»Verstehen Sie«, sagte der Obergefreite, »meine Brille ist kaputt. Was haben Sie gedacht?«

»Nichts.«

»Gestatten Sie, daß ich mich vorstelle«, sprach der Obergefreite sanft weiter, »Doktor Heinrich Böhme.«

»Medizin?«

»Philosophie«, grinste der Obergefreite.

»Ach nee«, Inge sah ihn an.

Er zuckte die Schultern. »Sie sehen einen Mann vor sich, der dankbar für die Gelegenheit ist, das kunstvolle Gebäude seiner philosophischen Ansichten im Sturm der Zeit erproben zu können.«

»Und wie weit sind Sie damit gekommen?« fragte die Behrens.

Der Obergefreite lächelte.

»Ich hätte gern Wein getrunken.« Er sah Inge an. »Werden Sie mir zeigen, wo es ihn gibt?«

»Wenn Sie wollen. Da ist noch massenhaft von da. Es ist oben im Haus nebenan.«

»Trinken Sie ein Glas mit?«

Inge kicherte. Die Ärztin zog die Stirn zusammen. »Sie sollte nicht mehr trinken«, sagte sie.

Der Obergefreite stand auf. Sein Blick wurde dunkel und spöttisch.

»Was fragten Sie? Wie weit ich gekommen bin? Ich will es

Ihnen sagen. Es beginnt die Herrschaft des Primitiven, des Primitiven in der ausgeklügeltsten Form.«

Das Gesicht der Ärztin verschwamm vor seinen Blicken. Er nahm nur die helleren Flecke ihrer Augen wahr.

»Die besten Geister unserer Epoche, die kultiviertesten Gehirne werden im Dienste des Primitiven stehen.«

Er wandte sich an Inge.

»Gehen Sie mit?«

»Ich zeig's Ihnen, wo die Flaschen stehen«, sagte sie und ging ihm voraus. Ihre Gestalt federte, ihr Kleid wehte, ihr Umriß hob sich schmal und leuchtend von der Kellermauer ab.

Der Obergefreite ging hinter ihr her.

»Sie müssen mir die Hand geben«, sagte er, »wenn Sie nicht wollen, daß ich auf der Treppe stolpere.«

Die Behrens sah ihm nach.

»Was wollte der?« fragte die Bergmann und kam schwer atmend näher.

»Das Primitive«, sagte die Ärztin verdrossen.

Inge führte den Obergefreiten durch die Räume.

»Gemütlich hier«, sagte sie, »finden Sie nicht auch?«

Der Obergefreite sah sich um.

Der Raum war groß und hell. Die Erkerfenster waren zwar zerbrochen, aber sie minderten die Eleganz des Zimmers nicht. Ein Teppich war da, eine Couch, Sessel, Stehlampe. An der Wand hing das Bild eines würdigen Herrn, der ein Kaufmannsgesicht machte.

»Die haben fast alles hiergelassen«, sagte Inge.

»Auf einer Flucht –«, murmelte der Obergefreite, »kann man nichts mitnehmen als sich selbst. Meine Verehrung diesen unbekannten, klugen Leuten, die das Beste nicht in ihrem Teppich sahen.«

»Wie Sie reden«, sagte Inge lachend, »aber jetzt können Sie mich doch loslassen.«

»Ja«, sagte der Obergefreite und gab ihre Hand frei.

»Soll ich Musik machen?« fragte Inge. »Schallplatten haben sie nämlich auch hiergelassen. Gestern nacht habe ich schon Musik gehört.«

»Machen Sie Musik«, antwortete der Obergefreite und setzte sich in einen Sessel. Vor seinen Augen hantierte Inge am Plattenspieler. Sie ging in die Knie, geschmeidig, federleicht. Ihre Taille war dünn, ihre schmalen Schultern spannten sich unter dem Stoff ihres Kleides.

Während sie die Platten auflegte, sprach sie.

»Ich war noch nie weg. Ich meine, verreist. Mal an die Ostsee in ein Bad, aber immer war jemand dabei. Jetzt bin ich allein. Zum ersten Male.«

»Ja.«

»Ich finde es scheußlich hier, aber man kann doch nichts machen.«

»Nein.«

»Ich bin hier, weil ich meinen Bruder holen wollte.« Sie sah hoch. »Warum sind Sie denn bloß Obergefreiter?«

»Weil ich ein kluger Mann bin.«

»Aber gut aus sieht es nicht.«

»Möchten Sie, daß ich gut aussehe?«

Inge zuckte mit den Schultern. »Das ist mir schnuppe«, sagte sie.

Der Apparat lief. Ein Tango ließ seine schmalzige Melodie hören.

Der Obergefreite streckte die Beine weit von sich.

»Hübsch, nicht?«

»Und was zu trinken gibt es nicht?«

Inge ging in das Nebenzimmer und holte die Gläser.

»Die Gläser, da haben wir schon draus getrunken. Ein Gefreiter und ich. Er ist unten in der Küche. Kennen Sie den?«

»Der mit der Holzhand, nicht?«

»Ja, der. Kann aber gut tanzen. Mögen Sie tanzen?«

»Lieber trinken«, murmelte der Obergefreite, und vor seinen trüben Augen wischte der helle Schein des Mädchens hin und her.

Er stürzte den Wein wie Wasser hinunter, starrte in das Glas und schüttelte den Kopf.

»Warum?« fragte Inge.

Der Obergefreite stand auf. Er hörte mit zusammengezogenen Augenbrauen auf die Musik und ging dann an das Fenster.

Im Ausschnitt des Holzrahmens lag die kleine Stadt vor ihm,

leer, tot, aber sonnenüberglänzt. Schachteln von Häusern, aber leere Schachteln, aufgeschlitzte, sie wirkten wie weggeworfen, und auf einen Haufen zusammengekehrt.

Der Obergefreite lachte und goß sich ein neues Glas ein. Er trank es wieder in einem Zuge aus.

»Das ist eine hübsche Totenfeier«, sagte er, »Obergefreiter Doktor Böhme trinkt auf das Wohl der Welt.«

»Was ist?«

»Nichts, mein Kind. Die Welt geht unter, mit Sonnenschein und Tangomusik.«

»Ja, es ist ein Tango. Gestern nacht haben wir getanzt. Der Gefreite, der aus der Küche, der konnte gar nicht genug kriegen. Und Witze hat der gemacht –!«

Der Obergefreite ging auf sie zu.

»Ich weiß nicht, ob ich tanzen kann«, sagte er dunkel und umfaßte sie.

»Ist doch leicht.«

Aber der Obergefreite stand und bewegte sich nicht. Seine Hände, mit denen er ihre Hüfte umfaßt hielt, fuhren etwas höher, umfaßten sie stärker.

Inge sträubte sich.

»Nicht doch.«

Er zog sie an sich, so fest, daß sie kaum atmen konnte.

»Daß ihr alle dasselbe wollt«, sagte Inge schwach, »laß mich doch los.«

Der Obergefreite antwortete nicht. Seine Hände tasteten über ihren Rücken bis zu ihren Schultern und wieder hinunter.

Diese Bewegung war wie sinnlos.

»Doch nicht hier«, sagte Inge und befreite sich.

Sie ging an den Apparat. »Und jetzt ist auch die Musik aus.«

»Laß die Musik weg«, sagte der Obergefreite.

»Warum?«

»Ich will sie nicht hören.«

»Gut«, sie stellte die Platten weg.

»Es ist«, sagte er, »weil ich jetzt keine Tanzmusik hören kann.«

»Sie sind komisch.«

»Ich weiß. Aber hören Sie mal zu, ich habe das Gefühl, ich

stehe dicht vor einem Moment, den man nur einmal im Leben erlebt. Und ich habe es in der Hand, wie er aussehen soll.«

»Verstehe ich nicht.«

»Ich kann mich besaufen, oder nicht?«

»Ja. Da ist genug da.«

»Ich könnte –.« Er furchte die Stirn und blinzelte sie mit seinen kurzsichtigen Augen an, »ich könnte – Sie wissen, was ich könnte.«

»Nein.«

»Sie wissen es genau. Ich habe gespürt, wie Sie gezittert haben, als ich Sie umarmte.«

»Ich habe nicht gezittert«, atmete sie.

»Wie Espenlaub haben Sie gezittert.«

»Warum reden Sie bloß so?«

»Weil –« Er unterbrach sich. »Ich hab's in der Hand, wie es aussieht.«

»Wie was aussieht?« schrie sie wütend.

»Der Untergang«, grinste er, »der persönliche und der allgemeine Untergang, das Ende mit Punkt und Schluß.«

Sie starrte ihn an.

»Ich bin aufgestanden und weggegangen, und jetzt hab' ich's in der Hand, wie's aussehen soll.«

Er lachte.

»Irgendwie hat man das Gefühl, es soll wenigstens gut aussehen. Aber der verdammte Wein schmeckt mir nicht. Wollen wir uns ins Bett legen?«

Inge sah ihn empört an.

»Haben Sie's denn nicht in der Nacht auch gemacht? Mit dem Gefreiten?«

Inge schnappte nach Luft. Ihr Gesicht verfärbte sich.

»Was fällt Ihnen ein?« rief sie, »so können Sie nicht mit mir reden. Ich geh' gleich weg.«

»Ja?« murmelte der Obergefreite und setzte sich, als habe er keine Kraft mehr in den Knien.

»Ich geh' wirklich.«

Der Mann im Sessel wischte sich über die Augen. Inge machte einen Schritt auf ihn zu, ihre Lippen waren halb geöffnet, ihre Augen glanzlos. Sie konnte kaum sprechen.

»Was ist nur mit Ihnen?« fragte sie.

Er sah auf, lachte abwesend. Dann stand er auf. Seine Hände umfaßten sie noch einmal.

»Jetzt zittern Sie wieder«, sagte er und ließ die Hände fallen.

Ganz langsam wandte er sich um und ging wortlos hinaus. Er schloß die Tür hinter sich und tastete mit der Hand durch den dunklen Korridor.

Er ging auf die Straße hinaus und sah sich um.

Wo war das Optikergeschäft? Vielleicht würde da wirklich eine Brille herumliegen.

Nach einer Stunde tauchte der Obergefreite wieder in den Gärten auf.

Krüger stieß Hellwig an. »Sieh mal, wer da kommt«, grinste er. Der Obergefreite fummelte an einer Brille herum.

»Ich hab' doch tatsächlich eine gefunden«, murmelte er, »sie ist ein bißchen groß, aber – schließlich habe ich ja inzwischen gelernt, mit Leukoplast umzugehen.«

Er setzte sich auf die Erde. Da saß er, lang, schmalschultrig, den hageren Kopf gebeugt. Seine schmutzig blonden Haare fielen in die hohe Stirn. Behutsam klebte er seinen Streifen Leukoplast um die Bügel, setzte die Brille auf und blinzelte wie ein Geier, dem der scharfe Blick zurückgekehrt ist.

Hellwig sagte gar nichts, er lächelte nur gutmütig, während Krüger dem Obergefreiten eine Zigarette anbot.

»Meine letzte«, sagte er, »kannst sie aber ruhig nehmen.«

»Tu ich auch«, grinste der Obergefreite, nahm sie und steckte sie an. Dann fragte er: »Wie sieht es aus?«

»Sie rasen mit Granatwerfern, als ob es nichts kostet.«

»Ja, die Russen werden großzügig.«

Blitzschnell verschwanden sie plötzlich in ihren Löchern, rattenhaft geschmeidig. Wieder jaulte und tobte es aus dem Himmel heran.

Als der Splitterregen verrauscht war, hob der Obergefreite den Kopf und wischte sich Dreck aus dem Gesicht.

»Was machen die Knaben?«

Hellwig winkte mit dem Kopf hinüber. »Dahinten. Der Hauptmann ist bei ihnen.«

Der Obergefreite schwieg. Er nahm sein Gewehr, rückte noch

einmal die Brille zurecht und legte sich auf der Erde zurecht. Dann starrte er voraus, zum Gaswerk hinüber, das jetzt prall in der Sonne lag. –

Nur wenig weiter redete der Hauptmann mit Harald.

»Alles in Ordnung, Asmussen?«

»Jawohl, Herr Hauptmann.«

Es sah aus, als wollte Harald aufstehen, aber der Hauptmann winkte ab. »Bleib liegen.«

Aber er selbst blieb stehen. Erst als der Hauptmann die stumme Bewunderung im Gesicht des Jungen sah, ließ er sich auf die Erde nieder.

Sein Blick ging hinüber zu den anderen Jungen. Gerd lag hinter seinem Maschinengewehr, Leo und Werner neben ihm. Robert und Edmund etwas weiter zurück.

Der Hauptmann sah sie nachdenklich an.

»Wird es euch nicht zuviel?« fragte er.

»Nein, Herr Hauptmann.«

»Ihr wart in einem brennenden Keller?«

»Jawohl, Herr Hauptmann. In dem dahinten.«

Der Hauptmann sah das Gesicht des Jungen. Er hat viel Ähnlichkeit mit ihr, dachte er. Dieselben hellen Augen, dasselbe schmale Gesicht. Er suchte nach Anzeichen von Hilflosigkeit, aber er fand sie nicht.

»Hier kommen die Russen nicht durch«, sagte Harald.

»Ich glaube es«, murmelte der Hauptmann, und er dachte: Ich kann es verstehen, daß sie ihn liebt. Das ist ein prachtvoller Bursche.

Er stand auf und ging zu den anderen hinüber.

»Wie geht es?« fragte der Hauptmann. Was frage ich diese Kinder, dachte der Hauptmann, was will ich denn, daß sie antworten?

Gerd antwortete: »Danke, Herr Hauptmann.«

Sie sehen erschöpft aus, dachte der Hauptmann, sie geben es nicht zu, aber so ist es. Wahrscheinlich glauben sie, daß sie es am wenigsten mir zugeben könnten. Und dabei bin ich der einzige, der es verstehen könnte.

Er blickte auf Leo.

»Daß dir nichts passiert«, sagte er zu ihm, »das mit deinem Bruder reicht, verstehst du?«

Leo antwortete nicht.

»Ich sollte dich zurückschicken zum Rathaus.«

»Mich? Bitte nicht«, sagte Leo unruhig.

Er gibt es auch nicht zu, dachte der Hauptmann.

»Ich kann doch nicht hier weg. Ich will bei den andern bleiben.«

Ich weiß, dachte der Hauptmann, ich kenne das, daß man sich wohler fühlt bei den Leuten, die man kennt. Hinten wäre er wahrscheinlich ängstlicher als hier.

Mit seinen Blicken tastete er das junge Gesicht ab, den noch kindlichen Mund, das ungeprägte, weiche Kinn.

Dann ging sein Blick zu Edmund.

In seinen Augen liegt die nackte Angst, dachte der Hauptmann.

»Und du?« fragte er, »wie geht es dir?«

»Danke, Herr Hauptmann«, flüsterte Edmund, und seine Stimme bemühte sich um Festigkeit.

Der Hauptmann stand auf.

Sie können mir nicht helfen, dachte er. Er ging weiter, an der Hausfront entlang. Überall sah er die Jungen. Dreißig waren es. Das heißt, nun nicht mehr, einige gefallen, einige verwundet.

Es ist Wahnsinn, dachte der Hauptmann. Jeder Mann sieht, daß der Krieg verloren ist. Welches Wunder sollte passieren, ihn noch zu gewinnen? Das Wunder, daß selbst Kinder in den Krieg ziehen? Nein, das war alles andere als ein Wunder. In einem Torbogen steckte sich der Hauptmann eine Zigarette an und sah zum Gaswerk hinüber, zum Güterbahnhof und von dort auf die Höhe, auf der zartgeästete Wälder standen.

Er atmete tief auf.

Ich gebe den Ort auf, dachte er, es ist sinnlos, ihn zu halten. Ich ziehe mich zurück. Wir schlagen uns durch. Vielleicht geht es.

Er forschte nach innen. Warum würde er es tun? Um seiner selbst willen? Er lachte.

Nein, er würde als letzter gehen. Es würde ihm nichts ausmachen, als letzter zu gehen – oder schließlich zu liegen, wie er so viele hatte liegen sehen. Auf dem Rücken oder auf dem Leib, das Gesicht in den Himmel gekehrt oder in die Erde. Es war gleich, dieselbe Sache, und er hatte keine Angst davor. Wirklich nicht?

Unruhig dachte er an die Frau. Nein, sie war es nicht, die einen solchen Entschluß verursacht hatte. Wenigstens nicht unmittelbar.

Langsam stand er auf und ging zurück zum Rathaus.

Er würde den Befehl geben, die Stadt aufzugeben. Gleichgültig was danach kam.

Dieser Entschluß stimmte ihn heiter. Es war, als weiche ein Druck von ihm. Es war ihm fast danach, zu pfeifen.

Es muß Abend werden, dachte er, es muß dunkel werden, und die Russen dürfen nicht vorher kommen.

Kaum war er wieder im Rathauskeller, als er klar und gründlich die entsprechenden Befehle gab.

Feldwebel Schneider sah den Hauptmann ausdruckslos an.

»Was ist, Schneider?«

»Nichts, Herr Hauptmann.«

Aber Schneider kannte den Befehl, daß der Ort bis zum letzten Mann zu halten war. Er wußte, daß kein anderer Befehl gekommen war. Das Funkgerät arbeitete seit Mittag nicht mehr. Es war ausgefallen. Er wußte, daß der Hauptmann jetzt auf eigene Faust handelte. Schneider erlaubte sich nur ein kleines, erleichtertes Lächeln.

»Wir kommen raus, Herr Hauptmann«, sagte er, »ich wußte es. Bei mir war ich sicher. Weil ich immer irgendwie rausgekommen bin.«

Der Hauptmann lächelte abwesend. Er dachte: Es ist ihm natürlich völlig egal, ob ich wider den Befehl handle. Es ist nicht seine Sache. –

Gegen sechs Uhr abends feuerte jedes deutsche Gewehr. Im Schutz dieses Gefechtslärms ließ der Hauptmann die Lastwagen auffahren.

Sie hielten vor dem Feldlazarett.

Die Verwundeten wurden zuerst eingeladen.

»Was bedeutet das?« fragte die Ärztin Doktor Weinert. Der Arzt zuckte die Schultern. Er war etwas lebhafter geworden.

»Wahrscheinlich wollen wir raus. Wir versuchen den Ausbruch.«

Die Behrens strich die Haare aus der Stirn. Sie lächelte plötzlich, und dieses Lächeln flog wie ein Schein über ihr Gesicht und erleuchtete es.

»Gott sei Dank«, flüsterte sie.

»Wenn wir hier raus sind«, sagte Weinert, »dann geht alles gut, glaube ich. Für uns persönlich, meine ich. Irgendwie habe ich das Gefühl, daß dies meine letzte gefährliche Situation im Kriege ist.«

Er blickte unruhig und überwachte den Transport der Verwundeten.

Nacheinander wurden sie aus dem Keller getragen, die dreckigen, bleichen, blutigen Bündel von Menschen. Manche waren halb ohnmächtig, manche blickten auf eine sonderbare Weise traumverloren und lächelnd, manche machten aus ihrer aufgeregten Fröhlichkeit keinen Hehl.

Georg winkte seiner Mutter zu.

»Siehst du«, sagte er, »wir kommen doch raus. Ich wußte es.«

Die Behrens strich ihm über das Gesicht. Sie war zwar plötzlich voller Hoffnung, aber zugleich von Angst erfüllt.

»Kann denn noch irgend etwas schiefgehen?« fragte sie Doktor Weinert.

Der sah sie blaß und unbestimmt an. »Ja, natürlich«, flüsterte er, »es ist möglich, daß wir keine hundert Meter weit kommen. Kann sein, daß sie uns zusammenschießen wie auf der Treibjagd.«

Der Hauptmann kam.

»Alles in Ordnung?« fragte er.

»Jawohl«, antwortete Doktor Weinert. Dann fragte er: »Wie beurteilen Sie unsere Möglichkeiten?«

Der Hauptmann zuckte mit keinem Muskel. »Sobald es dunkel ist, brechen wir durch. Was uns erwartet, weiß ich nicht.«

Sein Blick flog zum Haus hinüber. In der Toreinfahrt sah er die anderen Frauen.

Helene lächelte ihn an.

»Haben Sie doch einen anderen Befehl bekommen?« fragte sie.

Der Hauptmann blieb mit seinem Blick auf ihrem Gesicht.

»Nein«, sagte er knapp.

Helene starrte ihn an. »Das heißt – –«, flüsterte sie.

»Ich nehme es auf meine Kappe.«

»Ich danke Ihnen«, sagte Helene leise. Er schüttelte den Kopf.

»Doch«, beharrte Helene.

»Es ist nichts zu danken«, meinte der Hauptmann.

Helene wollte noch irgend etwas sagen. Sie hätte ihm gern ausgedrückt, daß sie ihn bewunderte, daß sie auf eine sonderbare und ihr bis dahin unbekannte Weise viel für ihn empfand, aber sein verschlossenes, kühles Gesicht hinderte sie daran. Er schien ihr plötzlich weit entrückt, und diese Entfernung von ihm beunruhigte sie, daß sie nichts sagen, sondern ihn nur ansehen konnte. Aber er wandte sich schon ab und besprach mit Weinert die Einzelheiten des Ausbruchs.

»Ich glaube«, wandte sich Helene an die Ärztin, »er tut etwas, was er nicht darf. Er sagte mir, daß er keinen Befehl habe, diesen Ort zu räumen.«

Die Behrens lachte.

»Und wenn schon«, sagte sie, »die Hauptsache, wir kommen hier heraus und mit unseren Kindern.«

»Ja, ja.«

»Oder denken Sie darüber nach?«

»Ich weiß nicht –«, flüsterte Helene, »ob man ihn nicht zur Rechenschaft ziehen wird.«

Die Bergmann sah unruhig von einem zum anderen.

»Ist es nicht gut«, atmete die kleine Näherin, »daß wir herauskommen?«

Die Bergmann lachte auf. Es war ein ächzender, sonderbarer Laut.

»Einen soll ich hierlassen«, sagte sie, »einen nehme ich mit und einen lasse ich hier. Einen, den ich nicht mal begraben kann.«

Die Pastorin stand neben ihr, mit einem Gesicht, das jammervoll war. »Sie Arme«, flüsterte sie mitleidig.

»Was soll ich denn machen?« fuhr die Bergmann auf. »Er liegt da irgendwo auf einem Hof. Ob ich ihn mitnehmen kann?«

Der Küchengefreite, der mit der hölzernen Hand, mischte sich ein.

»Da kann man nichts machen, Muttchen«, sagte er.

»Glaubst du denn, die Russen werden ihn begraben?« sah ihn

die Bergmann mit schiefem Gesicht an. Sie fuhr mit der fleischigen Hand über ihr Gesicht, als wolle sie verbergen, wie verstört sie plötzlich war.

»Ich habe nicht drüber nachgedacht«, sagte sie leise, »man hat zu tun, sich daran zu gewöhnen, daß man einen verloren hat, aber –«, schwankte ihre Stimme, »ich kann ihn doch nicht hierlassen.«

Ihre Stimme war so, daß alle Frauen sich unruhig bewegten. Es war eine Stimme, die Entsetzen herausschleuderte, jenes Entsetzen, das bis dahin noch nicht spürbar gewesen war.

»Ich glaube«, flüsterte die Bergmann, »ich muß noch etwas trinken. Mein Hals ist trocken, als ob –« Sie faßte an ihre Kehle, und ihr Blick ging verstört hin und her.

Die Kordes blickte stumpf. Sie sagte leise: »Aller Trost ist hin. Gott hat uns verlassen, und nun müssen wir leiden.«

Die Bergmann funkelte sie an.

»Hören Sie bloß auf«, rief sie, »Sie mit Ihrem verdammten Leiden. Ich kann's nicht hören.«

Ihre Zähne schlugen wie im Fieber. »Verzeihen Sie«, murmelte sie dann, und ihr Blick wurde stumpf und abwesend.

Der Tag verdämmerte.

Die Verwundeten lagen auf dem Lastwagen, nebeneinandergeschichtet, und sie starrten in den Himmel. Einige standen und blickten über die Seitenwände hinweg. Ihre Verbände leuchteten, sie standen stumm, und in ihrem Blick lag die stumpfe Geduld des Wartens.

Als die Nacht hereingebrochen war, rollten die Lastwagen die Hauptstraße hinunter, langsam fuhren sie bis an den Westausgang, wo man die Minen beseitigte. Alle arbeiteten angestrengt. Die Sperre wurde verbreitert, und die Blicke tasteten in die Nacht voraus.

Es war kalt geworden, und der aufgekommene Wind ließ viele frieren.

Ganze Trupps von Soldaten kamen langsam die Straße herunter.

Es war verboten, laut zu sprechen, so daß der Ansammlung

schweigender Menschen etwas Gespenstisches anhaftete. Hier und da glühte eine Zigarette.

Auch Hellwig mit seiner Gruppe kam die Straße herunter.

Der Obergefreite flüsterte: »Ich hatte schon gedacht, das hier wäre unser Beerdigungsplatz. Hätte mir sogar gefallen. Ein hübscher Ort zwischen Seen und Wäldern. Ich glaube, hier unter der Erde hätte man sich direkt wohlgefühlt.«

»Halt die Schnauze«, murmelte Krüger, »und paß lieber auf deine Brille auf.«

»Zu Befehl«, grinste der Obergefreite, »außerdem sind wir ja noch nicht raus hier.«

Harald sprach mit seiner Mutter.

»Ich versteh' nicht, daß wir abhauen. So bei Nacht und Nebel.«

»Mein Junge«, flüsterte Helene, »ich bin froh drum. Wir alle sind froh.«

Die Pastorin hielt Edmund umschlungen. Sie fühlte, wie er zitterte. »Mein Junge«, sagte sie, »wir sind auf dem Lastwagen. Komm mit. Jetzt laß ich dich nicht mehr weg.«

»Ich darf nicht, Mutter.«

»Komm rauf.«

»Wir dürfen nicht weg«, atmete der Junge, »wir geben euch Feuerschutz.«

»Was?«

»Ja. Wir liegen an der Straße und schießen. Wenn wir schießen, dann haben die Russen die Köpfe runter, und ihr könnt raus.«

Die Pastorin wandte sich an die Ärztin. Ihre Stimme verriet eine jähe Angst.

»Wenn nur nicht jetzt noch was passiert.«

Die Ärztin schwieg. Sie fühlte, daß in diesem Augenblick etwas schrecklich Bedrohliches lag. Der Nachthimmel war klar und kalt. Man sah die Sterne, eine glitzernde Pracht von Eiskristallen auf schwarzem Untergrunde. Die Kälte brach gleichsam aus den Poren der Erde. Links und rechts sah man die dunklen Schatten der Häuser, die Silhouetten der Lastwagen, die dunklen Gruppen von Menschen, alle wie in Erwartung gebannt. Dazu hörte sie neben sich die Pastorin mit ihrem Jungen sprechen.

»Ich weiß, daß du Angst hast, Junge, du zitterst ja.«

»Weil es kalt ist, Mutter.«

»Nein, nicht weil es kalt ist, Junge. Es kommt aus dir selbst. Ich spüre es.«

Schweigen.

Dann wieder die flehende Stimme der Pastorin. »Komm rauf, auf den Lastwagen.«

»Ich darf nicht.«

»Es merkt ja keiner, Junge. Es ist ja dunkel. Da sind lauter Verwundete, die sagen nichts.«

Schweigen.

Die Ärztin furchte qualvoll ihre Stirn.

Edmund flüsterte.

»Es geht nicht, Mutter.«

»Aber du möchtest es, ja? Ich weiß, daß du es möchtest, du bist doch erst vierzehn. Da kann keiner was sagen. Du bist doch kein Soldat.«

Edmund hielt die Hände der Mutter. »Ich –«, begann er stokkend, aber dann versagte ihm die Stimme.

»Komm rauf. Die machen Platz und die sagen nichts.«

»Ich bin Soldat, Mutter. Ich habe einen erschossen.«

»Was hast du?«

»Einen totgemacht. Einen Russen. Mit dem Gewehr.«

Die Pastorin zitterte.

»Mein armer Junge«, flüsterte sie.

Seitab stand die Kordes mit ihrem Sohn.

»Wir kommen raus, Mutter. Wirst du sehen. Wir kommen raus, und dann kannst du zurück nach Stettin.«

Gerd hielt seine Mutter an der Schulter.

»Sag doch was«, flehte er.

»Ich kann nichts sagen.«

»Es geht alles gut. Paß auf, Mutter. Wirst du sehen.«

Gerd spürte, daß ihm die Augen feucht wurden. »Geh auf den Wagen, Mutter. Und wenn es losgeht, dann legst du dich hin. Versprichst du mir das?«

»Es ist doch gleich, Junge. Es ist doch nicht wichtig.«

»Natürlich ist es wichtig.«

Schweigen.

Gerd sagte leise: »Und das mit Gott, Mutter, ich hab' nachgedacht. Ich – –«

»Was?« fragte die Kordes müde.

»Ich wollte dir nur sagen, Mutter«, stieß Gerd hervor, »ich hab' gebetet. Es ist mir nicht schwergefallen. Ich sag's nur, damit du dich freust.«

Die Kordes antwortete nicht.

»Ich hab's gestern getan, weil es mir gut tat, Mutter. Nun sag doch was.«

»Ja, Junge«, flüsterte die Kordes und zitterte.

»Es ist kalt, nicht?« fragte Gerd.

»Ja, Junge.«

Der Junge spürte die Entfernung zwischen sich und seiner Mutter, und eine plötzliche Angst stieg siedendheiß in ihm hoch.

»Sei vernünftig, Mutter«, flüsterte er, »du mußt rauskommen, lebendig rauskommen, ja?«

Nicht weit entfernt hing die kleine Näherin am Halse ihres Sohnes. Werner küßte sie. Er küßte sie auf den Mund und streichelte ihr Gesicht.

»Bis jetzt ist alles gut gegangen, siehst du?« flüsterte er.

»Bis jetzt«, atmete die Seliger, und Werner spürte, wie ihre zarte zerbrechliche, ihre ganze mädchenhafte Gestalt schwankte. Sie war so leicht, daß er sie hochheben konnte. Zu Hause hatte er es oft getan.

»Ich bin nur froh«, sagte Werner, »daß es jetzt so weit ist. Daß du bloß gut nach Hause kommst.«

»Ich will nicht allein.«

»Doch. Ihr fahrt zu. Das ist der Befehl. Die Wagen kümmern sich um nichts. Sie fahren mit vollem Karacho, und wenn es auch von allen Seiten kracht. Wir bleiben hier und schießen.«

»Ich möchte dich nicht hier lassen.«

»Es muß aber sein.«

»Ich habe Angst um dich.«

»Brauchst du nicht. Mir geht es großartig.«

»Ich glaube, du lügst.«

»Nein, bestimmt nicht«, schwankte seine Stimme. »Außerdem, in der Nacht habe ich viel weniger Angst.«

»Aber du hast Angst.«

»Nein, habe ich nicht gesagt.« Er umarmte und küßte sie wieder.

»Und grüß Vater«, sagte Werner, »er soll nicht böse sein. Er soll dir nichts tun. Sag ihm das.«

Die Seliger schluckte aufgeregt.

»Ich weiß, wie er ist. Er mit seinem blöden Schimpfen immer.«

»Sag nichts gegen ihn, Werner.«

»Doch. Kann ich doch ruhig sagen. Ich weiß genau, wer von euch beiden mich lieber hat.«

Die Seliger weinte. Sie weinte ganz lautlos, und ihre Finger schlossen sich um das Gesicht ihres Jungen.

Sie schluckte. »Du bist ganz dreckig, Junge.« Ihre Hand fuhr über seine Uniform.

»Das macht nichts. Ich glaube, ich werde gleich noch dreckiger. Gleich, wenn es losgeht –«

Robert stand neben seiner Schwester Inge.

»Ich glaube, du bist richtig betrunken«, sagte Robert.

»Ich?« kicherte Inge. »Ein bißchen Wein habe ich getrunken.«

Der Gefreite mit der Holzhand kam.

»Laß sie man«, sagte er, »wir haben Musik gemacht und ein bißchen getrunken. War ganz gut.«

Robert sah den Gefreiten an, dessen Gesicht in der Dunkelheit nur ein grauer Fleck war.

»Habe ich absichtlich gemacht«, sagte der Gefreite und lachte, »wer trinkt, merkt weniger, was so ringsum los ist, nicht?«

»Passen Sie dann auch jetzt auf?« fragte Robert.

»Klar«, murmelte der Gefreite, »habe ich schon die ganze Zeit getan. Ich mag sie nämlich.«

Inge kicherte.

»Bilden Sie sich bloß nichts ein.«

Der Gefreite grinste. »Gestern nacht hat sie ›du‹ gesagt, und da war sie überhaupt ganz anders.«

»Sei doch ruhig«, ärgerte sich Inge.

Robert sagte nichts. Er wußte nicht, was er sagen sollte.

Der Gefreite bekam plötzlich eine andere Stimme, eine leisere und ernsthaftere Stimme. »Verdammt«, sagte er, »ich bin auch nicht immer so wie jetzt. Ich mag sie. Ich habe sie gleich gemocht.«

»Noch 'ne ganze Menge andere auch«, sagte Inge. Sie war wirklich ein bißchen betrunken, und sie hängte sich bei beiden ein.

»Geh auf den Wagen, los«, murmelte der Gefreite und sagte zu Robert: »Es passiert nichts mit ihr, keine Angst. Ich fahr' nämlich mit, und 'ne Pistole habe ich auch. Kommt schon keiner an sie ran. Schon gar kein Russe.«

Inge lachte.

»Halt die Schnauze«, rief Robert aufgeregt, »wir sollen hier doch nicht laut sein.«

Dann küßte er sie. »Ingelein, wenn du nach Hause kommst, dann grüß alle, ja?«

»Du kommst doch auch.«

»Du siehst«, sagte der Gefreite zu Robert, »sie hat keine Ahnung. Sie weiß gar nicht, was los ist. Irgendwie ist sie ein bißchen zurück.«

Er lachte.

»Wieso?« fragte Inge, »kann denn noch was passieren?«

Sie starrte ihren Bruder an.

»Robert«, flüsterte sie.

»Passiert schon nichts«, murmelte Robert, »ich bin froh, daß er bei dir ist.«

Inge küßte ihn. »Du mußt nach Hause kommen, Robert. Wegen Mutter.«

»Ich sag' ja«, sagte der Gefreite verdrossen, »sie ist immer irgendwie ein bißchen zurück. Das merkt sie jetzt erst, in was für einer Scheiße wir sind.«

Der Hauptmann kam.

Leutnants, Feldwebel und Unteroffiziere versammelten sich um ihn und nahmen die letzten Befehle entgegen.

Dann verteilten sich die Soldaten. Es war, als verschlinge die Nacht sie. Sie tauchten unter, sie waren plötzlich weg.

Die Fahrer der Lastwagen stiegen auf.

Der Hauptmann kam an den Wagen, auf dem sich die Frauen befanden.

Helene beugte sich vor.

»Kommen Sie gut durch«, sagte der Hauptmann.

»Bitte –«, flüsterte Helene.

»Ja?«

»Ich hätte Ihnen gern noch etwas gesagt, ich –«

Der Hauptmann streckte ihr die Hand hin.

»Es ist nicht nötig«, sagte er halblaut.

»Doch«, antwortete Helene, »ich wollte Ihnen sagen, daß ich es nicht nur meines Jungen wegen getan habe. Sie wissen, was ich meine.«

Der Hauptmann stand stumm, ein Schatten in der Nacht.

Dann sagte er: »Ich danke Ihnen.«

Man hörte es seiner Stimme an, daß er lächelte.

»Es ist wahr«, flüsterte Helene, aber er hatte sich schon umgewandt, und Helene setzte sich kraftlos neben die Ärztin, die nach einer Weile sagte: »Finden Sie nicht auch, daß sich im Schrecklichsten zugleich das Menschlichste offenbart?« Das war ihr allgemeiner Eindruck.

Sie schien mehr sagen zu wollen, aber sie ließ es dann.

Jäh unterbrach jetzt Gefechtslärm die Stille. Maschinengewehre ratterten. Der Lärm war so groß, er schnitt so grell durch die Stille, daß die Frauen ihr Herz stocken fühlten. Selbst die Verwundeten regten sich. Eine Stimme schrie: »Das sind unsere. Es geht los.«

In diesem Augenblick fuhr die Ärztin auf. »Wo ist Frau Bergmann?« rief sie.

Sie machte eine Bewegung, als wolle sie abspringen. Doch der Gefreite hielt sie zurück.

»Was denn?« schrie er, »es geht los.«

»Frau Bergmann ist nicht da«, atmete die Ärztin.

Aber schon fühlte sie, wie der Wagen zitterte. Der Motor lief, obwohl man ihn selbst nicht hörte.

Die Nacht durchzog sich streifig mit leuchtenden Geschoßbahnen.

Die Wagen durchbrachen die Sperre, ratterten auf die Landstraße hinaus.

Einige der Verwundeten standen und blickten über die Seitenwände. Sie sahen im schwachen Licht der Fahrzeuge die MG-Gruppen rechts und links der Straße. Ein allgemeiner Rausch erfaßte alle.

»Jetzt geben sie's den Hunden. Jetzt kriegen sie Zunder.«

Die Wagenkolonne fuhr schneller. Die Fahrer starrten durch die Scheiben. Die Mitfahrer hatten die Türen geöffnet, standen auf den Trittbrettern und schrien ihre Beobachtungen. Bloß nicht von der Straße abkommen!

Sie fuhren dem dunklen Himmel entgegen, dort wo keine Explosionen lohten.

Allmählich hörte man jetzt auch den Lärm der Motoren. Das Schießen blieb zurück, und in dem gleichmäßigen Motorengeräusch lag etwas unendlich Beruhigendes.

Der Gefreite preßte seine Holzhand an die Brust und schrie: »Wir sind durch. Ich glaube, wir haben es geschafft.«

Die Frauen schwankten hinten im Wagen hin und her. Ihre Blicke flogen den Weg zurück, dorthin, wo in der Talsenke rotleuchtend Explosionspilze wie feurige Blumen aufwuchsen.

»Mutter«, rief Leo.

Der dunkle Schatten in der Nacht regte sich. Der Junge stürzte hin, umklammerte die Bergmann mit beiden Armen. »Ich hab's gewußt«, schluchzte er, »ich wußte es genau. Ich hab' dich nicht gefunden. Da wußte ich, daß du hier warst.«

Die Bergmann antwortete nicht. Sie preßte den Kopf des Jungen an ihre Schulter.

»Wir müssen weg«, sagte Leo.

Die Bergmann tastete mit einer Hand über das morsche Holz des Bretterzaunes.

»Ich wollte ihn mitnehmen, ich wollte – –«

Ihre Stimme war kaum zu hören. »Ich kann ihn doch nicht liegen lassen.«

Leos Gesicht war schweißüberströmt. Solange er denken konnte, war er daran gewöhnt, in seiner Mutter eine unzerstörbare Autorität zu sehen. Irgendwie war sie wie ein Fels. Nie wäre ihm der Gedanke gekommen, daß sie schwach, willenlos oder krank sein könnte.

Bis jetzt. Bis auf diesen Augenblick.

Und dieser Augenblick entsetzte ihn.

»Komm, Mutter«, flehte er, und in seiner Stimme war er plötzlich jung, ganz jung, ein Kind.

Mit dieser Kinderstimme, die von Weinen schwankte, bettelte er: »Komm, Mutter. Wir können Karl doch nicht mitnehmen.«

Daß er auf diese Weise sprach, mit einer Stimme, die ein einziger Ruf nach Hilfe war, ließ die Bergmann ein wenig zu sich kommen.

»Ja, mein Junge«, flüsterte sie, »ich glaube auch, wir müssen ihn hier liegen lassen.«

Sie wandte sich um.

»Aber wir müssen schnell gehen«, flüsterte Leo.

»Ja, mein Junge.«

Sie wandten sich beide zum Gehen. Es war plötzlich ein schrecklicher Eifer in den Bewegungen der Bergmann. Sie tappte blindlings und eilig durch die Dunkelheit, als müsse sie diesem Ort entfliehen, der sie beinahe getötet hätte.

Der Himmel blitzte von Explosionen, so als breche er in feurigen Stücken auseinander. Zu reden hatte nunmehr keinen Sinn.

Sie hasteten über die Straße, die in grell aufzuckenden Lichtscheinen auf eine furchterregende Weise verlassen und leer aussah.

Die Bergmann hatte ihren Sohn an der Hand gefaßt. Hand in Hand liefen sie an der Häuserfront entlang, bis sie die Landstraße erreichten.

Aus den dunklen Wiesen sprühten die Feuerblitze von Granateinschlägen. Die Bergmann sah es mit einer gewissen Verwunderung.

Sie dachte: Es sieht genau so aus wie auf Kinderzeichnungen. Ein richtiger Strahl von Feuer.

Leo ließ ihre Hand nicht los. Sie hörte seinen Atem pfeifend gehen. Ihren eigenen hörte sie nicht.

Aber Leo hörte es, das keuchende Arbeiten der Lungen, das Ächzen und Stöhnen.

»Hinlegen, Mutter.«

Nah vor ihnen lohten Granateinschläge auf.

Da lagen sie beide auf der Erde, die naß und kalt war.

Leo rief: »Weiter, Mutter.«

Wie durch ein Wunder erreichten sie die letzte Gruppe von deutschen Soldaten.

»Nicht schießen«, schrie Leo, denn eine Maschinengewehrgarbe peitschte über sie hin.

»Die erschießen uns noch, was?« rief die Bergmann.

»Was macht ihr denn?« rief Krüger.

»Was sollen wir machen«, antwortete die Bergmann atemlos, »wir wollen nach Hause, Junge.«

Krüger lachte. Neben ihm tauchte der Obergefreite auf und grinste: »Das ist auch der letzte Zug nach Hause. Macht euch auf die Strümpfe.«

»Ja«, seufzte die Bergmann und setzte sich, um ihre Schuhe fester zu binden. Aber ihre Hände zitterten so sehr, daß Leo sich hinkniete und sagte: »Ich mach's, Mutter, laß doch.«

Er band ihr die Schuhe zu.

»Ein hübsches Familienidyll, nicht?« sagte der Obergefreite mit ausdrucksloser Stimme.

»Wo sind die Russen?« fragte Leo angstvoll.

»Überall und nirgends.«

Eine Leuchtkugel erhellte plötzlich das fahle Gelände, und wie hingemähte Schatten sanken überall die Soldaten zu Boden.

Im Straßengraben lag Harald mit seinen Jungen.

»Hauptsache, sie sind durch«, sagte er zu Gerd.

»Sind sie wirklich durch?«

»Die trinken morgen früh prima Kaffee.«

Edmund Bonde lag auf der nassen Sohle des Straßengrabens und regte sich nicht. Er preßte das Gesicht gegen den Boden, um nicht schreien zu müssen.

»Wir müssen weiter«, rief Werner.

Sie hasteten den Graben entlang.

Der Hauptmann spähte mit dem Glas nach vorn. Sie hatten fast zwei Kilometer zurückgelegt. Der Ort lag hinter ihnen, die Überraschung war gelungen. Nur das Haus vor ihm bereitete ihm Unbehagen. Es war das einzelne Haus, das die Russen vor zwei Tagen in Brand gesteckt hatten.

Feldwebel Schneider flüsterte: »Wenn wir das hinter uns haben, sind wir wirklich durch.«

In diesem Augenblick ratterte ein russisches Maschinengewehr los. Das hatte sich zwischen den Ruinen verschanzt.

»Scheiße«, murmelte Schneider, »nun gehen wir doch baden.«

Die Frauen indessen standen auf der Höhe und sahen zurück. Die Verwundeten wurden gleich weitergefahren, aber die Frauen wollten nicht weiter.

»Es ist Blödsinn«, hatte ein Hauptmann gesagt, »was wollen Sie hier warten?«

Aber die Frauen waren nicht zu bewegen, die Wagen erneut zu besteigen.

»Ob sie durchkommen?« fragte Helene.

»Das kann niemand wissen«, antwortete der Hauptmann, »selbst die unmöglichsten Dinge sind manchmal möglich. Daß Sie durchgekommen sind, ist unwahrscheinlich genug. Wurden Sie beschossen?«

Die Ärztin zuckte mit den Schultern. »Wir haben es nicht gemerkt«, sagte sie, »ist ja jetzt auch egal.«

Das nachtschwarze Feld vor ihnen hallte wider von Explosionen und Schüssen. Weiter war nichts zu hören, kein Schrei, keine menschliche Stimme. Die Nacht war wie ein undurchdringlicher Vorhang, herabgelassen vor einer Bühne, auf der sich dramatisches Geschehen gleichsam unsichtbar abspielte.

Die Pastorin stand regungslos und fast ohne Atem neben der Kordes, die die Hände gefaltet hatte und deren Mund doch stumm blieb. Die kleine Näherin hockte auf der Erde und hielt das Gesicht in ihren Händen verborgen. Es war, als ob eine jähe Müdigkeit sie zerbreche.

Inge Maltzahn fragte aufgeregt den Gefreiten, was er glaube.

»Kommen sie durch?«

Der Gefreite kaute auf einer kalten Zigarette und murmelte: »Weiß ich nicht.«

»Können die hier denn nicht was tun?«

»Nee«, sagte der Gefreite, »was sollen sie denn machen?«

»Schießen.«

Der Gefreite lachte auf. »Dazu muß man ein Ziel haben, Mädchen. Man kann nicht einfach in die Nacht pfeffern.« Er sah sich unruhig um.

Überall standen Soldaten schweigend da. Man erkannte eine breite Dorfstraße und eine Reihe von dickstämmigen Linden, von wenigen Lichtern angeleuchtet. Überall standen Fahrzeuge herum.

Es waren das Bilder einer Nebenbühne, auf der noch nicht gespielt wird.

Helene trocknete sich ihre Stirn mit ihrem Taschentuch. Ihr war heiß und kalt zugleich.

»Wenn sie nur durchkommen«, flüsterte sie, »ich habe schreckliche Angst.«

»Sie kommen durch«, murmelte die Ärztin.

»Wenn sie nicht durchkommen –« flüsterte Helene.

»Was dann?«

»Dann habe ich keine Lust, weiterzuleben«, atmete Helene.

»Unsinn.«

»Doch. Es hat dann alles keinen Sinn mehr.«

»Meine Liebe«, sagte die Ärztin leise, »leben ist leicht. Es wird erst schwer, wenn man den Sinn suchen muß. Ich suche ihn seit zwanzig Jahren und habe ihn immer noch nicht. Allerdings –«, setzte sie fort, »möchte ich Ihnen dieses Leben nicht wünschen.«

Aber Helene fand keinen Trost in diesen Worten. Sie zitterte erbarmungswürdig in der Kälte der Nacht.

Harald spähte nach vorn. Seit zwei Stunden lagen sie, ohne sich rühren zu können.

»Wenn es hell wird, können wir uns begraben lassen«, sagte er. Edmund lag so dicht neben ihm, daß er nur die Hand auszustrekken brauchte, um Harald zu berühren.

»Ich will nach Hause«, flüsterte er.

»Sei doch ruhig.«

»Nach Hause will ich«, zitterten die Lippen des Jungen.

Gerd lag hinter ihnen.

»Wollen wir alle, Mensch.« Er sagte es, aber er konnte es nicht verhindern, daß seine Stimme bebte. Er fühlte, wie die Nässe ihn durchdrang, wie die Kälte in die Glieder zog.

»Warum geht es denn nicht weiter?« fragte die Bergmann.

Krüger antwortete: »Sie liegen uns vor der Nase. Irgend so 'n Scheiß-MG.«

Die Bergmann dachte: Jetzt sind es schon drei Tage. Ich kann doch nicht noch länger wegbleiben. Was sollen die denn zu Hause machen?

»Hat nicht jemand was zu trinken da?« fragte sie.

»Kaffee?« sagte Krüger.

»Nee, Junge, mit Kaffee kann ich nichts anfangen. Hast du nicht Schnaps da?«

Der Obergefreite reichte ihr seine Feldflasche hin.

»Guck mal, der hat«, sagte die Bergmann.

Der Obergefreite grinste.

»Da ist meine Philosophie drin, Mutti.«

Gluckernd trank die Bergmann und wischte sich über den Mund.

»Gib dem Kleinen auch«, sagte der Obergefreite.

»Der? Schnaps?«

»Gib ihm man. Wenn er sich totschießen lassen darf, dann darf er auch Schnaps trinken.«

»Willst du Schnaps?«

Aber Leo schüttelte den Kopf. »Nein. Warum geht es denn nicht weiter?«

Seine Stimme verriet, daß er an nichts anderes dachte.

Krüger faßte mit der Hand nach der Schulter des Jungen. »Sie sind ja dabei, die Burschen in die Luft zu sprengen. Paß auf, es geht gleich weiter. Und dann geht's nach Stettin, Junge, und dann kannst du wieder spielen.«

»Sag ihm nicht so was«, flüsterte der Obergefreite.

»Warum nicht? Wenn er ehrlich ist, hält er sich sowieso nicht mehr für einen Helden.«

»Aber es würde ihm wahrscheinlich Spaß machen. Heute nicht, aber morgen.«

»Verdammich«, schimpfte Krüger, »philosophier bloß nicht wieder.« – –

Der Hauptmann schob sich an das Haus heran. Neben ihm sein Feldwebel. Sie waren bepackt mit Handgranaten.

Als der Hauptmann den Feldwebel fragte: »Gehen Sie mit, Schneider«, da hatte der Feldwebel ein bißchen gegrinst und gesagt: »Sofort, Herr Hauptmann. Ich komm' immer durch, mir ist noch nie was passiert, und jetzt erledigen wir die Burschen auch.«

Vor ihnen wuchs das stumpfe Geviert des Hauses auf. Da war eine Strecke von zwanzig Metern, die man durchlaufen mußte.

Der Hauptmann zog das Knie an. Schneider lag dicht neben ihm und blickte herüber.

»Jetzt«, rief der Hauptmann. Er riß die Schnur der Handgranate ab, federte den Arm nach hinten und warf.

Gleichzeitig sprang er auf und drückte auf den Abzugshahn seiner Maschinenpistole. Fast gleichzeitig explodierten die Handgranaten mit reißendem Geräusch, Feuer lohte auf, und dann war der Raum durchmessen, die Hand stieß gegen die Mauer.

Die nächste Handgranate flog durch eins der zerborstenen Fenster.

Die Pulse jagten, das Herz hämmerte. Schreie waren hörbar. Der Hauptmann klickte ein neues Magazin ein und schoß. Er sprang über den Schutt hinweg, stolperte fast über einen liegenden Menschen. Im Halbdunkel erkannte er einen Russen, der auf ihn zu schwankte. Er wischte ihn mit einem Feuerstoß hinweg.

Der Hauptmann kauerte in einem Winkel.

»Schneider?«

»Ja, Herr Hauptmann?«

»Ich glaube, wir haben es.«

»Ja«, sagte Schneider und hustete.

»Was ist, Schneider?«

»Mich hat's erwischt.«

Der Hauptmann jagte eine Leuchtkugel hoch. Sie erleuchtete fahl die Hausruine.

Schneider lag mit dem Rücken an die ausgeglühte Hauswand gelehnt und grinste schief und verwundert mit blutigem Mund.

Der Hauptmann ging die paar Schritte zu ihm.

»Wo?«

Schneider ächzte und murmelte erstickt: »Komisch. Und ich hab' gedacht, mir passiert nie was.«

Er legte die Hand auf seine Brust.

»Wir nehmen Sie mit, Schneider.«

Aber der Feldwebel schüttelte den Kopf. Er sagte noch einmal: »Komisch«, und legte sich dann zur Seite. Er rutschte mit dem Rücken an der Wand entlang, bis er lag. Er sagte nichts mehr.

Die ersten Soldaten tauchten auf.

»Weiter«, befahl der Hauptmann, »wir haben es geschafft.«

Er hörte Zurufe, Stimmen und stand atemlos und schlaff neben dem toten Feldwebel.

Irgendwie war er zu Ende mit sich selbst. Er bückte sich mechanisch und nahm dem Toten die Papiere aus der Tasche.

Er hielt die Brieftasche in der Hand, steckte sie langsam weg. Er knöpfte das Uhrarmband auf und ließ die Hand wieder fallen.

Ganz langsam stolperte er über die Ruinen, um den Ausgang zu gewinnen. Er stand wie träumend in der Nacht und ging dann hinter den Soldaten her, die die Höhe hinanstrebten.

Der Morgen kam mit fahlen Lichtern und erhellte das Dorf, das ohne Glanz, grau und staubig aussah und völlig verwahrlost war.

An einem Brunnen wusch sich die Bergmann. Sie hatte das Kleid ausgezogen, stand in ihrem Unterrock da und ließ das Wasser über Gesicht und Hände laufen. Sie schnaubte wie ein Walroß.

»Der verdammte Schnaps«, schimpfte sie, »ich glaube, ich habe mich richtig besoffen.«

Der Gefreite mit der Holzhand grinste. Er hatte soeben ein Huhn geschlachtet und trug es noch in der Hand.

»Kannst du deswegen nicht schlafen, Mutti?«

»Schlafen soll ich?« brummte die Bergmann, »um diese Zeit stehe ich immer auf. Ich könnte gar nicht schlafen.«

Der Gefreite lachte. »Du bist 'ne Wucht von Frau. So wie du dastehst.«

»Kannst ja weggucken, wenn dich mein Unterrock stört.«

»Deswegen nicht«, sagte der Gefreite, »hilfst du mit, Frühstück machen? Ich finde, dieser Morgen ist ein gebratenes Hühnchen wert.«

»Ja, verdammt noch mal«, antwortete die Bergmann und stieg wieder in ihr Kleid.

»Soll ich zumachen?« grinste der Gefreite.

Die Bergmann fummelte an ihrem Kleid herum. »Ich glaube«, sagte sie, »ich weiß jemanden, bei dem du das lieber machst.«

»Ja. Da hast du recht.«

»Du bist ein komischer Heini«, murmelte die Bergmann, »dich hat das mit deiner Hand ganz durcheinander gebracht. Meinst du, ich hab' das nicht gemerkt?«

Der Gefreite schlenkerte das Huhn in der Hand und lachte laut.

»Ich komme schon wieder in Ordnung.«

»Bloß, glaube ich, das Mädchen kannst du ruhig mal übers Knie legen.«

»Warum?«

»Die ist auch durcheinander.«

»Ist ja auch kein Kunststück, nicht, Mutti? Du warst ja wohl auch nahe dran.«

»Ja. Aber jetzt machen wir Feuer.«

Sie gingen beide ins Haus. Es war ein Bauernhaus, vollgepackt mit schlafenden Soldaten.

Nur in der Küche war Platz.

Der Gefreite steckte Papier und Holz in den Ofen.

»Sie schläft nebenan«, sagte er.

»Schlecht ist sie nicht«, meinte die Bergmann und suchte nach einem Topf, »nur durcheinander und eben ein bißchen jung.«

»So hab' ich sie aber gerne.«

Er machte Feuer an, bearbeitete stumm sein Hühnchen und sprach erst nach einer ganzen Weile wieder.

»Weißt du, Mutti, du hast sicher gedacht, ich hab' 'ne große Schnauze.«

»Hast du auch. Und ist auch gut so. Was meinst du, was ich so am Tag zusammenrede.«

Der Gefreite starrte auf das Feuer.

»Ich meine nur«, sagte er leise, »ob sie wohl was dagegen hat?«

»Wogegen?«

»Na, gegen die Hand.«

Er hob die hölzerne Hand.

»Ach was«, murmelte die Bergmann, »so 'ne Hand spielt nun auch keine Rolle mehr. Wenn sie darauf guckt, taugt sie nichts.«

»Ja, ja«, sagte der Gefreite, »aber ich glaube, ich hab' sie sogar gerne, wenn sie was dagegen hat.«

»Hast du Eltern?«

»Ja.«

»Und was machen die?«

»Wir haben eine Fabrik zu Hause.«

»Ach nee.«

»Ja«, grinste der Gefreite, »mit allen Schikanen, Villa mit Schwimmbad und so.«

»Sag ihr das.«

»Nee. Ich will wissen, ob sie was gegen meine Hand hat.«

Die Bergmann ging in den Nebenraum.

Da lagen sie alle und schliefen. Schliefen wie Tote, reglos. Leo lag auf der Erde, in seinen Mantel gedreht. Sein Mund stand offen, und sein Atem ging schwer. Jetzt, wo er auf der Erde lag und schlief, sah man erst, wie klein und zart er war. Als sei er es plötzlich geworden. »Und da sagen sie immer, bei so was werden sie zu Männern«, murmelte die Bergmann, »so 'n Quatsch.«

In der Tür stand jetzt Frau Asmussen.

»Sie schlafen nicht?« fragte die Bergmann.

»Nein«, antwortete Helene und sah sich suchend um.

»Was denn?« fragte die Bergmann, »Sie haben doch Ihren Jungen gefunden?«

»Ja«, atmete Helene und ging auf die Nebentür zu.

»Wen suchen Sie denn?«

»Ich?« Helene sah die Bergmann stumm an und zuckte unsicher mit den Schultern.

»Haben Sie den Hauptmann nicht gesehen?«

»Nein. Was wollen Sie denn noch von dem?«

»Ich glaube, wir müssen uns bedanken«, flüsterte Helene. Sie ging wieder auf die Dorfstraße hinaus.

Sie war müde und zerschlagen, aber sie konnte nicht schlafen.

Überall hatte sie nach dem Hauptmann gefragt, aber niemand hatte ihn gesehen.

Sie fand ihn schließlich in einer Scheune nahe am Ortsausgang des Dorfes.

Er lag auf einem Strohhaufen und schlief.

Helene setzte sich auf eine Wagendeichsel. Ein Unteroffizier starrte sie an.

»Ich will nichts«, sagte sie, »ich warte nur.«

»Der wird nicht vor morgen wach«, grinste der Soldat.

Aber sie antwortete nicht, starrte nur auf den Mann, der das Gesicht in seinen Arm gebettet hatte.

Sein Gesicht war dunkel, die Haare verfilzt von Schweiß und Staub.

Vor der offenen Tür donnerte jetzt ein Lastwagen vorbei, aber der schlafende Hauptmann rührte sich nicht.

Sie saß eine ganze Weile dort, schlaff, nachdenklich, als habe die Müdigkeit ihre Glieder gelähmt.

Langsam kam die Sonne hervor, und in ihrem Schein sah man den Staub treiben.

Helene wußte nicht, wie lange sie gesessen hatte, als plötzlich ein Feldwebel hereinkam und fragte: »Ist hier Hauptmann Schwesing?«

»Da liegt er und schläft«, antwortete einer der Soldaten.

Helene wunderte sich ein wenig. Also Schwesing heißt er, dachte sie, nicht mal seinen Namen habe ich gewußt.

»Ich muß ihn sofort wecken«, sagte der Feldwebel.

»Wenn du ihn wachkriegst.«

»Er muß zur Division.«

Helene stand auf. Ihr Herz bewegte sich heftig.

Der Feldwebel rüttelte an der Schulter des Schlafenden.

Der Hauptmann schlug die Augen auf. Er richtete sich sofort auf. »Was ist?«

»Es ist ein Befehl durchgekommen. Sie sollen sofort zur Division.«

»Ja«, antwortete der Hauptmann einfach und stand auf. Obwohl er einen ganz wachen Eindruck machte, schwankte er ein wenig. Ja, er tastete mit der Hand, um nicht das Gleichgewicht zu verlieren.

Und jetzt sah er Helene.

Verwundert blickte er sie an.

»Was machen Sie denn hier?«

»Ich saß hier und habe gewartet.«

»Auf mich?«

»Ja.«

Der Hauptmann strich sich die Reste des Strohs von seiner Uniform und ließ dabei keinen Blick von Helene.

»Warum müssen Sie zur Division?« fragte sie. »Müssen Sie zum General?«

»Wahrscheinlich.«

Helene sah ihn bleich und ungewiß an.

»Ich weiß doch«, murmelte sie, »was los ist. Sie haben es mir doch selbst gesagt. Sie haben gegen den Befehl gehandelt. Meinetwegen.«

»Nicht Ihretwegen. Ich habe es ganz von mir aus getan.«

»Das glaube ich nicht«, flüsterte Helene, »was wird denn jetzt geschehen?«

Der Hauptmann lächelte ein wenig und schüttelte den Kopf. »Nichts«, sagte er, »was Ihnen Grund gäbe, sich zu beunruhigen.«

»Ich tue es aber«, sagte Helene hartnäckig, »und ich habe auch Grund, ich – –« Ihre Stimme versagte ihr.

Der Hauptmann starrte sie an. Ganz langsam ging er auf sie zu. Leise sagte er: »Sie wissen, daß ich mich Ihnen – –«, er suchte nach einem Wort, »verbunden fühle. Mehr als Sie ahnen, und mehr, als ich selber wußte. Bestimmte Situationen haben Macht über uns gewonnen, sie haben uns handeln lassen, und es wäre besser, zu vergessen, was wir getan haben.«

»Ich werde nicht vergessen.«

»Das ist Ihr Mitgefühl«, sagte der Hauptmann.

Helene schüttelte den Kopf. »Damit hat es nichts zu tun.«

»Doch«, beharrte der Hauptmann, »es gibt Frauen, die auf irgendeine Weise nie ohne Mitgefühl sein können. Sie hatten es mit Ihrem Sohn, aber Ihr Sohn erschreckte Sie. Sie erkannten, daß er es nicht brauchte. Und nun haben Sie es mit mir.«

»Was wird mit Ihnen geschehen?«

Der Hauptmann lächelte abwesend.

»Sie werden mich vor ein Kriegsgericht stellen.«

Helenes Atem stockte. »Nein«, flüsterte sie und hob erschrokken die Hände.

Aufmerksam sah sie der Hauptmann an.

»Mein Gott«, flüsterte er jetzt auch, »ich wäre froh, wir wären uns an anderer Stelle und zu anderer Zeit begegnet. Jetzt muß ich gehen.«

»Ich komme mit Ihnen.«

Er lachte. »Das können Sie nicht.«

Er wurde ernst und nahm ihre Hände. »Ich glaube«, meinte er, »ich bin ein ganz schlechter Soldat geworden. Ich fange an, zu merken, daß ich ein Herz habe, und – noch schlimmer – ich handle so, daß ich darauf Rücksicht nehme.«

Er zuckte mit den Schultern. »Gut, nun ist es so. Aber ich freue mich, daß Sie leben, daß Ihr Sohn lebt, daß ich die ganze Kinderbagage halbwegs heil aus dem Schlamassel herausgebracht habe.«

»Wird man Sie erschießen?« fragte Helene mit versagender Stimme.

»Ach was«, murmelte der Hauptmann, »nur wenn sie verrückt sind, aber –«, er überlegte, »es könnte natürlich sein, daß sie verrückt sind.«

Helene legte ihre Arme um seinen Hals.

»Ich habe Angst«, flüsterte sie.

Er starrte sie an, eine ganze Weile, so als habe er an seiner Verwunderung zu schlucken.

»Meinen Sie es im Ernst?« fragte er.

Sie nickte.

Der Hauptmann löste ihre Arme von seinem Hals, aber er ließ ihre Hände nicht los.

Dann sah er sich um.

»Und das –«, sagte er dunkel, »passiert nun in einer dreckigen Scheune.«

Er raffte sich auf.

»Sehen Sie zu, daß Sie nach Stettin kommen. Ich fahre zur Division, und wenn ich selbst noch irgend etwas tun kann, dann tue ich es. Ich meine, ich würde Ihnen und den anderen Frauen Fahrzeuge verschaffen.«

So redete er und brachte sich in eine beherrschte, sachliche Stimmung zurück.

Er schüttelte ihr die Hand und ging auf die Straße.

Helene ging ihm nach. Aber er ging schneller, und die Entfernung zwischen ihnen vergrößerte sich immer mehr. Kraftlos blieb Helene schließlich stehen.

»Wollen Sie nicht was essen?« rief die Bergmann aus dem Fenster eines Hauses heraus.

Helene sah sich um.

Die Bergmann winkte. »Was stehen Sie da herum? Wir sitzen hier alle und frühstücken.«

Neben der Bergmann erschien jetzt auch die die Ärztin im Fensterrahmen.

»Wir haben Sie schon vermißt.«

Müde ging Helene auf das Haus zu.

Im Hof sah sie ihren Sohn Harald. Er war dabei, ein Maschinengewehr auseinanderzunehmen und zu reinigen.

»Wo warst du, Mutter?« fragte er.

»Ich?«

Sie verstummte wieder. Sie entdeckte, daß sie ihm nichts sagen konnte und daß es auch nicht nötig war.

Harald ölte und putzte weiter. Er war so beschäftigt, daß er nicht weiterfragte. Er schien das Schweigen nicht zu bemerken.

Helene nahm es quälend wahr und ging auf Harald zu, um ihn zu umarmen. Sie hatte das Gefühl, als wisse sie nun, daß sie ihren Sohn verloren habe, daß er weit weg und auf sonderbare Weise ein eigener Mensch war. Dieser Gedanke peinigte sie, und sie hätte gern seinen Kopf an ihre Brust gezogen, aber Harald sah sie verwundert an: »Nicht hier, Mutter.«

Helene lächelte blaß.

»Bist du nicht froh, daß wir heraus sind?«

»Natürlich«, zuckte Harald die Schultern, »weißt du, daß sie mich zum Gefreiten machen wollen?«

»Nein.«

»Sie haben es gesagt. Ich hätte mich bewährt.«

»Das ist schön«, atmete Helene und fragte: »Du hast keine Angst gehabt?«

»Nein.« Harald sah nicht auf. »Wie kommst du darauf? Ich habe bestimmt keine gehabt.«

Was für einen weiten Weg hat er noch, dachte Helene und wandte sich ab und ging in das Haus.

»He«, rief die Bergmann, »wir krabbeln uns langsam wieder und Sie machen ein Gesicht, als hätten wir noch alles vor uns.«

Helene setzte sich an den Tisch.

Alle Frauen waren dort versammelt. Neben Inge Maltzahn saß der Gefreite. Es roch nach Kaffee und nach Brot. Der Tisch war bedeckt von Schüsseln, Tellern und Tassen. Es war angenehm warm.

»Hauptsache«, murmelte die Bergmann, »ich kann wieder

kochen. Mit dem blöden Schießen sind sie mir vielleicht über, aber am Herd stehen, das ist meine Sache.«

Sie ging hin und her, daß der Boden unter ihren gewaltigen Schritten bebte. Sie füllte dampfenden Kaffee in eine Tasse und schob sie Helene hin.

»Der macht Tote lebendig«, sagte sie, »los, trinken Sie.«

Die Ärztin blickte Helene an.

»Sie sehen erbarmungswürdig aus.«

»So?« Helene trank den Kaffee. Er war so heiß, daß sie sich fast verbrühte. Sie setzte die Tasse nieder und blickte sich um. Von einem zum anderen blickte sie.

»Bitte –«, flüsterte sie, »wißt ihr, daß der Hauptmann zur Division muß?«

»Ich habe es gehört«, antwortete der Gefreite.

»Er hatte den Befehl, den Ort zu verteidigen. Bis zum letzten Mann. Er hätte den Ausbruch nicht machen dürfen, sagte er mir.«

Der Gefreite starrte sie an.

»Ja und –?« fragte die Bergmann.

»Er hat es auf eigene Verantwortung getan.«

»Ja, wieso –?« fragte die Bergmann wieder, »ist doch gut.«

Der Gefreite lachte, aber er hörte gleich wieder auf.

»Er sagt«, murmelte Helene, »daß man ihn wahrscheinlich vor ein Kriegsgericht stellen wird.«

»Deswegen?« rief die Bergmann.

Die Pastorin hob ihr bleiches Gesicht. »Was heißt das?« fragte sie mit hoher Stimme, »heißt das, daß sie ihm etwas tun wollen? Was können sie denn machen?«

Der Gefreite stand auf.

»Verdammt«, murmelte er.

Die Ärztin fuhr mit der Hand über ihre Stirn und sagte müde: »Kriegsgericht. Je mehr der Krieg zu Ende geht, um so öfter hört man ›Kriegsgericht‹. Als ob's nichts anderes gäbe. Als ob es etwas nützen würde.«

Die kleine Näherin sah von einem zum anderen. »Er hat uns unsere Kinder herausgebracht. Hat er doch, oder nicht? Hat er es unserer Kinder wegen getan?«

»Ich weiß nicht«, zuckte Helene ungewiß mit den Schultern.

»Vielleicht.« Sie sah unglücklich drein. Die Bergmann setzte den gewaltigen Kaffeetopf auf den Herd zurück.

»Ich sprech' nochmal mit dem General«, sagte sie, »ich tu's nochmals, ich habe keine Angst davor.«

»Ja.« Helenes Augen leuchteten auf.

»Meine Liebe«, flüsterte die Ärztin, »ich verstehe Sie.«

Der Hauptmann stieg aus dem Wagen. Er sah das Schild mit dem taktischen Zeichen des Divisionsgefechtsstandes.

»Soll ich hier warten, Herr Hauptmann?« fragte der Fahrer.

Der Hauptmann überlegte kurz.

»Nein, es ist nicht nötig.«

Mit wenigen Schritten war er im Haus. Er ging durch ein Zimmer, wo die Soldaten aufstanden, als er hereinkam.

»Hauptmann Schwesing«, sagte er.

Der rotbackige Feldwebel klappte die Hacken zusammen und verschwand im Nebenzimmer.

Jetzt kann es ruhig schnell gehen, dachte der Hauptmann und starrte durch die Scheiben hinaus ins Freie.

Die Straße lag im Sonnenglanze da. Nur die ab und zu vorbeifahrenden Militärwagen erinnerten an den Krieg.

Die Tür öffnete sich wieder, und der Hauptmann betrat den Raum, in dem der General hinter dem Kartentisch stand. Neben ihm erkannte der Hauptmann weitere Offiziere, den IA, einen robusten Major, und den IC, einen jungen Oberleutnant.

Alle sahen ihm entgegen, als er sich vorschriftsmäßig meldete.

»Ich bitte Herrn General erklären zu dürfen, warum ich gegen den Befehl den Ort räumte.«

Die Offiziere sahen sich an. Der General wollte etwas sagen, aber dann schwieg er.

Der Hauptmann fühlte die Blicke auf sich ruhen. Guckt nur, dachte er, jetzt sage ich, was ich sagen muß.

Der General machte eine Handbewegung.

»Wollen Sie Kognak?«

»Danke, Herr General, nein.«

Der Hauptmann wunderte sich. Warum bietet er mir Kognak an?

Der General wandte sich an die Offiziere. »Bitte, lassen Sie mich mit dem Hauptmann allein.«

Die Hacken klappten zusammen, die Offiziere verließen den Raum.

Warum, dachte der Hauptmann, schickt er sie hinaus?

Der General sah ihn an. Sein Gesicht war ernst.

»Warum also haben Sie den Ort gegen den Befehl geräumt?«

Der Hauptmann atmete tief auf.

»Die Übermacht der Russen war zu groß. Wenn wir den Ausbruch nicht versucht hätten, wären wir heute erledigt. Wir haben sechzig Panzer gezählt, die sie zusammengezogen haben. Unsere Besatzung schmolz auf einhundertfünfzig Mann zusammen. Wir waren nicht mehr im Besitz von schweren Waffen. Unser letztes Geschütz fiel vorgestern aus. Die Munition war knapp –«

»Ja, ja«, sagte der General nachdenklich.

»Ich glaubte, diesen Entschluß verantworten zu können.«

Der General starrte den Hauptmann an.

»Ihr Befehl lautete, diesen Ort zu halten.«

»Sie hätten uns heute sowieso überwältigt, Herr General.«

Der General lachte kurz auf.

Der Hauptmann sagte: »Ich bin überzeugt, daß zu dieser Stunde niemand mehr von uns leben würde.«

»Aber –«, nahm der General mit schneidender Stimme das Wort, »wer sagt Ihnen, daß es uns nicht auf die zwölf Stunden ankommt? Vielleicht auf sechs oder auch nur auf drei?«

Der Hauptmann stand stumm.

Der General sah ihn an und fragte langsamer: »Was ist in Ihnen vorgegangen? Das möchte ich wissen. Wieso kommen Sie dazu, eigenmächtig zu handeln, gegen jede Offizierserziehung?«

Der Hauptmann schwieg.

»Ich möchte es wissen«, beharrte der General, »Sie können nicht dastehen und nichts sagen.«

Der Hauptmann suchte nach Worten. »Herr General –«, begann er, »ich möchte nicht den Versuch machen, zu beschönigen, was ich getan habe.«

»Aber Sie tun es ja«, rief der General scharf, »Sie sagen, Sie haben sechzig Panzer gezählt, Sie sagen, Ihnen sei die Munition knapp geworden, alles mögliche sagen Sie.« Er funkelte ihn an.

»Was haben Sie gedacht? Ich weiß, daß Sie ein vorbildlicher Offizier sind. Jedenfalls bisher waren.«

Er zeigte auf die Karte.

»Sehen Sie den roten Ring hier? Das sind Sie. Eine Bastion in der Brandung. Anvertraut dem Hauptmann Schwesing, den ich kenne und dem ich vertraue. Ununterbrochen habe ich an Sie gedacht. Glauben Sie, ich handle ohne Sinn und Verstand mit Menschenleben?«

Der Hauptmann stand stumm und hielt den Blick des Generals aus.

»Ich muß mich doch auf meine Offiziere verlassen können«, schlug der General mit der flachen Hand auf die Karte. »Was soll ich denn denken? Soll ich Befehle geben und denken, na, hoffentlich werden sie auch ausgeführt? Wenn ich Glück habe, tut Hauptmann Schwesing, was ich sage?«

Seine Stimme war jetzt beißende Ironie.

Der Hauptmann atmete schwer. »Ich bitte –«, flüsterte er, »ich bin bereit, alle Konsequenzen zu tragen. Ich bitte um Entschuldigung.«

»Davon habe ich nichts«, fuhr der General auf und setzte sich. Er sah plötzlich alt und müde aus.

»Ich will Ihnen mal etwas sagen«, fuhr er fort, »Sie so gut wie ich wissen, daß der Krieg verloren ist.«

Der Hauptmann starrte den General an, der schief zu ihm hochsah.

»Jawohl, Sie haben richtig gehört. Ich sage etwas, was kein General sagen dürfte und –«, er dachte nach, »– was ich vielleicht vor drei Tagen auch noch nicht gesagt hätte. Aber jedesmal, wenn ein Krieg verlorengeht, gibt es irgendwann den Punkt, wo man die Tatsache begreift, wo alle Hoffnungen entschwinden, wo man das Ende sich abzeichnen sieht. Der eine erlebt diesen Punkt früher, der andere später.«

Er blickte den Hauptmann an.

»War es dies?«

Der Hauptmann antwortete langsam: »Nein, Herr General. Ich zweifelte zwar, aber –« Er hob die Schultern.

»Gut«, murmelte der General müde, »so habe ich diesen Punkt eher erreicht als Sie.«

Er griff nach einer Kognakflasche. »Wollen Sie immer noch nicht?«

»Nein, danke, Herr General.«

Der General goß ein Glas voll und trank es in einem Zuge aus.

»Und das ist nun ein besonderer Moment, verstehen Sie. Er gibt einem in gewisser Hinsicht die Handlungsfreiheit zurück. Mindestens halbwegs. Man wird gezwungen, nachzudenken, nicht wahr?«

»Ich weiß nicht«, atmete der Hauptmann.

»Und was jetzt kommt, ist eine Frage des Charakters.«

Er fuhr auf, und seine Stimme verriet etwas von der Qual, die er spüren mochte.

»Was soll ich machen mit all den Fragen? Wie kann ich Menschenleben sparen, deren Opfer ich als sinnlos erkenne? Wie kann ich es tun, ohne meine Pflicht als Soldat zu verletzen, ohne gegen meinen Eid zu handeln, ohne ein Verräter zu sein? Was ist ein Verräter? Können Sie mir das sagen?«

Der Hauptmann schwieg.

»Ich habe darüber nachgedacht. Ich finde keinen Ausweg, ich finde keine Möglichkeit, Menschenleben zu sparen, ohne vielleicht auf der anderen Seite welche fordern zu müssen. Ich bin blind, verstehen Sie? Der Krieg ist in einem Stadium, wo fast jede Handlungsweise uns mit Schuld belädt.«

Der General starrte den Hauptmann an.

»Sie werden sich wundern«, fuhr er fort, »daß ich so mit Ihnen rede, aber –«, lachte er auf, »ich habe einen Grund.«

Er stand auf, suchte auf dem Tisch und fand eine handschriftliche Notiz. Er warf sie dem Hauptmann zu.

»Da lesen Sie.«

Der Hauptmann las und blickte dann hoch.

»Diesen Funkspruch habe ich an Sie absetzen lassen. Er hat Sie offenbar nicht erreicht.«

»Nein«, atmete der Hauptmann, »unser Funkgerät war nicht in Ordnung.«

»Sie ersehen, daß ich Ihnen gestern abend den Befehl gab, den Ausbruch zu versuchen. Wenn Sie mich nicht gleich mit Ihrem Geständnis überfallen hätten, hätte ich keine Ahnung gehabt, daß Sie eigentlich vor ein Kriegsgericht gehörten.«

Der Hauptmann zitterte.

Der General lachte. »Was soll ich machen? Sie sind hier. Welch einmaliger Fall. Sie führen einen Befehl aus, aber im Grunde haben Sie einen verweigert.«

Der Hauptmann legte die Notiz zurück.

»Darf ich jetzt einen Kognak haben, Herr General?«

»Bitte.«

Der Hauptmann trank das Glas mit einem Zuge leer.

»Ich hoffe, Sie glauben, Herr General, daß es nicht der Wunsch war, mein eigenes Leben –«

Der General winkte gleich ab.

»Ach du lieber Gott«, meinte er, »wovon sprechen Sie? Sterben ist wohl im Augenblick das Leichteste und, ich fürchte, auch das Bequemste.«

Er sah den Hauptmann an und sagte ernst und nachdenklich: »Man muß versuchen, sich selber treu zu sein. Damit werden wir genug zu tun haben. Und das wird der einzige Maßstab sein, mit dem man uns später beurteilen kann. Wir werden handeln müssen, und mit dem, was wir tun, begeben wir uns gleichsam in einen luftleeren Raum. Wir stehen damit nicht mehr auf irgendeinem Boden – ob Befehl, Gesetz oder Sitte – das, was wir tun, ist nur noch an uns selbst gebunden, und das muß es sein, verstehen Sie?«

Der Hauptmann konnte nichts sagen. Der General wiederholte: »Unsere Handlungen sind von nun an nur noch mit uns selbst verbunden, sie müssen soviel wert sein, wie uns unser eigener Name wert ist.«

Er schwieg.

Er war so abwesend, daß der Hauptmann nicht zu atmen wagte.

Die Tür öffnete sich, und der Feldwebel kam herein.

»Funkspruch, Herr General.«

Der General nahm das Papier, überflog es und ließ es dann fallen.

»Aus Berlin«, sagte er, »und es geht auch Sie an. Man hat die Geschichte mit den durchgebrannten Kindern erfahren. Ich soll sie auszeichnen, und man will es weithin bekanntmachen.«

Er wandte sich und ging an das Fenster.

Der Hauptmann wartete.

Erst nach einer ganzen Weile sagte der General:

»Veranlassen Sie, daß man sie herbringt. Bringen Sie Ihren ganzen Haufen an.«

Müde setzte er hinzu: »Sie kommen mit Reportern und mit – na ja, mit Filmkameras.«

»Ist das nicht 'ne Sache«, sagte der Obergefreite und blies in das Feuer, das er im Straßengraben entfacht hatte. Liebevoll betrachtete er die Kartoffeln und warf noch einen Klumpen Fett in den Topf.

Krüger lag lang auf der Böschung und ließ sich die Sonne auf den Bauch scheinen.

Hellwig drehte eine Zigarette, beleckte sorgfältig das Papier und grinste: »So gut haben wir es ja auch lange nicht gehabt.«

Er sah über die Straße hinweg. Überall lagen Gruppen von Soldaten. Die meisten schliefen.

Dann ging sein Blick zur Seite. Nicht weit entfernt lagen die Jungen im Graben. Einige hatten sich die Uniformjacken aufgeknöpft. Hellwig sah, daß die Bergmann ihrem Sohn Leo einen Knopf annähte.

Die Bergmann saß auf der Böschung, breitbeinig und unerschütterlich. Sie biß den Faden mit den Zähnen ab. Ab und zu blickte sie hinüber auf das Haus, in dem, wie sie wußte, der Divisionsstab lag.

»Möchte wissen, warum wir hier noch warten? Können doch gleich weiter.«

»Bestimmt nicht, Mutter.«

Die Bergmann stieß einen verächtlichen Laut aus.

»Daß du nicht denkst, ich geh' ohne dich. Und wenn der General noch was will, dem hab' ich jetzt was zu sagen. Dem sag' ich: Ist es nicht genug mit einem Jungen, den ich verloren habe?«

»Das darfst du nicht sagen.«

»So? Darf ich nicht. Hast du 'ne Ahnung, was ich sagen darf und was nicht. So, da hast du deinen Knopf. Ich hasse den Krempel ja, den du anhast, aber ohne Knopf lasse ich dich nun mal nicht rumlaufen.«

Die Pastorin saß bei ihrem Sohn.

»Es ist alles gut, Junge«, flüsterte sie, »sie haben uns hierhergebracht, und sie werden uns auch weiterbringen.«

»Glaubst du?« flüsterte Edmund.

Er saß schmal neben ihr. Der Uniformrock war ihm viel zu groß. Der rauhe Kragen hatte an seinem Halse gescheuert und einen roten Streifen hinterlassen. Seine dünnen, kleinen Hände lagen unruhig auf seinen Knien.

»Weißt du was, Mutter?«

»Ja?«

»Ich möchte, ich hätte den da nicht erschossen.«

»Denk nicht dran, Junge.« Sie bemühte ihre Stimme um Festigkeit. »Du hast nur getan, was du als Soldat tun mußtest.«

»Aber du sagst doch, ich bin keiner. Ich bin ja eigentlich auch keiner.«

»Doch, du warst es. Und jetzt bist du keiner mehr.«

»Glaubst du, sie lassen uns weg?«

»Bestimmt.«

Unruhig sah Edmund sie mit seinen dunklen, verstörten Augen an.

»Ich hätte nicht weglaufen sollen«, sagte er, »einfach aus der Schule weg. Ich habe nicht daran gedacht, daß du Angst haben könntest, ich dachte –«

»Sprich jetzt nicht, Junge.«

Er schwieg und sah wieder zum Haus hinüber, vor dem einige Wagen standen.

Die Kordes flüsterte: »Wenn es hier eine Kirche gäbe, würde ich reingehen. Vielleicht ist es hier in einer Kirche anders. Vielleicht war es nur dort so schrecklich.«

Gerd nickte.

»Glaube ich auch, Mutter. Das war nur, weil da Soldaten drin waren. Ich glaube, auch Pferde und Munition und so.«

Die Kordes hob das Gesicht.

»Es ist hier in so 'ner Kirche bestimmt anders«, sagte Gerd, »wirst du sehen. Da ist alles wie sonst.«

Unruhig sah er seine Mutter an.

»Ich habe richtig Angst um dich gehabt, Mutter.«

»Du? Warum?«

»Weil du so komisch warst. Du warst eben so, daß ich Angst kriegte.«

Die Kordes seufzte auf. Ein langer, ganz von innen kommender Seufzer.

»Daß du da bist, Junge«, flüsterte sie, »ist ein Wunder. Oder bloß ein Zufall?«

Ihre Stimme schwankte.

»Nein, ein Wunder, Mutter. Ich glaube, ein richtiges Wunder. Ich möchte, daß es ein Wunder ist.«

Die Kordes schwieg.

Nebenan saß die kleine Näherin.

»Und wenn wir nach Hause kommen, erklären wir alles«, sagte sie, »nicht wahr? Wir müssen für alles eine gute Erklärung finden.«

»Ja, Mutter«, sagte Werner, »ich mache das schon. Er wird dir nichts tun.«

»Vielleicht darfst du gar nicht mit.«

»Doch«, antwortete Werner, »alle sagen, daß wir mitdürfen.«

»Möchtest du denn auch mit?«

Werner zögerte und blickte zu Boden. »Ja«, flüsterte er, »ich hab' keine Lust mehr. Ich dachte, ich würde Lust haben. Heute, morgen und überhaupt. Aber ich habe keine Lust mehr. Ich möchte mit dir nach Hause. Ich kenne doch Vater. Wenn der loslegt, dann kriegst du gleich Angst. Deshalb will ich mit.«

Helene sah jetzt den Hauptmann aus dem Hause kommen.

Sie ging gleich über die Straße auf ihn zu.

»Ich habe schon gehört«, lächelte sie, »daß alles ein Irrtum war. Daß Sie bloß den Funkspruch nicht gekriegt haben.«

»Ja«, antwortete der Hauptmann.

»Ich bin froh darüber«, sagte Helene einfach.

»Wirklich?«

Sie nickte. Und jetzt lächelte er, aber noch war Unruhe in seiner Stimme: »Ist es nicht nur Mitgefühl? Verzeihen Sie, wir wissen so wenig voneinander.«

»Das –«, sagte Helene leise, »wird mit jedem Tage weniger.«

»Mein Gott«, sagte der Hauptmann langsam.

Auf der sonnenüberglänzten Wiese standen die Jungen angetreten.

Die anderen Soldaten bildeten Gruppen und sahen neugierig zu. Die Frauen standen an der Hauswand. Sie hielten sich eng beieinander und sagten gar nichts. Die Bergmann hielt wie immer ihre Handtasche am Bügel und fuhr unruhig mit der Hand über ihr fleischiges Kinn. Dann bückte sie sich und zerrte an einem ihrer schwarzen Strümpfe, der sich um ihre festen Knöchel ringelte. Helene stand aufrecht und ganz still. Ihr helles Haar leuchtete. Die Ärztin preßte den Mund zusammen und ihre grauen, kühlen Augen umfaßten das ganze Bild der angetretenen Jungen. Die Kordes und die Seliger hielten sich an der Hand. Die Näherin war zu aufgeregt, um allein stehen zu können. Sie preßte die Hand der Kordes.

Inge Maltzahn lächelte den Gefreiten an, der an einem Strohhalm kaute.

Jetzt erschien der General in der Tür. Der Hauptmann neben ihm.

»Da sind sie also«, murmelte der General und blieb stehen.

Sein Blick flog die Schar der Jungen ab.

Ja, da standen sie, klein, mager, dreckig, mit schattigen Gesichtern. Es war, als trete ihre Erschöpfung nach außen, als breche sie durch alle Poren. Sie sahen aus, als seien sie wie auf einen Haufen zusammengekehrt, obwohl sie makellos Richtung hielten, und in jeder Bewegung wie angehalten waren.

Der General sah sich nach dem Hauptmann um, der seinen Blick stumm erwiderte.

Langsam ging der General auf die Jungen zu. Er ging von einem zum anderen, gab jedem die Hand und heftete ihm das Eiserne Kreuz an die Brust.

Sein Gesicht war steinern.

Der Obergefreite fummelte an seiner Brille und blinzelte mit den Augen. Er stieß Krüger an.

»Ich weiß nicht«, murmelte er, »irgendwas ist daran nicht richtig.«

»Was denn?« fragte Krüger.

»Da werden die Verkehrten ausgezeichnet«, sagte der Obergefreite.

»Wieso?« mischte sich jetzt auch Hellwig ein.

Der Obergefreite machte eine Bewegung zur Hauswand hin. »Da stehen die, die eigentlich so 'n Ding kriegen müßten.«

Sie sahen hinüber. An der Hauswand stand die Gruppe der Mütter hell in der Sonne, still, stumm, ohne sich zu regen.

Der Himmel war von jener durchsichtigen Blässe, wie man sie oft im Frühjahr sieht, als sei ein feiner Schleier über alles und jedes gelegt.

Der Obergefreite spuckte auf den Boden.

»Verdammt«, sagte er, »es würde mir auf die Nieren gehen, dies da und alles, aber ein Trost ist uns geblieben.«

»Und der wäre?« fragte Krüger.

Der Obergefreite ließ keinen Blick von dem Häuflein der Jungen und von den Müttern im Hintergrund. Er grinste und sagte spöttisch-feierlich: »Gott schuf den Menschen, auf daß er lebe und Fehler mache. Der Mensch würde an seinen Fehlern und Irrtümern ersticken, wenn er nicht eine phantastische Sache erfunden hätte – das Vergessen.«

Der Obergefreite murmelte: »Alles geschieht, damit es vergessen wird. Was natürlich des Menschen größter Fehler ist.«

Die Frauen standen immer noch an der Hauswand und sie froren, obwohl die Sonne schien.